PSICOLOGIA DO DESENVOLVIMENTO

Organizadoras e autoras
Janaína Santos e Jéssica Vaz Malaquias

PSICOLOGIA DO DESENVOLVIMENTO
INFÂNCIA E ADOLESCÊNCIA

Olhares psicanalíticos e transdisciplinaridade

Freitas Bastos Editora

Copyright © 2025 by Janaína Santos, Jéssica Vaz Malaquias, Alba Lúcia Dezan, Bruna Cristina Rodrigues Andrade, Charles Lang, Daniele de Brito Wanderley, Denise Streit Morsch, Elisa Araujo Coelho, Felipe de Baére, Gláucia Maria Moreira Galvão, Jéssica Pagliarini Machado, Juliana Falcão, Kelly Cristina Brandão da Silva, Leylanne Martins Ribeiro de Souza, Lucia Pulino, Nina Almeida Braga, Paula Nogueira Komniski, Raquel Cassel, Regina Pedroza, Renata Wirthmann, Silene P. Lozzi, Ticiane Silva Raymundo

Todos os direitos reservados e protegidos pela Lei 9.610, de 19.2.1998. É proibida a reprodução total ou parcial, por quaisquer meios, bem como a produção de apostilas, sem autorização prévia, por escrito, da Editora.

Direitos exclusivos da edição e distribuição em língua portuguesa:

Maria Augusta Delgado Livraria, Distribuidora e Editora

Direção Editorial: *Isaac D. Abulafia*
Gerência Editorial: *Marisol Soto*
Assistente Editorial: *Larissa Guimarães*
Diagramação e Capa: *Deborah Célia Xavier*
Revisão: *Doralice Daiana da Silva*
Copidesque: *Tatiana Paiva*

Dados Internacionais de Catalogação na Publicação (CIP) de acordo com ISBD

P974	Psicologia do Desenvolvimento: Infância e Adolescência – Olhares Psicanalíticos e Transdisciplinaridade/ Janaína Santos ... [et al.] ; organizado por Janaína Santos, Jéssica Vaz Malaquias. – Rio de Janeiro, RJ : Freitas Bastos, 2025. 400 p. : 15,5cm x 23cm. Inclui bibliografia. ISBN: 978-65-5675-561-8 1. Psicologia. 2. Desenvolvimento. 3. Infância. 4. Adolescência. I. Santos, Janaína. II. Malaquias, Jéssica Vaz. III. Dezan, Alba Lúcia. IV. Andrade, Bruna Cristina Rodrigues. V. Lang, Charles. VI. Wanderley, Daniele de Brito. VII. Morsch, Denise Streit. VIII. Coelho, Elisa Araujo. IX. Baére, Felipe de. X. Galvão, Gláucia Maria Moreira. XI. Machado, Jéssica Pagliarini. XII. Falcão, Juliana. XIII. Silva, Kelly Cristina Brandão da. XIV. Souza, Leylanne Martins Ribeiro de. XV. Pulino, Lucia. XVI. Braga, Nina Almeida. XVII. Komniski, Paula Nogueira. XVIII. Cassel, Raquel. XIX. Pedroza, Regina. XX. Wirthmann, Renata. XXI. Lozzi, Silene P. XXII. Raymundo, Ticiane Silva. XXIII. Título.
2025-2470	CDD 150 CDU 159.9

Elaborado por Odilio Hilario Moreira Junior - CRB-8/9949

Índice para catálogo sistemático:
1. Psicologia 150
2. Psicologia 159.9

Freitas Bastos Editora
atendimento@freitasbastos.com
www.freitasbastos.com

Organizadoras e autoras

Janaína Santos

Psicóloga clínica e psicanalista. Especialista em Teoria Psicanalítica pelo Centro Universitário de Brasília. Coordenadora e psicoterapeuta do ambulatório da infância e adolescência do Centro de Atenção à Saúde Mental Anankê, onde também atua como psicóloga clínica do Hospital-Dia dessa instituição. Pós-graduanda em Psicanálise e Saúde Mental, com ênfase em Freud e Lacan pela Anhanguera. Atende crianças, adolescentes e adultos em consultório particular.

Jéssica Vaz Malaquias

Psicóloga graduada pela Universidade de Brasília (2011). Pós-Doutoranda pela Escola de Serviço Social da Universidade Federal do Rio de Janeiro. Mestrado em Psicologia Clínica e Cultura – UnB (2013), com temática relacionada à violência sexual contra criança/adolescente e às intervenções psicossociais em rede. Doutorado em Processos do Desenvolvimento Humano e Saúde – UnB (2017), direcionado à análise de práticas profissionais de trabalhadores sociais que atendem a situações de violação de direitos da infância e da adolescência. Tem experiência com a escuta clínica de crianças e adolescentes no âmbito da Saúde Mental. Em seu percurso docente, tem como foco as disciplinas de Psicologia do Desenvolvimento, Teorias Psicanalíticas, Psicopatologia e Terapia Familiar. Atualmente, é Analista de Promotoria do Ministério Público do Estado de São Paulo.

Autores

Alba Lúcia Dezan

Bruna Cristina Rodrigues Andrade

Charles Lang

Daniele de Brito Wanderley

Denise Streit Morsch

Elisa Araujo Coelho

Felipe de Baére

Gláucia Maria Moreira Galvão

Janaína Santos

Jéssica Pagliarini Machado

Jéssica Vaz Malaquias

Juliana Falcão

Kelly Cristina Brandão da Silva

Leylanne Martins Ribeiro de Souza

Lucia Pulino

Nina Almeida Braga

Paula Nogueira Komniski

Raquel Cassel

Regina Pedroza

Renata Wirthmann

Silene P. Lozzi

Ticiane Silva Raymundo

Sumário

PREFÁCIO..11

Parte 1: Teorias clássicas do desenvolvimento...21

1 — PIAGET E A EPISTEMOLOGIA GENÉTICA: ESTUDOS SOBRE O SURGIMENTO DA COGNIÇÃO EM CRIANÇAS.........................23
2 — VYGOTSKY: DA APRENDIZAGEM AO DESENVOLVIMENTO..........37
3 — WALLON E A AFETIVIDADE: A PSICOGÊNESE DA PESSOA..........57
4 — FREUD E A SEXUALIDADE INFANTIL: A CRIANÇA E SEU CORPO..85

Parte 2: Primeiríssima infância......................107

1 — O NASCIMENTO DA VIDA PSÍQUICA: O ENCONTRO ENTRE DOIS CORPOS E A CONSTRUÇÃO DA INTERSUBJETIVIDADE.....109
2 — A OBSERVAÇÃO DA DUPLA MÃE-BEBÊ PELO MÉTODO ESTHER BICK COMO PRIMEIRO DISPOSITIVO CLÍNICO PARA A LEITURA DO INCONSCIENTE..129
3 — A CONSTRUÇÃO DAS REPRESENTAÇÕES CORPORAIS NO BEBÊ: ASPECTOS SENSÓRIO-MOTORES..............................143
4 — A CLÍNICA COM BEBÊS COM ALTERAÇÕES NO DESENVOLVIMENTO À LUZ DOS AVANÇOS DAS NEUROCIÊNCIAS............175
5 — BEBÊS E CUIDADOS NA SAÚDE PÚBLICA..............................189

Parte 3: A infância e o laço social 221

1 — O BRINCAR COMO CONTEXTO DE ESCUTA DA SUBJETIVIDADE DA CRIANÇA 223
2 — A ESCOLA COMO ESPAÇO PRIVILEGIADO PARA O DESENVOLVIMENTO DA INFÂNCIA 237

Parte 4: Psicopatologia e clínica contemporânea da infância e da adolescência 249

1 — O CRESCIMENTO DE DIAGNÓSTICOS PÓS-PANDÊMICOS 251
2 — AMPLIFICAÇÃO DO DIAGNÓSTICO DE AUTISMO NOS TEMPOS PÓS-PANDEMIA: ENTRE O CUIDADO E A PATOLOGIZAÇÃO ... 289
3 — ATOS NO CORPO E ADOLESCÊNCIA CONTEMPORÂNEA 313

Parte 5: Adolescência 337

1 — O DESMENTIDO E O SOFRIMENTO PSÍQUICO DA JUVENTUDE SEXO-GÊNERO-DIVERSA: O NECESSÁRIO APRIMORAMENTO DO MANEJO CLÍNICO 339
2 — CONTEXTOS DE GRUPO COMO ESPAÇOS DE DESENVOLVIMENTO HUMANO NA ADOLESCÊNCIA 357
3 — SOBRE A EXPERIÊNCIA DE UM GRUPO DE ADOLESCENTES EM CONTEXTO DE HOSPITAL-DIA 371

PREFÁCIO

A ousadia que engendra a escrita deste livro nasce do desejo em escrever sobre a infância e a adolescência, convidando o leitor a ter uma imersão em discussões que partem de teorias psicológicas clássicas sobre o desenvolvimento humano, ampliando o debate para questões contemporâneas, sociais e culturais desta época.

O fio condutor desse diálogo é tecido pelas contribuições da psicanálise com a finalidade de que essa linguagem faça costura para pensar sobre o desenvolvimento, os campos de atuação transdisciplinares e temas emergentes que trazem outra dimensão para o campo da infância e adolescência. Conhecer experiências contemporâneas na área ajudará os leitores a compreenderem como o campo da psicologia do desenvolvimento é vasto e está sempre em conexão com os fenômenos do nosso tempo, com a sociedade e a cultura e com os avanços da ciência.

Apresentamos os seguintes princípios necessários para a abranger o objeto de estudo do desenvolvimento.

1. O desenvolvimento é vitalício. Isto é, ocorre ao longo de todo o ciclo de vida. Não se encerra ao concluir-se uma fase da vida ou outra. Sendo assim, segue um curso processual em que não é possível mirar a sua conclusão.
2. O desenvolvimento é multidimensional. As dimensões cognitiva, física e psicossocial estão entrelaçadas e, por isso, caminham juntas em todas as transformações pelas quais o sujeito passa.

3. O desenvolvimento é multidirecional. Lembre-se do conceito de recursividade. O desenvolvimento é processo que faz caber avanços e retrocessos. As crises ou pontos de bifurcação não são vistos como regressão e por vezes contém em si saltos de desenvolvimento.

A obra foi organizada em partes distintas, a fim de que pudéssemos, em um primeiro momento, apresentar um plano teórico diverso; e em outros momentos, tecer diálogos transdisciplinares por meio de temas contemporâneos. Na primeira parte, fazemos um retorno às teorias clássicas sobre o desenvolvimento, apresentando autores importantes como Piaget, Wallon e Vygotsky para descrever as transições e os marcos esperados no desenvolvimento humano. A partir de cada teoria, o desenvolvimento humano foi compreendido em sua complexidade, atentando-se para os diversos atravessamentos que se presentificam ao longo do ciclo de vida de um sujeito humano. Em seguida, inauguramos uma aproximação com a psicanálise partindo do desenvolvimento psicossexual em Freud.

Na segunda parte do livro, contamos com a escrita sobre o bebê a partir de saberes que se dedicam a pensar sobre a constituição psíquica, a formação do laço do bebê com os seus cuidadores, as contribuições da observação da dupla mãe-bebê para identificação de sinais de risco no desenvolvimento e a formação da posição analítica do profissional. Essa visão é enriquecida com as contribuições das neurociências e das intervenções no corpo do bebê, alcançando a necessidade de discorrer sobre o acesso a políticas de saúde dentro da realidade sociopolítica do país.

Na terceira parte do livro, abordamos o tempo da infância, trazendo contextos que implicam francos processos desenvolvimentais: o brincar e o espaço da escola. O brincar será descrito com diferentes apoios teóricos para apresentar essa atividade como expressão, elaboração e forma de comunicação no processo terapêutico. No que tange à escola, nos aproximamos dos efeitos pandêmicos para pensar os impactos no desenvolvimento, aprendizagem e socialização das crianças.

Propomos uma reflexão atual sobre a psicopatologia clínica contemporânea da infância e adolescência na quarta parte do livro. Trazemos temas atuais que têm mobilizado os profissionais que trabalham com esse público a desenvolver um olhar contextualizado sobre os efeitos da pandemia na escuta diagnóstica, nas alterações sofridas no desenvolvimento a partir dos efeitos do isolamento e da ampliação do contato com as telas. Fechamos essa seção propondo uma reflexão aprofundada sobre a adolescência e a incidência das manifestações de atos no corpo tais como as automutilações e o risco de suicídio.

A adolescência é apresentada de maneira aprofundada na quinta e última parte desta obra. Compilamos temas como o contexto da juventude sexo-gênero-diversa, o trabalho e o lugar dos adolescentes em contexto de grupo e por fim, trazemos o relato de uma pesquisa desenvolvida no trabalho com esse público em um contexto de hospital dia.

O livro não recua diante do esforço em democratizar e atualizar discussões tão prementes para este tempo. As teorias clássicas do desenvolvimento humano precisam estar disponíveis para as problemáticas atuais com que profissionais da infância e da adolescência terão contato. Os exemplos que delineiam a realidade de algumas intervenções com crianças e adolescentes presentes em alguns capítulos cumprem o papel de associar a teoria com a prática, a fim de que a formação profissional seja uma construção viva e dinâmica.

À medida que a infância passa a ser um direito concedido ao sujeito, as dificuldades, bem como possíveis sofrimentos psíquicos que venham a se manifestar nesta fase da vida, também passam a ser legitimados e, consequentemente, podem receber atenção e cuidados adequados. Neste contexto, no qual o direito às possíveis desorganizações psíquicas e, no limite, o adoecimento mais grave são finalmente concedidos às crianças, passamos a compreender que, no entorno da infância, precisamos ser muitos, e múltiplos. O livro que o leitor tem em mãos representa, de maneira muito cuidadosa, essa máxima. Diferentes autores, de diferentes lugares e em diferentes contextos, debruçam-se sobre a infância e a adolescência e refletem sobre os diversos aspectos deste período tão particular, vulnerável e sensível da vida e do desenvolvimento humano.

É fundamental levarmos em consideração o fato de que qualquer estudo que tenha como objetivo refletir sobre os fenômenos que se apresentam neste período necessitarão, inevitavelmente, levar em conta os desafios que a população mais jovem teve de enfrentar durante a pandemia. Além disso, não é possível tecer reflexões sobre a infância e a adolescência sem que busquemos explorar os elementos fundamentais da contemporaneidade: as duas últimas décadas são muito revolucionárias do ponto de vista tecnológico, mas, além disso, é preciso levar em conta que boa parte desses novos instrumentos tem sido pensada e desenvolvida para "atender" à população mais jovem. Ou seja, crianças e adolescentes são, inevitavelmente, "alvo" fácil desse movimento tecnológico que tem a infinitude do tempo como uma, dentre suas múltiplas e complexas características. Nesse sentido, faz-se necessário refletirmos sobre o conceito de tempo e os mecanismos de processamento frente à quantidade de informação a que estamos expostos, em todos os níveis: sejam notícias, mensagens, séries, mídias sociais...

Se, de maneira simplista, tentarmos explicar o advento da tecnologia, colocando-a em um calendário de 12 meses, podemos situar os avanços mês a mês. Em janeiro, as primeiras ferramentas de pedra, em fevereiro o controle do fogo, em março a invenção da roda, em abril a escrita e assim sucessivamente. Nessa imagem metafórica, podemos situar a revolução tecnológica no último minuto antes da virada do ano. É aí que estamos: e é aí que se encontra esta geração de jovens: no último minuto desse calendário de 12 meses. Só que nesta imagem metafórica, o ano seguinte não existe, ou seja, o futuro não existe, não existe amanhã. É de uma fugacidade extrema: nada dura mais do que alguns segundos. Uma foto de Snapchat, um Be Real, a velocidade do *feed*.

PREFÁCIO

Mas além dos efeitos potencialmente deletérios dos impactos e excessos provocados pela revolução tecnológica, no campo da revolução psicossomática, vemos que a adolescência é marcada pela emergência de dúvidas e questionamentos sobre o corpo e sobre a própria identidade: movimentos que, inevitavelmente, suscitam muita angústia. O plano narcísico identitário é solicitado, despertando as vivências da primeira infância ligadas, em particular, à estabilidade das primeiras relações ou às suas falhas e fracassos. São as primeiras relações objetais e suas eventuais satisfações que são evocadas neste momento. E as lacunas, carências graves, assim como as faltas, mas também as relações excessivamente simbióticas representam as ameaças atualizadas. Todos esses movimentos internos geram, obviamente, ansiedade, insegurança e, sobretudo, sentimentos ambivalentes, principalmente em relação às figuras parentais.

É preciso lembrar que, uma vez ocorrida a integração psíquica do sujeito, a passagem pela fase de latência, marcada pela aquietação dos impulsos sexuais, a convocação psíquico-corporal da fase seguinte é radical e muito, muito intensa. O movimento central deste tempo é a necessidade e, se tudo correr bem, a possibilidade de novas identificações. É preciso ir para fora, encontrar novas referências, descolar-se das projeções parentais, diferenciar-se. É o contato com o mundo externo e a possibilidade de novas identificações que poderão garantir o apaziguamento do sentimento de solidão, característico dessa fase. E aqui é preciso lembrar que esses encontros humanos agora se darão com base na autonomia do sujeito: agora é ele quem escolhe, é ele quem decide.

Mas então um acontecimento mundial, que pode ser mortífero, impede de súbito que esses jovens possam dar seguimento a todo esse movimento exploratório. E, mais do que isso, é preciso ficar fechado em casa, juntamente aos pais (dos quais eles tentam, arduamente, se descolar). Todos os movimentos de exploração sexual, de diferenciação, de experimentos relacionais, de descobertas, de subjetivação ficam pausados.

Assim, a particularidade desta obra reside em explorar aspectos teóricos e práticos da constituição psíquica, das diferentes fases da infância e adolescência, mas também e mais especialmente, tece suas reflexões e análises desenvolvendo-as entrelaçadas e com base nos eventos atuais: a pandemia da COVID-19 e seus efeitos psíquicos, bem como suas consequências para o desenvolvimento humano, as patologias características da modernidade, como as automutilações, os transtornos alimentares, os efeitos das relações virtuais, além das questões de gênero e seus desafios éticos e teóricos enfrentados pelos profissionais de saúde mental.

Nesse sentido, este livro convoca e provoca: somos incitados a sair de nossa zona de conforto para colocarmos nossa prática em questão, revisitarmos conceitos, questionarmos a cristalização de muitas das construções psicanalíticas e refletirmos sobre o momento sócio-histórico no qual se localizam nossas ações de cuidado. É preciso não saber, é preciso acolher o desconforto, aprender com o outro e aceitar o convite bioniano para renunciarmos ao desejo e à memória.

A obra também retoma autores que desenvolveram constructos teóricos importantes, que formam as bases para a produção de novas reflexões, bem como para os avanços que se fazem necessários. Souza retoma o pensamento do psicólogo suíço Jean Piaget e seus experimentos e explorações sobre o desenvolvimento infantil, partindo do princípio de que, para compreender os adultos, seria necessário desenvolver observações e pesquisas apuradas sobre a infância.

Machado explora a contribuição de outro psicólogo, o soviético Lev Semionovich Vygotsky, autor central para a teorização sobre o desenvolvimento humano, responsável pela elaboração do conceito de mediação.

Pulino e Pedroza dedicam-se à apresentação do francês Henri Wallon, responsável pela conceituação do materialismo dialético: visão filosófica que consegue captar a complexidade do humano, que se constitui com base nas relações sociais passadas, presentes e futuras, vivendo em constante transformação. Para o autor, é a partir da emoção que, no limite se inicia a formação da personalidade.

Ao adentrar o mundo dos conceitos e estruturas psicanalíticas, Dezan retoma Freud e sua conceituação da sexualidade infantil. Eu escrevo um capítulo sobre o nascimento da vida psíquica e a construção da intersubjetividade a partir das relações primordiais do bebê. Já Santos reflete sobre a contribuição fundamental do método Esther Bick de observação de bebês para a psicanálise. Acessar o inconsciente a partir da observação atenta daquilo que o bebê provoca em nós é exercício rico, que se desdobra em inúmeras reflexões desde que, enquanto analistas, estivermos dispostos a suportá-lo.

Cassel discute a importância dos aspectos sensório-motores e, no limite, do corporal, como elementos constitutivos do psiquismo. A autora chama atenção para a importância da compreensão, em termos psicanalíticos, do corpo como envelope, uma vez que, a partir desta conceituação é possível pensar em limites e fronteiras e, mais do que isso, acessar a complexidade das psicopatologias graves, nas quais estes limites não chegam a se constituir.

Wanderley apresenta a clínica com bebês que apresentam alterações em seu desenvolvimento. A autora chama atenção para o trabalho com bebês autistas e chama atenção, justamente, para a necessidade da multiplicidade de olhares sobre estas crianças.

Morsch, Galvão e Braga abordam o sistema de cuidados oferecidos aos bebês na rede pública de saúde e apontam para as dificuldades de apoio e suporte adequados para o acolhimento de mães com seus filhos, chamando atenção para a urgência de ações efetivas no que se refere à atenção materna e neonatal.

Pedroza reflete sobre a importância e significação da brincadeira infantil, a partir de um estudo feito por estagiárias em uma escola pública e reflete sobre a clínica da brincadeira como um fim em si, como forma de elaboração, e não como instrumento didático.

Raymundo e Andrade apresentam a escola como um espaço privilegiado no processo de subjetivação da criança. Tendo como base a teoria winnicottiana as autoras falam sobre os conceitos de holding, *handling* e apresentação do mundo no processo de integração do self.

Wirthman chama atenção para o excesso de diagnósticos, especialmente relacionados ao autismo, ao transtorno de déficit de atenção e hiperatividade e ao transtorno opositor desafiador. A autora localiza essa epidemia diagnóstica no contexto do evento da pandemia de COVID-19 e chama atenção para o excesso de patologização da infância e suas graves consequências para a compreensão do sujeito a partir de seu desenvolvimento subjetivo.

Silva também discute os efeitos psíquicos provocados pela pandemia e as consequências do distanciamento social para as crianças. Também aponta para as particularidades da realidade da infância no Brasil, uma vez que é preciso levar em conta fatores como diversidade e desigualdade.

Falcão e Lang nos convidam a refletir sobre os desafios enfrentados pelos adolescentes, levando em consideração o contexto sociocultural, sobretudo se observarmos a fragilidade dos países em desenvolvimento e a permeabilidade para a influência do que denominam de avatares. Abordam também as intervenções estéticas, características das explorações e experimentações de diferenciação desta fase e vão além, ao falarem sobre os comportamentos de automutilação.

Baére chama atenção, em um texto sobre o sofrimento psíquico da juventude "sexo-gênero-diversa", para a função do psicólogo e as possíveis violências praticadas na clínica. Nesse sentido, o texto nos conduz a uma reflexão sobre a importância da atualização clínica, que tenha como função rever e reverter o ciclo de violências experimentadas por sujeitos que se encontram fora das fronteiras da heteronormatividade.

Malaquias compartilha a experiência de uma proposta de grupo terapêutico para adolescentes e retoma aspectos importantes dos desafios psíquicos enfrentados pelos jovens na travessia da adolescência como, por exemplo, no processo de afastamento do núcleo familiar e as tentativas de construção de um lugar no mundo ao tomarem distância deste núcleo originário. O trabalho tem como particularidade o atravessamento da pandemia e os desafios impostos pelas novas condições, como a passagem do grupo para a configuração *online*.

Coelho e Lozzi discorrem sobre os efeitos deletérios do isolamento social para a saúde psíquica dos adolescentes, provocado pela pandemia. Trabalhando em um hospital-dia, as autoras puderam testemunhar o aumento vertiginoso de jovens frequentando o serviço. Se, até então, os jovens eram "acomodados" no contexto adulto da realidade institucional, o aumento da procura desta faixa-etária fez surgir a necessidade de criação de um espaço de acolhimento voltado especialmente para esta população.

Finalmente, este livro surge como um convite, mas, mais do que isso, como uma provocação para sairmos em busca de novas trocas, novas reflexões, novos saberes. Se aproveitarmos a metáfora do último minuto da virada do ano, parece justo afirmar que, juntamente com os jovens que buscam nossa ajuda, encontramo-nos todos na linha tênue da virada, mas o que vem em seguida não parece ser da ordem da continuidade e sim um abismo de imprevisibilidade. Nesse sentido, é preciso se abrir para o novo, mas também para o não saber. E a travessia só acontece se a fizermos juntos.

Parte I

Teorias clássicas do desenvolvimento

1
PIAGET E A EPISTEMOLOGIA GENÉTICA: ESTUDOS SOBRE O SURGIMENTO DA COGNIÇÃO EM CRIANÇAS

Leylanne Martins Ribeiro de Souza

Jean Piaget foi um teórico que realizou diversos experimentos para tentar explicar como funcionava a realidade. A partir do rigor metodológico e experimental, compreendeu que ao querer compreender os adultos, deveria compreender como as crianças se desenvolvem e aprendem (Piaget, 1983). A Epistemologia Genética almejava elucidar a contiguidade entre processos biológicos e cognitivos, sem reduzir a cognição e inteligência a aspectos resultantes exclusivamente dos processos biológicos (Abreu et al., 2010).

O desejo por descobrir como o mundo funciona faz parte das relações da criança, principalmente entre pares. A curiosidade, o pegar objetos e pôr na boca, amassar, jogar e verificar qual alteração produz no mundo faz alusão a pequenos experimentadores em ação. Explorar o meio permite novas conexões e aprendizagens, desde a brincadeira simbólica com brinquedos a principalmente brincadeiras simbólicas com itens do cotidiano (itens da sala de estar, cozinha ou higiene pessoal). A interação de qualidade com os pais, adultos de referência e pares permite com que a compreensão amplie gradualmente conectada à realidade (Becker; Piccinini, 2019).

Piaget observou e interagiu com crianças, a fim de compreender como elas aprendiam a se relacionar com o mundo. A forma de investigar o desenvolvimento em interação com o outro e a explicação dos achados em estágios avança a ideia inicial da criança representada como um adulto em miniatura, como era compreendida a infância na sociedade medieval relatada por Philippe Ariès (1981). Para além de vestimentas e costumes semelhantes aos adultos, as particularidades e sentimentos da infância foram desenvolvidos de acordo com os contextos sócio-históricos subsequentes. Nos dias atuais, compreende-se a relevância do acompanhamento do desenvolvimento da primeira infância para o desenvolvimento saudável durante toda a vida do indivíduo.

A proposta da epistemologia genética (Piaget, 1983) refere-se ao conhecimento resultante da interação entre sujeito e objeto em progressiva interação e constituição, desenvolvendo-se durante os estágios de desenvolvimento, em contraposição aos pressupostos da epistemologia clássica, que postulavam o conhecimento como resultado da adequação entre estruturas (sujeito e objeto) já prontos. De acordo com o autor, "Não existem conhecimentos absolutos" (Piaget, 1983, p. 4) e "todo conhecimento comporta um aspecto de elaboração nova" (p. 3), abrangendo a explicação da formação do conhecimento e das estruturas de acordo com o desenvolvimento, além da experimentação para a identificação da formação do conhecimento da criança (Piaget, 1999).

Piaget propôs que um motivo impulsiona uma ação, constituída por necessidade de algo ou desequilíbrio (Piaget, 1983). Desse modo, quando há a satisfação da necessidade, atinge-se momentaneamente o estado de equilíbrio, até a próxima necessidade surgir (Piaget, 1999). Ele exemplifica utilizando a fome ou a fadiga que provocam a busca pelo alimento ou descanso.

Como o autor compreende o desenvolvimento humano baseado na maturação das estruturas, cada fase requer sucessivos estágios de satisfação das necessidades para se chegar ao equilíbrio (conceito de equilibração).

Assimilação e acomodação remetem a um estado de equilíbrio, até a próxima necessidade. De acordo com Abreu *et al.* (2010),

> a assimilação ocorre quando a informação é incorporada (sob forma modificada ou não) às estruturas já pré-existentes nessa dinâmica estrutura cognitiva, enquanto que a adaptação ocorre quando o organismo se modifica de alguma maneira de modo a incorporar dinamicamente a nova informação.

Em uma era digital, a assimilação pode ser compreendida como as informações sobre as telas que cada vez mais cedo as crianças estão se apropriando, com preferência pela tela e identificação com softwares e aplicativos; a acomodação seria a movimentação *touch screen* que os bebês já apresentam desde muito novos (por exemplo, 8 meses), com o movimento do dedo indicador deslizando sobre a tela produzindo acesso a conteúdos preferidos.

Em sua teoria, o indivíduo tem papel ativo, com o desenvolvimento resultando do produto da interação entre fatores inatos e experiências ao longo da vida (Papalia e Martorell, 2022). A cognição surge nas crianças quando elas se desenvolvem (maturação), mudando a forma como pensam por meio das experiências do cotidiano, ao desejar manipular objetos e interagir com pessoas. Para Piaget as crianças erram, e em outro momento podem aprender a partir da experiência com o erro, tentando executar a ação de um modo diferente. Sua teoria foi organizada em estágios, os quais auxiliam na organização da atividade mental, em seus fatores intelectual e afetivo (Piaget, 1983) e se diferem pelo surgimento de estruturas originais: estágio sensório-motor, pré-operatório, operatório concreto e operatório formal.

A tentativa de organizar os movimentos motores e sensoriais de acordo com a experiência é o principal desafio do estágio sensório-motor, caracterizado do nascimento até a idade de 2 anos. Por exemplo, ao sentar-se na cadeira de alimentação e derrubar o copo repetidas vezes, o bebê tenta descobrir como o mundo funciona (cores, textura, peso, som do objeto ao cair no chão, e como o copo retorna à posição inicial). Se o copo não retorna às suas mãos instala-se a ocasião de desequilíbrio: o bebê pode olhar fixamente para o objeto no chão, ou chorar demonstrando sua frustração ao não ter acesso ao objeto. O período da lactância é anterior ao desenvolvimento da linguagem (Papalia; Martorell, 2022; Piaget, 1999).

No início da compreensão humana, os bebês e as crianças pequenas não se diferenciam do outro ou do mundo, vivenciando uma simbiose; com o início do desenvolvimento intelectual há a diferenciação de um mundo objetivo composto de objetos e pessoas, e a construção de um mundo subjetivo a partir da sua vivência cotidiana (Piaget, 1983; 1999). A organização refere-se à criação de categorias para os conhecimentos obtidos da interação cotidiana, e os esquemas são padrões de pensamento utilizados para compreender o mundo, diferenciando ou generalizando ações (Abreu *et al.*, 2010; Papalia; Martorell, 2022; Piaget, 1983; 1999). Como exemplo de esquema têm-se o bebê com o esquema de sugar o seio (amamentação), que se torna complexo ao sugar o dedo, a mamadeira ou o canudo da caixa de achocolatado. É nesse estágio que se desenvolve a noção de permanência do objeto, com a compreensão que um objeto existe mesmo quando não está no seu campo de visão.

Se alguém puxa os cordões do alto do seu berço e essa ação produz agitação dos brinquedos e música, por volta de um ano o bebê tentará imitar a ação do adulto, aprendendo com o que viu. Ao puxar os cordões do alto do seu berço no primeiro ano, ele identifica a agitação de todos os brinquedos suspensos em conjunto com música. Como a noção de egocentrismo é primitiva e ainda está ocorrendo o processo de diferenciação entre a criança e o mundo, a causalidade não agrega a compreensão de que as ações resultam na satisfação do desejo da criança (Piaget, 1983; 1999). A compreensão entre ação e produção de resultado desejável desenvolve-se lentamente, acontecendo ao final do segundo ano de vida.

O desenvolvimento de representações ocorre no estágio pré-operatório, compreendido em crianças com idade de 2 a 7 anos. Ainda não há distinção entre fantasia e realidade, o pensamento não é lógico, mas a afetividade auxilia na elaboração de significado dos desejos da criança. Observa-se concretamente a inteligência por meio do desenvolvimento da linguagem e do jogo simbólico (Papalia; Martorell, 2022; Piaget, 1999). A criança consegue lembrar do objeto mesmo em sua ausência (por exemplo, procuram por um brinquedo que esqueceram na casa da avó), diferencia identidades (por exemplo, nem toda mulher é sua mãe, e sua mãe também faz parte da categoria mulher) e organizar objetos e pessoas em categorias (por exemplo, brinquedos de montar e brinquedos de jogar, pessoas da família e pessoas da escola).

O jogo simbólico promove a representação de algo que recebe significado por meio da construção de narrativas (linguagem). O desenho e a brincadeira de faz de conta predileta relacionam-se ao desejo de cada criança, projeções da realidade que elas vivenciam com pares, e as mais recorrentes são brincadeiras de bonecas (casa, comida e chá da tarde), super-heróis e bonecos, escolinha, shopping, passeio, brincadeira com sucata, carros de bombeiro e de polícia (Papalia; Martorell, 2022; Piaget, 1983; 1999). A regularidade dos eventos desenvolve a compreensão de causa e efeito, como, por exemplo, escutar um barulho de vidro estilhaçado e dirigir-se ao local para descobrir o que quebrou, e quem quebrou.

As crianças tendem a atribuir características animadas a seres inanimados, o que corresponde ao conceito de animismo (por exemplo, meu boneco está morrendo de fome, ou a planta morreu porque bebeu muita água ou chorou demais). No estágio pré-operatório, as crianças não conseguem entender que algumas ações podem ser revertidas, retornando à posição original, propriedade de irreversibilidade. Como exemplos têm-se a massinha de modelar (de bola retornar à bastão) ou a torre de equilíbrio (de torre desmontada retornar à torre de peças). Observa-se nesse estágio a interiorização da palavra (pensamento), a socialização da ação e a interiorização da ação, com imagens e símbolos mentais (Piaget, 1983; 1999). As crianças também identificam números, suas representações e as quantidades correspondentes aos números.

    O egocentrismo desenvolve-se levando a criança a pensar que todas as pessoas pensam o mesmo que elas, a seu modo, preocupando-se apenas com o seu desequilíbrio e satisfazendo apenas a sua necessidade, com a obtenção do prazer (Piaget, 1983; 1999). Há dificuldade em perceber o ponto de vista do outro, e a satisfação das necessidades do outro. Esse aspecto imaturo do pensamento pré-operatório torna-se o oposto do desenvolvimento da empatia, habilidade de compreender ou imaginar como o colega pode se sentir (por exemplo, o colega está triste porque seu animal de estimação morreu, e a criança respeita a tristeza do colega porque entende como a situação é triste).

    Na tarefa das três montanhas de Piaget o autor expõe três montanhas em uma mesa, a cadeira da criança de um lado e cadeira com boneca do outro lado, e questiona como as montanhas seriam vistas pela boneca. As crianças só relatavam as montanhas a partir da sua própria perspectiva (egocentrismo), sem conseguir expor um ponto de vista diferente (Papalia; Martorell, 2022). O pensamento das crianças no estágio pré-operatório é formado por centração, a tendência a concentra-se em um aspecto da situação e negligenciar os demais. O egocentrismo é uma forma de centração (Papalia; Martorell, 2022, Piaget, 1999). Os testes de conservação do objeto pontuam que a criança pré-operatória apresenta dificuldade ao realizá-los devido à centração; a conservação postula que dois objetos são iguais em determinada medida, ainda que alterem sua percepção (ex.: formatos de apresentação).

    Têm-se como exemplos de tarefas de conservação: aptidão numérica, tamanho, líquido, matéria (massa) e peso. Em aptidão numérica, por exemplo, tem-se duas filas com a mesma quantidade de objetos, uma junta e outra espaçada, e diante da pergunta "Elas têm o mesmo número de objetos?"

as crianças respondem "A mais longa tem mais". Em tamanho, têm-se dois palitos espaçados e ao questionar se são iguais as crianças respondem "o da direita/ou da esquerda é maior". Na tarefa de líquido, o mesmo líquido é despejado em copo alto e copo estreito, e ao questionar se os copos têm a mesma quantidade as crianças respondem que o copo mais alto tem mais. Nas tarefas de matéria e peso, duas bolas com mesmo tamanho e peso, uma redonda e outra salsicha, são questionadas se tem o mesmo tamanho/ peso e as crianças respondem que a salsicha tem mais tamanho e é mais pesada (Moro, 2000; Papalia; Martorell, 2022; Piaget, 1983; 1999).

A criança conectada à realidade pode resolver problemas lógicos e concretos no estágio operatório concreto, compreendido em crianças com idade de 7 a 12 anos. A reversibilidade do pensamento auxilia na resolução de problemas reais por meio de operações lógicas (Piaget, 1983). Observa-se o surgimento da cooperação entre as crianças, excluindo a comunicação pela linguagem egocêntrica para a comunicação ouvindo o ponto de vista do outro. A criança passa a procurar explicações mútuas, e os debates acontecem com ponto de vistas seu e do outro (Piaget, 1999). Ao reduzirem a linguagem egocêntrica, são capazes de assimilar novas coordenações para inteligência e afetividade. Apresentam-se avanços em capacidades cognitivas de pensamento espacial, causalidade, categorização, seriação, raciocínios indutivo e dedutivo, conservação, números e matemática.

No que se refere ao pensamento espacial, as crianças do estágio operatório concreto conseguem localizar-se em um mapa, saber onde estão, dizerem o caminho para o seu local preferido e descrever se estão próximas ou distantes do seu local de destino, que faz parte do seu cotidiano. Em causalidade, elas aprendem que o número de objetos em cada lado de uma balança afeta o resultado, mas a cor deles não afeta. A distância dos objetos em relação ao centro da balança também afeta seu resultado, fator espacial (Papalia; Martorell, 2022). Quanto à categorização, as crianças são capazes de classificar os objetos em categorias distintas, desde que sejam concretos e facilitem o raciocínio lógico. Para a identificação de seriação, as crianças já dominam os conceitos de maior que, menor que, igual, médio e são capazes de seriar conjuntos com três variáveis ou mais em comparação.

O raciocínio indutivo (que parte de observações particulares para conclusões gerais) em regra é menos correto que o raciocínio dedutivo (que parte de uma premissa geral para um membro particular) para as crianças do estágio operatório concreto, que conseguem com êxito responder aos dois tipos de problemas de raciocínio (Papalia; Martorell, 2022; Piaget, 1983; 1999). Em relação aos números e à matemática, as crianças conseguem fazer contas simples de cabeça, com a capacidade de calcular progredindo com a idade. Elas também conseguem fazer somas e resolver problemas matemáticos simples.

Para compreender a conservação, Piaget fez o experimento de dois copos de água de formas e tamanhos iguais, e em um dos copos jogou-se dois pedaços de açúcar. As perguntas eram: a água vai subir? Após o açúcar dissolvido, ficará alguma coisa na água? O peso ficará maior ou igual ao outro copo? O nível da água com açúcar se manterá mais alto, ou abaixará igual ao sem açúcar? (Piaget, 1999). A compreensão do atomismo infantil pelas crianças pontua explicações causais por composições partitivas, no qual o todo é explicado pela soma das partes.

Piaget (1999) encontrou respostas para a conservação, em que crianças com menos de sete anos (estágio pré-operatório) explicaram que o açúcar extermina na água e desaparece da realidade, junto ao peso e volume; crianças de sete anos (estágio operatório concreto) explicaram a conservação da substância na água por transmutação (açúcar virou xarope) ou por atomismo (açúcar virou bolinhas invisíveis), sem peso e volume; e crianças de doze anos (final do estágio operatório concreto) explicaram que peso e volume são mantidos, de forma que o nível da água permaneça alto, e não desça mais.

O estágio operatório formal compreende adolescentes de doze anos até a idade adulta que conseguem pensar de modo abstrato. Diante de um determinado problema, o adolescente consegue elaborar situações hipotéticas e pensar em diferentes possibilidades de resolução antes de tentar uma solução de fato. Eles aprendem álgebra e cálculo representando um número desconhecido pelo símbolo 'x' (Papalia; Martorell, 2022; Piaget, 1983; 1999). Há a interiorização das operações lógico-matemáticas por meio das abstrações. O raciocínio hipotético-dedutivo proporciona o desenvolvimento, a consideração e a testagem de hipóteses sobre um problema a ser solucionado.

Com a abstração, o adolescente ultrapassa o mundo concreto e desenvolve ideias acerca do futuro e de questões que ultrapassam a realidade do cotidiano. Assuntos como filosofia, política e estética podem despertar seu interesse, desde informações simples (por exemplo, de onde surgiu a ciência?) para informações complexas (como fazer o descarte correto de lixo no país para não contaminar os lençóis freáticos?). Há substituição dos objetos pela representação (Piaget, 1999). A vida afetiva do adolescente se dá por meio da formação de sua personalidade e inserção na vida adulta, e o autor sintetiza essa ideia:

> Assim é o desenvolvimento mental. Como conclusão, pode-se constatar a unidade profunda dos processos que, da construção do universo prático, devido à inteligência sensório-motora do lactente, chega à reconstrução do mundo pelo pensamento hipotético dedutivo do adolescente, passando pelo conhecimento do universo concreto devido ao sistema de operações da segunda infância. Viu-se como essas construções sucessivas consistem em descentralização do ponto de vista, imediato e egocêntrico, para situá-lo em coordenação mais ampla de relações e noções, de maneira que cada novo agrupamento terminal integre a atividade própria, adaptando-a a uma realidade mais global (Piaget, 1999, p. 64-65).

Ressalta-se que na interação o vínculo entre crianças e adultos (pais ou cuidadores) se fortalece. O desenvolvimento não ocorre só com os brinquedos, mas principalmente com quem brinca e quem inspira a criatividade nas ações junto à criança. Quando estão entre pares e com ausência de mediação de adultos, é esperado que ocorra a disputa por brinquedos, principalmente entre brinquedos maiores (Garcia; Almeida; Gil, 2013), pois o desejo pelo brinquedo e a ausência de controle inibitório conduzem ao protesto pela necessidade não satisfeita.

Piaget difere dos demais autores ao preconizar que o desenvolvimento do pensamento é essencial para que o desenvolvimento humano ocorra. Ele começou a observar crianças, perguntar, interagir com elas e lhe propor problemas práticos, a fim de observar quais processos psicológicos básicos seriam acionados (atenção, percepção, memória, resolução de problemas, entre outros). Ele não elaborou respostas *a priori*, mas propôs diversos experimentos a fim de encontrar respostas regulares e organizá-las em estágios do desenvolvimento. Se o mundo constitui em alternância entre desejo e satisfação da necessidade, via obtenção de prazer, o equilíbrio e o desequilíbrio estariam presentes continuamente no dia a dia, tornando possível sua alternância via processos organizativos e de adaptação (Piaget, 1999).

Falar sobre epistemologia genética parece uma teoria distante do cotidiano, quando na verdade ressalta o potencial de aprendizagem da criança como aquela que descobre as regularidades da sua realidade. Evidências sociodemográficas sobre o índice de desenvolvimento humano (IDH) apontam que investimentos em variáveis como educação e renda per capita na primeira infância produzem maior rentabilidade social e econômica, o que foi corroborado pela Lei nº 14.617 (Brasil, 2023), que institui o mês de agosto como o Mês da Primeira Infância, destinado a promoção de conscientização a atenção integral às gestantes e às crianças de até seis anos.

Contrária à noção do senso comum, de que a criança seria uma tábula rasa e local onde todas as impressões seriam feitas, Piaget resgata um sujeito ativo sobre as relações com o mundo e em processo de aprendizagem constante, na interação entre estruturas e realidade (Abreu *et al.*, 2010;

Moro, 2000). A atenção à primeira infância deve ser prioridade nas políticas públicas, uma vez que o período de zero a seis anos de idade é crucial para o desenvolvimento individual das crianças. Condições como saúde, educação, segurança, nutrição e parentalidade são decisivas para o desenvolvimento cognitivo satisfatório de crianças e adolescentes, para que elas possam se desenvolver de acordo com estágios preconizados por Piaget e de sua compreensão sobre inteligência, afetividade, pensamento e linguagem.

REFERÊNCIAS

ARIÈS, P. *História social da criança e da família*. 2. ed. Rio de Janeiro: LTC, 1981.

ABREU, L. C. de *et al.* A epistemologia genética de Piaget e o construtivismo. *Rev. Bras. Crescimento Desenvolv. Hum.*, São Paulo, v. 20, n. 2, p. 361-366, ago. 2010. Disponível em: http://pepsic.bvsalud.org/scielo.php?script=sci_arttext&pid=S0104-12822010000200018&lng=pt&nrm=iso. Acesso em: 11 jul. 2023.

BECKER, S. M. DA S.; PICCININI, C. A. Impacto da creche para a interação mãe-criança e para o desenvolvimento infantil. *Psicologia: Teoria e Pesquisa*, v. 35, p. e3532, 2019. Disponível em: https://www.scielo.br/j/ptp/a/pSfMmmtqccWTq9ctbHJBWbC/?lang=pt. Acesso em: 11 jul. 2023.

BRASIL. Lei nº 14.617, de 10 de julho de 2023. Institui o mês de agosto como o Mês da Primeira Infância. *Diário Oficial da União*: seção 1, Brasília, DF, ano 130, n. 8, p. 1, 11 jul. 2023.

GARCIA, L. T.; ALMEIDA, N. V. F. de; GIL, M. S. C. de A. Conflitos e Agressões entre Bebês e Diferentes Atributos de Brinquedos: Um Estudo Experimental. *Interação em Psicologia*, Curitiba, v. 17, n. 1, nov. 2013. ISSN 1981-8076. Disponível em: https://revistas.ufpr.br/psicologia/article/view/19417/21307. Acesso em: 11 jul. 2023. doi:http://dx.doi.org/10.5380/psi.v17i1.19417.

MORO, M. L. F. A epistemologia genética e a interação social de crianças. *Psicologia: Reflexão e Crítica*, v. 13, n. 2, p. 295–310, 2000. Disponível em: https://doi.org/10.1590/S0102-79722000000200009. Acesso em: 22 maio 2025.

PAPALIA, D. E.; MARTORELL, G. *Desenvolvimento humano*. 14. ed. Porto Alegre: AMGH, 2022.

PIAGET, J. *A epistemologia genética*. Tradução de Nathanael C. Caixeira. São Paulo: Abril Cultural, 1983. 110 p.

PIAGET, J. *Seis estudos de psicologia*. Tradução de Maria A.M. D'Amorim; Paulo S. L. Silva. 24. ed. Rio de Janeiro: Forense, 1999. 146 p.

SOBRE A AUTORA

Leylanne Martins Ribeiro de Souza

Professora do curso de psicologia do Centro Universitário Santo Agostinho (Unifsa). Psicóloga graduada pela Universidade Estadual do Piauí (UESPI). Mestre e doutora pelo Programa de Pós-Graduação em Psicologia (PPGPsi) da Universidade Federal de São Carlos (UFSCar). É membro do Laboratório de Interação Social (LIS UFSCar). Atua nas áreas de análise do comportamento, desenvolvimento humano e comportamento simbólico (bebês). É psicóloga clínica e supervisora clínica, atuando com crianças, adolescentes, adultos, orientação e treinamento parental.

2

VYGOTSKY: DA APRENDIZAGEM AO DESENVOLVIMENTO

Jéssica Pagliarini Machado

Lev Semionovich Vygotsky foi um grande psicólogo soviético, com suas teorias reconhecidas e estudadas até os dias atuais na psicologia, especialmente no campo do desenvolvimento humano. Esse autor, nascido em 1896 em Orsha, uma cidade provinciana da Rússia ocidental, foi convidado a se juntar ao Instituto de Psicologia de Moscou aos 28 anos, após sua fala no II Congresso de Psiconeurologia em Leningrado, no qual defendeu o estudo da consciência a partir de suas bases objetivas, se contrapondo ao modelo daquela época no estudo da psicologia (Luria, 2017).

A partir de sua entrada no Instituto de Psicologia de Moscou, no ano de 1924, Vygotsky inicia sua colaboração nas pesquisas e trabalhos em psicologia juntamente com Alexander Romanovich Luria e Aleksei Nikoláievitch Leontiev, sendo a união desses autores em um grupo de trabalho conhecido por *troika*, que significa trio, em russo. Esses três autores se tornam referências no que atualmente é conhecida por Psicologia Histórico-Cultural, a vertente soviética da psicologia, sendo Vygotsky o nome de maior destaque.

O sistema psicológico proposto por Vygotsky, influenciou profundamente o curso da psicologia soviética, alterando seus rumos e direcionando o trabalho de Luria e Leontiev nos anos que viriam a se seguir. Esses autores iniciaram uma revisão crítica da história e da situação da psicologia na Rússia e no mundo, com o objetivo de criar um modo novo e abrangente de estudar os processos psicológicos (Luria, 2017).

Foi na escola de formação de professores de Gomel, na antiga URSS, na qual Vygotsky trabalhou como instrutor, que ele entrou em contato com crianças portadoras de deficiência, o que o estimulou a descobrir maneiras de ajudar essas crianças no seu desenvolvimento. Nesse campo, futuramente, Vygotsky viria a desenvolver estudos na área de defectologia, que pensava o desenvolvimento de crianças portadoras de deficiência. Vygotsky, diferente de outros autores dessa área, voltava sua atenção muito mais aos potenciais de desenvolvimento das crianças portadoras de deficiência do que exclusivamente nas limitações orgânicas para seu desenvolvimento. Nesse sentido, o autor desenvolve a compreensão da relação da **mediação** como elemento do desenvolvimento das **funções psicológicas superiores**.

As funções psicológicas superiores são funções fundamentalmente humanas, como a atenção voluntária, a linguagem, o pensamento, a memorização arbitrária, a imaginação, a capacidade de abstração e generalização, entre outras. De acordo com Luria (2017, p. 26-27), a psicologia soviética, alinhada com o pensamento de Marx e Lenin "sustenta que a consciência é a forma mais elevada de reflexo da realidade: ela não é dada *a priori*, nem é imutável e passiva, mas sim formada pela atividade e usada pelos homens para orientá-los no ambiente, não apenas adaptando-se a certas condições, mas também reestruturando-se". A mediação, portanto, trata da relação entre o ser humano e o mundo objetivo, que se dá por meio dos instrumentos e da linguagem, elementos que medeiam nossa relação com o mundo. Pelo trabalho, atividade que modifica a natureza, e a linguagem, que media a percepção humana, o homem transforma o mundo e a si mesmo, em um processo dialético.

Dessa forma, as funções elementares de percepção imediata, presente nos animais e nas crianças nos primeiros anos do desenvolvimento, se complexificam e se sofisticam, nas funções superiores.

Ainda sobre suas contribuições no campo da defectologia, ao tratar do desenvolvimento da criança com deficiência, Vygotsky (1995) discorre sobre o que denomina de vias colaterais de desenvolvimento. As vias colaterais de desenvolvimento consistem em formas de desenvolvimento adversas às condições comuns. Para exemplificar esse fato, cita o exemplo do desenvolvimento da linguagem em crianças portadoras de deficiência visual e auditiva. A nossa cultura, adaptada para corpos com todas as funções orgânicas ativas, não abarca as deficiências. Uma criança com necessidades especiais em uma educação que não está adaptada às essas necessidades, certamente não irá se desenvolver adequadamente e as falhas que porventura apresentar no seu desenvolvimento, serão justificadas por sua deficiência, como impossibilidades no desenvolvimento.

Por outro lado, por meio da linguagem de sinais e o alfabeto em braile, por exemplo, essas mesmas crianças podem se desenvolver; nesse caso, por meio de vias colaterais, que se referem a um curso diferente no desenvolvimento, quando comparado com o de uma criança sem deficiência. Para ele, "as vias colaterais vêm a ser como um experimento espontâneo da natureza, demonstram que o desenvolvimento cultural do comportamento não está obrigatoriamente relacionado com uma ou outra função orgânica" (Vygotsky, 1995c, p. 311).

A partir do conceito de vias colaterais de desenvolvimento, torna-se mais claro que o processo de desenvolvimento das formas superiores de comportamento tem suas raízes na cultura, na inserção na linguagem, e não simplesmente nos processos orgânicos de maturação. Além disso, fica evidente, nas palavras do autor, que "ali onde o desenvolvimento orgânico resulta impossível, há infinitas possibilidades para o desenvolvimento cultural" (Vygotsky, 1995c, p. 313).

É fundamental considerar, para uma adequada apropriação da teoria, que seus autores partem da concepção do materialismo histórico-dialético, conceito fundamentado por Karl Marx, para a compreensão dos processos psicológicos. Ou seja, estende-se em sua materialidade e objetividade dos processos. A teoria histórico-cultural procura superar a dicotomia indivíduo/sociedade, biológico/cultural, característica da psicologia daquele período e ainda presente nos dias atuais, propondo a incorporação do que é de ordem orgânica ao desenvolvimento histórico e cultural. O desenvolvimento humano, portanto, é compreendido por esses autores no seu caráter ativo.

> Influenciado por Marx, Vygotsky concluiu que as origens das formas superiores de comportamento consciente deveriam ser achadas nas relações sociais que o indivíduo mantém com o mundo exterior. Mas o homem não é apenas um produto de seu ambiente, é também um agente ativo no processo de criação deste meio (Luria, 2017, p. 25).

Vygotsky morre em 1934, aos 37 anos, vítima da tuberculose. Parte de sua obra foi produzida quando o autor estava adoecido, em leitos de hospitais. Reconhecemos que a produção teórica de Vygotsky, ainda que durante breves dez anos, foi extensa e marcada por conceitos importantíssimos para a psicologia. Neste capítulo, como forma de atender aos objetivos propostos pelo livro e compreender a relação existente entre aprendizagem e desenvolvimento, analisaremos a seguir o conceito da zona de desenvolvimento próximo e a importância do papel da escolarização nesse processo.

A relação entre aprendizagem e desenvolvimento

Em relação às diferentes teorias no campo do desenvolvimento e da aprendizagem, Vygotsky (2017) traz três pressupostos, que orientam cada uma delas. O primeiro é de que o processo de desenvolvimento é independente do processo de aprendizagem. Nesse caso, a aprendizagem não tem influência alguma sobre o desenvolvimento e se utiliza deste, em vez de adiantar seu curso ou mudar sua direção. Essa teoria é comumente aceita para se compreender o desenvolvimento e temos como principal representante a Teoria de Piaget. Segundo Vygotsky (2017, p. 104):

> O desenvolvimento deve atingir uma determinada etapa, com a consequente maturação de determinadas funções, antes de a escola fazer a criança adquirir determinados conhecimentos e hábitos. O curso do desenvolvimento precede sempre o da aprendizagem. A aprendizagem segue sempre o desenvolvimento.

O segundo pressuposto, totalmente oposto ao anterior, não realiza diferenciação entre aprendizagem e desenvolvimento. Esses dois processos se desenvolvem em paralelo, nos quais são constantemente sobrepostos. Compreender qual processo precede qual, é complicado nesse caso, uma vez que parte do princípio da simultaneidade, igualando-os.

O terceiro pressuposto, apresentado por Vygotsky, busca fazer uma conciliação entre esses dois extremos. O autor vê o processo de desenvolvimento independente do processo de aprendizagem, ao mesmo tempo em que não realiza suficiente diferenciação entre eles. Para as teorias que seguem essa conjectura, o desenvolvimento é produto da interação entre dois processos: a maturação do organismo possibilita a aprendizagem, enquanto a aprendizagem estimula a maturação, fazendo-a avançar até certo grau. Em seu texto sobre Aprendizagem e Desenvolvimento Intelectual na Idade Escolar, Vygotsky (2017) aborda questões mais específicas sobre as particularidades das teorias que partem dessas hipóteses. Aqui, fizemos esse preâmbulo somente para destacar, de uma maneira geral, as características das diferentes teorias acerca dos processos do desenvolvimento e da aprendizagem, para salientarmos as proposições de Vygotsky. Assim como em outros textos do autor, seguindo o movimento dialético, ele apresenta os principais postulados presentes em diferentes abordagens sobre determinado tema (tese), contrapõe-se a elas trazendo seus argumentos (antítese) e conclui o raciocínio com conceitos que transcendem seus predecessores (síntese). A relação entre aprendizagem e desenvolvimento que utilizamos como referência neste capítulo parte do princípio de que aprendizagem e desenvolvimento são duas propriedades diferenciadas, ainda que intimamente relacionadas; que **a aprendizagem precede e impulsiona o desenvolvimento**. Como escreve Vygotsky (2017, p. 114), *"o único bom ensino é o que se adianta ao desenvolvimento"*. E nesse mesmo sentido, para Góes (1991), as diferentes experiências de aprendizagem afetam o desenvolvimento de modos distintos; assim, segundo a autora, "a 'boa' aprendizagem é aquela que consolida e sobretudo cria zonas de desenvolvimento proximal sucessivas" (p. 20), tema sobre o qual incide o próximo tópico.

Ao falar sobre essa relação, os autores da Teoria Histórico-Cultural não elaboram um texto exclusivo sobre o tema ou uma definição explícita desses conceitos, mas os trazem relacionados, entre outras questões e conceitos abordados, com o de Zona de Desenvolvimento Próximo (Vygotsky, 2017) e os estudos sobre o desenvolvimento cognitivo organizado na obra de Luria (2017), por exemplo. Para uma melhor compreensão da relação entre aprendizagem e desenvolvimento, apresentaremos nos tópicos seguintes algumas contribuições desses autores.

A zona de desenvolvimento próximo

Lembremo-nos, inicialmente, de que, como escreve Leontiev, (1978, p. 267) "cada indivíduo aprende a ser um homem. O que a natureza lhe dá quando nasce não lhe basta para viver em sociedade. É-lhe ainda preciso adquirir o que foi alcançado no decurso do desenvolvimento histórico da sociedade humana". Assim, ao pensarmos sobre as relações entre aprendizagem e desenvolvimento, torna-se inevitável abordarmos o conceito de zona de desenvolvimento próximo (ZDP), elaborado por Vygotsky, um dos conceitos de maior destaque na Teoria Histórico-Cultural, pois é por meio dele que podemos perceber a intrínseca relação entre desenvolvimento e aprendizagem. Segundo Freitas (2001), o conceito de ZDP aparece ao longo da obra de Vygotsky em diversas situações, especialmente nos 15 meses que precedem sua morte. É importante ressaltar o fato de que Vygotsky, vítima da tuberculose, naquela época doença ainda sem cura, elaborou alguns de seus textos em estado de debilidade física, muitos deles ditados enquanto ele estava acamado. Isso influenciou tanto a forma de sua escrita, como também a impossibilidade de desenvolver plenamente esse conceito, dada a brevidade de sua atuação.

> Compreendemos que Vygotsky vai ampliando em cada um de seus textos o conceito de zona de desenvolvimento próximo, entretecendo vários outros conteúdos da Teoria Histórico-Cultural, sendo que sua obra resulta num emaranhado de teorizações que seguem um método histórico--dialético, o que permite uma perspectiva cujo substrato é uma compreensão marxista de homem e mundo (Marinho, 2018 p. 47).

Marinho (2018) aborda em sua dissertação o percurso do desenvolvimento do conceito de ZDP nas obras de Vygotsky, ressaltando que é na obra Aprendizagem e Desenvolvimento Intelectual na Idade Escolar (2017), que o autor propõe o rompimento da compreensão dicotômica acerca da aprendizagem e do desenvolvimento.

Conforme o exposto no início deste capítulo, Vygotsky faz uma diferenciação entre diversas premissas teóricas na caracterização dos processos de aprendizagem e desenvolvimento. Apesar de defender que eles têm uma grande proximidade, enfatiza que se trata de dois processos distintos:

> É uma comprovação empírica, frequentemente verificada e indiscutível, que a aprendizagem deve ser coerente com o nível de desenvolvimento da criança. Não é necessário, absolutamente, proceder a provas de demonstrar que só em determinada idade pode-se começar a ensinar a gramática, que só em determinada idade o aluno é capaz de aprender álgebra. Portanto, podemos tomar tranquilamente como ponto de partida o fato fundamental e incontestável de que existe uma relação entre determinado nível de desenvolvimento e a capacidade potencial de aprendizagem (Vygotsky, 2017, p. 111).

Contudo, o autor ressalta que para se apreender com mais clareza a relação entre eles é necessário se pensar no desenvolvimento em dois níveis. O primeiro nível trata-se do desenvolvimento efetivo, aquilo que já foi consolidado no percurso do desenvolvimento. O segundo nível seria então o desenvolvimento potencial, referente a um determinado desenvolvimento que ainda não foi consolidado, mas que diz respeito àquilo que a criança ou o sujeito consegue realizar com o auxílio de alguém mais experiente.

Sobre o primeiro nível do desenvolvimento, o autor nos orienta que se trata do modo mais comum de compreensão do desenvolvimento, que é avaliado por meio dos testes que medem a idade mental de uma criança, por exemplo. Em relação ao segundo nível, ele esclarece que a "diferença entre o nível das tarefas realizáveis com o auxílio dos adultos e o nível das tarefas que podem desenvolver-se com uma atividade independente define a área de desenvolvimento potencial da criança" (Vygotsky, 2017, p. 112).

O meio para se acessar o que consiste a ZDP está na constatação daquilo que uma pessoa consegue fazer independentemente e aquilo que consegue realizar por meio da mediação de um par mais desenvolvido. Para caracterizar o conceito, o autor cita um exemplo entre duas crianças que, supostamente, em um teste de idade mental teriam a mesma idade cronológica:

> Com o auxílio de perguntas-guia, exemplos e demonstrações, uma criança resolve facilmente os testes, superando em dois anos o seu nível de desenvolvimento efetivo, enquanto a outra criança resolve testes que apenas superam em meio ano o seu nível de desenvolvimento efetivo (Vygotsky, 2017, p. 111).

As atividades que a criança consegue executar com o auxílio demonstram o desenvolvimento potencial. Esse desenvolvimento não necessariamente pode se concretizar simplesmente por compor a ZDP, mas por meio da aprendizagem, ele pode vir a se consolidar e se tornar desenvolvimento efetivo. Portanto: "[...] a aprendizagem não é, em si mesma, desenvolvimento, mas uma correta organização da aprendizagem da criança conduz ao desenvolvimento mental, ativa todo um grupo de processos de desenvolvimento, e esta ativação não poderia produzir-se sem a aprendizagem" (Vygotsky, 2017, p. 115).

Ainda em relação à ZDP, é importante ressaltar a relevância deste conceito para o desenvolvimento humano de modo geral e, especificamente, no âmbito educacional. Como escreve Góes (1991, p. 20), "A aprendizagem que se origina no plano intersubjetivo constrói o desenvolvimento. Todavia os dois processos não podem ser feitos equivalentes, pois nem toda a experiência de aprendizagem afeta o desenvolvimento de igual modo".

Outro aspecto a ser ressaltado é o destaque dado por Vygotsky à imitação. Ao trazer essa discussão no capítulo "Aprendizagem e Desenvolvimento Intelectual na Idade Escolar" (Vygotsky, 2017), o autor inicia sua argumentação mencionando as pesquisas de Köhler com animais, cuja capacidade imitativa restringe-se apenas àquelas ações que estes podem compreender. A criança, por outro lado, pode imitar ações que podem ir além de sua atual capacidade: "Com o auxílio da imitação na atividade coletiva guiada pelos adultos, a criança pode fazer muito mais do que com a sua capacidade de compreensão de modo independente" (Vygotsky, 2017, p. 112). Assim, no plano pedagógico, diferentemente do que muitas vezes se encontra no cotidiano de salas de aula, a imitação pode ser incentivada, pois também é vetor de aprendizagem. Para melhor nos aprofundarmos na relação entre a escolarização e o processo de desenvolvimento, apresentamos no item a seguir algumas contribuições dos autores russos sobre o tema.

A escolarização e o processo de desenvolvimento

Vygotsky (2017) reformula a compreensão da aprendizagem unicamente voltada à aprendizagem de conteúdos escolares. Para o autor, a aprendizagem tem uma pré-história, nunca parte do zero e começa muito antes da aprendizagem escolar. Mesmo antes da inserção no mundo escolar a criança já apresenta determinadas aprendizagens, por exemplo, antes de iniciar os estudos relacionados à matemática, a criança já apresenta um certo conhecimento aritmético empírico; contudo, a experiência escolar modifica drasticamente o curso da aprendizagem.

Um exemplo claro da forte transformação produzida pela escolarização no processo de desenvolvimento é apresentada na pesquisa organizada por Vygotsky e executada por Luria em conjunto com uma equipe de pesquisadores que auxiliaram na expedição, em comunidades do Uzbequistão, região da Ásia Central. Vygotsky, na época, já estava com a saúde fragilizada pela tuberculose e não pôde viajar, vindo a falecer ao término desse trabalho. A região escolhida para a pesquisa, nos primeiros anos posteriores à Revolução Russa, ainda se encontrava em situação um tanto atrasada, tendo em vista o modo de produção e as formas de relações sociais de trabalho, em comparação com outras localidades da Europa e até mesmo da Rússia (Luria, 2017).

> Devido à impossibilidade real de se estudar as formas de pensamento do homem primitivo, Vygotsky e Luria (*apud* Knox, 1996) estudaram regiões cuja produção da vida era elementar ou primitiva inicialmente, e que, a partir da transformação da forma de produção mediada pelo ensino sistematizado, operou um salto histórico em termos econômicos e sociais, salto esse que repercutiu radicalmente na organização dos processos psicológicos daquela população (Tuleski, 2011, p. 87).

No processo de reestruturação social, com a transição para os novos princípios de vida socialista ocorrido no período da revolução, entre as propostas de construção da nova sociedade, estavam a eliminação do analfabetismo, a coletivização dos meios de produção e da forma de economia, como o exemplo da criação das fazendas coletivas. Ocorreu uma intensificação no processo de socialização, especialmente daqueles povos que viviam insulados em regiões distantes, vivendo unicamente do modo de produção familiar, de características ainda feudais, sem contato com as tecnologias mais desenvolvidas. Luria (2017) deixa claro que não desconsidera os avanços daquela sociedade em relação à ciência, arte e arquitetura, atingidos pela cultura tradicional do Uzbequistão até aquela época; contudo, as massas encontravam-se estagnadas economicamente e em termos de escolarização.

Compuseram os grupos dessa grande pesquisa: Mulheres moradoras de vilarejos afastados, analfabetas e sem envolvimento nas atividades sociais modernas que foram entrevistadas por mulheres, uma vez que somente elas podiam entrar nos alojamentos; camponeses que habitavam regiões afastadas, analfabetos, sem participar em trabalhos socializados, ainda imersos em uma economia individualista; mulheres que frequentaram cursos de curta duração para o trabalho em creches, sem quase nenhuma educação formal ou treino em alfabetização; trabalhadores das fazendas coletivas e jovens que realizaram cursos rápidos, envolvidos ativamente nos trabalhos de administração, liderança de brigadas, escritórios das fazendas, com experiência no campo de planejamento da produção, distribuição e controle de produtividade do trabalho. Apesar dos cursos rápidos, muitos ainda eram semianalfabetos; mulheres com até três anos de estudo, que trabalhavam como professoras (Luria, 2017).

A escolarização e a socialização capazes de realizar radicais mudanças cognitivas tinham sido recebidas apenas pelos últimos três grupos. Entre as hipóteses da pesquisa, pode-se resumir que estas supunham encontrar, nos dois primeiros grupos, o predomínio das formas de cognição derivadas da atividade dirigida pelas características físicas do objeto pensado em situações práticas, em um formato de pensamento mais concreto do que abstrato. Dos grupos que já se envolviam nos trabalhos coletivos de administração e liderança e daqueles que receberam maior escolarização formal, esperava-se encontrar mais alto nível de desenvolvimento do pensamento abstrato.

Entre os tipos de testes utilizados, estavam os de reconhecimento de formas; nomeação de cores; classificação de objetos por meio de categorias; uso de silogismos; resolução de problemas matemáticos concretos e por meio de abstrações; formulação de perguntas aleatórias pelo sujeito, em algumas situações, direcionadas pelo pesquisador; respostas a questões referentes à avaliação do próprio caráter, de diferenciação do sujeito em relação a outras pessoas e reconhecimento de traços positivos e dificuldades que o entrevistado percebia em relação a si próprio.

Os resultados mostraram influência da escolarização nas formas de percepção; generalização e abstração de conceitos; dedução e inferência; raciocínio e solução de problemas; imaginação, autoanálise e autoconsciência. Os sujeitos com menos escolarização, que viviam em regiões afastadas, com menos acesso às formas de socialização, tendiam a se basear nas experiências concretas para resolver os testes propostos, ou se recusavam terminantemente a realizar a tarefa, afirmando que não possuíam experiência para tal. Conforme aqueles sujeitos se envolviam nos trabalhos coletivos, com organização, sistematização e planejamento das atividades, assim como recebiam educação formal, conseguiam executar os testes, realizando atividades que exigiam alguma forma de abstração com muito mais facilidade.

A intensificação da experiência social por meio da coletivização dos meios de produção influencia drasticamente o desenvolvimento cognitivo, como podemos observar no exemplo de camponeses analfabetos ou semianalfabetos que ocupavam cargos de importância nas fazendas coletivas. Devido às atividades de planejamento da produção, da distribuição do trabalho e do controle da produtividade, esses sujeitos participavam de um maior envolvimento em atividades tecnológicas e novas formas de pensamento e organização, sendo que tais atividades influenciaram positivamente no desempenho nos testes. Entretanto, aqueles sujeitos que passaram pelo processo de alfabetização, mesmo que de no máximo três anos, conseguiam alcançar ótimo desempenho nos testes, com 100% de acertos.

O resultado obtido por Luria (1994a, 1980c) foi que a instrução formal altera radicalmente a natureza da atividade cognitiva e facilita enormemente a transição das operações práticas para as operações teóricas. Assim que as pessoas adquirem instrução formal, fazem uso cada vez maior da categorização para exprimir ideias que refletem objetivamente a realidade (Tuleski, 2011, p. 92).

Outra questão que fica evidente nesse estudo, segundo Tuleski (2011), relaciona-se ao conceito marxista de que a consciência nasce no bojo do processo de desenvolvimento do homem como elemento direto da atividade-trabalho, contribuindo para o surgimento de novas capacidades intelectuais, assim como novas necessidades históricas. A consciência, portanto, não é algo inerente ao humano, ou um processo de desenvolvimento cerebral, unicamente, mas tem intrínseca relação com o avanço histórico-cultural da sociedade.

A aprendizagem, por meio das mudanças nas atividades, influenciadas pelo trabalho e/ou pela escolarização, acarreta drásticas transformações no desenvolvimento psíquico, que não se finda com o término da infância, mas se estende ao longo da vida adulta, de acordo com a situação histórica de cada sociedade.

> Anteriormente, a dinâmica do pensamento ocorria dentro dos limites da experiência prática imediata, e os processos de raciocínio limitavam-se, em geral, a processos de reprodução de situações práticas estabelecidas; vemos agora, como produto da revolução cultural, a possibilidade de fazer inferências não já apenas limitadas à experiência prática individual, mas também apoiadas em processos discursivos, verbais e lógicos (Luria, 2017, p. 249).

Contudo, nos perguntamos: que tipo de educação promove esse salto no desenvolvimento? Devido ao fato daquela população ter vivido em um contexto de revolução e de transição econômica por meio do socialismo, se mostra a possibilidade de produção de um processo que talvez, no capitalismo, tardaria a acontecer ou não aconteceria de fato.

A estrutura social, portanto, tem papel fundamental nas possibilidades de acesso dos indivíduos às condições que proporcionem, efetivamente, seu desenvolvimento. Pudemos ver nesse breve período da história soviética, com intensas transformações, reorganizações que, apesar dos entraves, foi possível viabilizar um salto no desenvolvimento de um sem número de pessoas, enquanto a sociedade capitalista, com seus grandes recursos em ciência e tecnologia, com suas profundas desigualdades na distribuição da riqueza e acesso a recursos, mostra enormes dificuldades na escolarização de crianças saudáveis, buscando justificar suas falhas em nível individual, na forma de transtornos de aprendizagem.

Um exemplo claro disso podemos ver no documentário chamado "As borboletas de Zagorsk", que apresenta uma escola para crianças portadoras de deficiência visual e auditiva, inspirada nos pressupostos teóricos de Vygotsky que permitia que tais crianças, ainda que com sentidos limitados, pudessem superar a situação de exclusão em que viviam, permitindo que fossem alfabetizadas, se comunicassem, oferecendo adaptações para que elas tivessem acesso aos recursos culturais e deles se apropriassem.

Vygotsky (2017) reitera a essencial função da aprendizagem para a sociedade, ao afirmar que embora a aprendizagem não seja desenvolvimento, os modos como aquela se configura podem levar ao desenvolvimento mental e impulsionar vários processos de desenvolvimento.

Conclusão

Neste capítulo, tivemos como objetivo apresentar a relação entre aprendizagem e desenvolvimento para a psicologia histórico-cultural, representada por Vygotsky e seus colaboradores. Para isso, discorremos sobre alguns conceitos fundamentais, como a Zona de desenvolvimento próximo, e a influência da escolarização no processo de desenvolvimento.

Nesse aspecto, ressaltamos a importância do caráter **intencional** do ensino, que deve buscar promover o desenvolvimento das funções psicológicas superiores, compreendendo que estas não estão dadas ao simples desenrolar do amadurecimento orgânico, mas são desenvolvidas a partir das relações sociais e acesso aos instrumentos culturais. Ressaltamos também que, a nosso ver, a partir desses resultados podemos observar a aprendizagem como promotora do desenvolvimento das funções que antes encontravam-se aquém do esperado, considerando que, por meio da adaptação dos instrumentos culturais, essas funções mostraram relevantes possibilidades de desenvolvimento, mesmo em casos nos quais existem limitações orgânicas que alteram o curso do desenvolvimento.

Outro ponto fundamental a ser pensado envolve as perspectivas da psicologia na contemporaneidade que permanecem voltadas às limitações do desenvolvimento, à produção massiva de diagnósticos na orientação do trabalho do psicólogo e à patologização e medicalização da infância e da juventude. Diante do crescente aumento de diagnósticos e o tratamento medicamentoso, em crianças e jovens, especialmente aqueles relacionados às dificuldades de aprendizagem, o manifesto de lançamento do Fórum sobre Medicalização da Educação e da Sociedade (FSMES, 2010) define medicalização como:

> O processo que transforma, artificialmente, questões não médicas em problemas médicos. Problemas de diferentes

ordens são apresentados como "doenças", "transtornos", "distúrbios" que escamoteiam as grandes questões políticas, sociais, culturais, afetivas que afligem a vida das pessoas. Questões coletivas são tomadas como individuais; problemas sociais e políticos são tornados biológicos. Nesse processo, que gera sofrimento psíquico, a pessoa e sua família são responsabilizadas pelos problemas, enquanto governos, autoridades e profissionais são eximidos de suas responsabilidades (FSMES, 2010, s/p).

Uma psicologia que não tem compreensão do caráter histórico e social do desenvolvimento humano está comprometida com um movimento ideológico de ocultamento das realidades sociais, individualizando problemas que são de ordem coletiva e social.

A compreensão do desenvolvimento humano nessa perspectiva se mostra importantíssima para a atuação do psicólogo clínico, uma vez que esse profissional, em seu percurso, estará diante de avaliações psicológicas, produção de diagnósticos e o trabalho com crianças e adolescentes com dificuldades escolares. Que essa atuação não permaneça voltada a um trabalho individualizante, mas que consiga se articular ao trabalho junto aos educadores, para se pensar na atuação conjunta com diferentes níveis de cuidado com a infância.

Mostra-se urgente, portanto, a compreensão do psicólogo clínico de que sua atuação não deve se restringir à clínica individual, mas avançar no diálogo com os profissionais da educação e a família, uma vez que a aprendizagem que guia o desenvolvimento está orientada por essas relações. Nesse sentido, podemos pensar uma atuação em psicologia promotora do desenvolvimento, que não permaneça atada às limitações e produções diagnósticas sobre a infância, mas que consiga identificar os seus potenciais.

REFERÊNCIAS

FREITAS, A. P. de. *Zona de desenvolvimento proximal*: a problematização do conceito através de um estudo de caso. Tese (doutorado). 2001. Recuperado de http://repositorio.unicamp.br/bitstream/REPOSIP/251042/1/Freitas,A.P.pdf. Acesso em: 5 abr. 2025.

FSMES – Fórum sobre Medicalização da Educação e da Sociedade (2010). *Manifesto do fórum sobre medicalização da educação e da sociedade (Website)*. Recuperado de https://www.fcm.unicamp.br/fcm/sites/default/files/manifesto_web.pdf. Acesso em: 5 abr. 2025.

GÓES, M. C. R. A natureza social do desenvolvimento psicológico. *Cadernos CEDES*, 24, p. 17-31. 1991.

LEONTIEV, A. N. *O desenvolvimento do psiquismo*. Lisboa: Livros Horizonte, 1978.

LURIA, A. R. *Desenvolvimento cognitivo*: seus fundamentos culturais e sociais. São Paulo: Ícone, 2017. (Obra original publicada em 1974).

MACHADO, J. P. A relação entre aprendizagem e desenvolvimento em pesquisas brasileiras sobre desenvolvimento da atenção e TDAH. Dissertação (mestrado). Universidade Federal de Uberlândia, MG, Brasil. 2019.

MARINHO, F. S. *Zona de desenvolvimento próximo*: uma análise das produções científicas sobre a apropriação do conceito. Dissertação (mestrado). Universidade Federal de Uberlândia, MG, Brasil. 2018.

TULESKI, S. C. Os estudos interculturais. *In*: Tuleski, S. C. *A relação entre texto e contexto na obra de Luria*: apontamentos para uma leitura marxista. Maringá: Eduem, 2011. p. 84-100.

VYGOTSKY, L. S. Educación de las formas superiores de conducta. *In*: Vygotsky, L. S. *Obras escogidas* III. Madrid: Visor Distribuciones, 1995 (Obra original publicada em 1931).

VYGOTSKY, L. S. Aprendizagem e desenvolvimento intelectual em idade escolar. *In*: VYGOTSKY, L. S.; LURIA, A. R.; LEONTIEV, A. N. *Linguagem, desenvolvimento e aprendizagem*. São Paulo: Ícone Editora. 2017 (Obra original publicada em 1933).

SOBRE A AUTORA

Jéssica Pagliarini Machado

Graduada em Psicologia pela Universidade Federal de Uberlândia (2016) e mestre pela mesma instituição (2019), com linha de pesquisa: Processos Psicossociais em Saúde e Educação. Experiência na área de Psicologia, com ênfase em Psicologia da Aprendizagem e do Desenvolvimento, Psicologia Social e Psicologia Clínica. Atualmente, é docente de Psicologia e atua como psicóloga clínica na perspectiva teórica da Psicologia Histórico-Cultural.

3

WALLON E A AFETIVIDADE: A PSICOGÊNESE DA PESSOA

Lucia Pulino

Regina Pedroza

Introdução

Este capítulo dedica-se a apresentar o pensamento de Henri Wallon sobre o desenvolvimento da pessoa, salientando a originalidade de sua perspectiva holística na compreensão do humano complexo, contextualizado histórica, cultural e socialmente.

Henri Paul Hyacinthe Wallon nasceu em 1879, em Paris, onde viveu toda a sua vida, tendo falecido em 1962. Seu ambiente familiar era cultural e politicamente rico, proporcionando-lhe uma educação culta, humanista, democrática e comprometida com as questões sociais e políticas de sua época.

Sua formação profissional foi ampla e diversificada. Cursou filosofia, psiquiatria e dedicou-se à construção de uma psicologia. Durante todo o seu percurso acadêmico-profissional, mostrou forte interesse pela pedagogia e por sua relação com a psicologia. Reconheceu a possibilidade de os dois campos de conhecimento e prática contribuírem entre si. A psicologia, ao aprofundar a compreensão sobre a criança e a pessoa em geral, poderia aprimorar a prática pedagógica e a educação, especialmente a escolar, poderia oferecer um campo de observação e pesquisa para o estudo da criança contextualizada.

Wallon assume a realidade em permanente mudança – uma realidade movediça e contraditória – e o ser humano como ser indissociavelmente biológico e social, ou um ser "biologicamente social", cuja existência é forjada na relação dos mundos contraditórios da matéria viva e da consciência, tomados como uma unidade (Galvão, 1995).

Na teoria walloniana, o materialismo dialético se mostra como a visão filosófica que consegue captar a complexidade do ser humano, que se constitui por meio de relações sociais passadas, presentes e futuras e vive em permanente transformação.

Conhecer o humano, como espécie ou como indivíduo, requer que se estude desde sua origem ou nascimento e se busque entender seu desenvolvimento histórico-cultural, social e pessoal, como um movimento constante, um processo dinâmico de evolução, marcado por mudanças quantitativas e qualitativas a partir de uma base material, ou seja, a dimensão orgânica.

Para se conhecer o adulto, é necessário se estudar a criança. Isso porque o que somos é uma unidade do que fomos e se atualiza a cada momento, delineando o que vamos ser. A criança e o adulto, a pessoa e a sociedade, o aluno e a escola, formam uma unidade indissolúvel.

A contribuição mais original de Wallon à psicologia é a sua concepção da emoção como o motor inicial do desenvolvimento da pessoa. Wallon afirma que é a partir da emoção – na expressão da afetividade, que se desenvolve na tomada de consciência de si e dos outros níveis da realidade – que se inicia a formação da personalidade.

A emoção é, para Wallon, a raiz do processo psicogenético, a origem da construção da pessoa e do conhecimento do mundo. A emoção é, portanto, constituinte da inteligência: quando aprendemos, focamos todos os nossos sentidos no objeto de conhecimento, além de utilizarmos os nossos recursos intelectuais já estruturados e recuperados pelos processos da memória.

Nosso corpo como um todo participa do ato de conhecer, na medida em que a concentração altera o tônus muscular e provoca sensações prazerosas, ligadas à satisfação de resolver problemas e de ter o reconhecimento dos outros, como consequência. Da mesma maneira, nossos sentimentos são formados pela articulação de emoções e construções racionais: o sentimento de amizade por uma pessoa envolve sentir-se bem perto dela e compartilhar com ela formas de conceber e de estar no mundo.

Wallon olha o ser humano de todas as perspectivas, tentando captá-lo em sua complexidade, salientando as contradições inerentes à sua existência, como ser dotado de necessidades fisiológicas, de impulsos "irracionais" e de uma consciência marcada pela racionalidade e construída no âmbito da cultura.

O pensamento de Wallon provocou uma revolução na visão do humano, do desenvolvimento psicológico da pessoa e em sua educação. Sua crítica a pensadores que o antecederam, especialmente a Piaget, referiam-se à concepção da evolução do indivíduo, de maneira gradual e progressiva, de modo que cada idade, ou estágio representava um passo à frente, num nível superior.

Quando Wallon se refere a uma pessoa, ele não abstrai seu conceito, idealizando um sujeito, mas o capta em sua concretude e nos campos funcionais em que se desenvolvem suas atividades: o campo da afetividade, o campo da motricidade, da sociabilidade e o da inteligência.

As múltiplas dimensões da vida e das ações humanas são compreendidas pela psicologia walloniana, com as contribuições da medicina, da neurologia, da sociologia, da psicologia animal, da antropologia, da história. Assim, essas contribuições permitem que sua psicologia assuma uma perspectiva interdisciplinar e abranja a pessoa global.

Para Wallon, a observação é o instrumento privilegiado de estudo da pessoa, já que permite que a conheçamos contextualizada em seu ambiente. Se outros teóricos tentam isolar o indivíduo para conhecê-lo, Wallon quer conhecer a criança-na-escola, a criança-na-família, a criança-no-contexto-da--brincadeira, para apreendê-la em sua complexidade e nas várias facetas de sua personalidade.

Personalidade é definida por Wallon como a maneira habitual ou constante de reagir e de ser de cada indivíduo, construída a partir das condições de existência e os resultados das diversas atividades de acordo com suas possibilidades (Pedroza, 2003).

O desenvolvimento psicológico da pessoa

A partir do nascimento e durante toda a vida, o desenvolvimento da pessoa se dá em estágios, determinados, em última instância, por fatores biológicos que, entretanto, não apresentam uma homogeneidade em seu tempo de duração. No início da vida, o desenvolvimento é bastante marcado por fatores biológicos, que vão cedendo lugar às influências sociais. Cada estágio caracteriza um modo de a pessoa estar no mundo, mantendo os aspectos essenciais do anterior, mas dando a eles um novo significado. É muito comum que, nos momentos de passagem de um para outro estágio, ocorram crises, que podem ser observadas no comportamento da pessoa. As habilidades desenvolvidas nos estágios podem ser influenciadas por circunstâncias orgânicas ou sociais ou por ações deliberadas da pessoa.

A teoria psicológica de Wallon consiste numa psicogênese da "pessoa" como um todo, resgatando a sua gênese e o processo histórico de sua constituição. O psicólogo francês propõe uma compreensão do desenvolvimento psicológico em todos os seus domínios – afetivo, motor e cognitivo e nos vários campos funcionais da existência da pessoa.

Segundo Dantas (1990), Wallon compreende que os estágios ou as etapas do desenvolvimento da pessoa sucedem-se segundo um ritmo bifásico de abertura e fechamento para o mundo: a uma fase centrípeta, de acúmulo de energia, voltada para a construção do Eu, sucede-se outra, que é centrífuga, marcada pelo dispêndio energético e pela elaboração da realidade externa. A fase centrípeta, de construção do EU, é predominantemente marcada pelas relações com o mundo humano, o que a caracteriza como uma *fase afetiva*. Na fase centrífuga, predomina o interesse pelo conhecimento do mundo físico, sendo, assim, uma *fase cognitiva*, ou intelectual. Dessa forma, a inteligência alterna-se com a afetividade na determinação da peculiaridade de cada etapa ou estágio. A afetividade inaugura o desenvolvimento e, de dentro dela surge a inteligência, conflitando com ela.

Essa compreensão walloniana do processo de alternância de fases na sucessão dos estágios de formação da pessoa, é sustentado pela teoria materialista-dialética, que considera a pessoa como uma unidade, construída a partir da síntese entre a afetividade e a inteligência, a qual, ao mesmo tempo em que se origina na afetividade, contrapõe-se a ela. Se tomamos a afetividade como tese e a inteligência como antítese, a síntese entre elas resulta na pessoa. A pessoa, portanto, constitui-se, ao mesmo tempo, como afetividade e negação da afetividade, ou seja, inteligência. Dessa forma, a compreensão do desenvolvimento da pessoa, ou da construção da personalidade, considera não apenas seu desenvolvimento afetivo ou seu desenvolvimento intelectual, mas a síntese entre os dois, que implica levar em conta suas contradições mútuas e os modos como cada um modifica o outro ou se articula com ele.

Os estágios se sucedem em uma ordem necessária, e em um percurso não linear: este pode ser desviado, apresentar avanços, retrocessos e rupturas, tendo ritmos heterogêneos e variáveis, dependendo de fatores internos ou externos. Wallon afirma que, pela intervenção de fatores biológicos ou sociais, "o desenvolvimento do pensamento na criança é descontínuo, assinalado por crises, conflitos (...) que provocam reestruturações (não evoluções) do comportamento" (Merani, 1977, p. 87).

O desenvolvimento inclui a experiência de conflitos, motivados por problemas ligados à maturação do indivíduo, ou a fatores sociais, que se contraponham às necessidades e desejos da pessoa. Para Wallon, os conflitos são dinamogênicos, isto é, propiciam desenvolvimento.

Nos vários momentos de desenvolvimento, a pessoa conta com recursos afetivos e cognitivos construídos nas vivências de etapas anteriores, que a capacitam a conhecer o mundo e a si mesma de maneira pessoal, original. Esses recursos também possibilitam que ela lide com os desafios e conflitos que eventualmente surjam no percurso de seu desenvolvimento.

Wallon salienta "a importância do período da vida intrauterina em que se desenvolvem os órgãos dos sentidos e os centros nervosos, protegidos de qualquer excitação exterior, e que é marcado quase exclusivamente pelo sono. O organismo materno satisfaz todas as necessidades do feto, numa condição de "simbiose orgânica", como se fossem um só ser. O feto apresenta reações motoras que são apenas reflexos de postura" (Pedroza, 2003, p. 38-39).

O autor distingue 5 estágios de desenvolvimento, desde o nascimento até que a pessoa se torne adulta. Esses estágios ocorrem na sequência alternada das duas fases, a afetiva e a cognitiva. São eles: estágio impulsivo emocional, estágio sensório-motor e projetivo, estágio do personalismo, estágio categorial e estágio da adolescência. Wallon considera o maior número de fatores presentes no desenvolvimento da pessoa. Entretanto, a consideração dos fatores não se resume em incluir tudo na análise, indiscriminadamente, mas significa levar em conta o conhecimento que as várias ciências nos fornecem sobre o ser humano, e contextualizar essas informações à vida da pessoa concreta que estamos estudando.

Não basta, então, que se reconheça em que estágio de desenvolvimento a pessoa se encontra, mas é importante que consideremos a maneira específica como esta pessoa vive aquele estágio, a gênese de seu processo de desenvolvimento desde o nascimento, as suas condições biológicas e sociais. A partir do nascimento, a existência do bebê depende totalmente das pessoas que cuidam dele.

Como dissemos, Wallon distingue 5 estágios de desenvolvimento, que se alternam nas fases afetiva e cognitiva.

Vamos estudar, agora, cada um desses estágios.

1º estágio – estágio impulsivo-emocional

Este estágio dá-se na primeira Fase Afetiva do processo de constituição da pessoa.

O que move o desenvolvimento neste momento é a emoção, que preside a relação do bebê com as pessoas, das quais ele depende para sobreviver. O bebê já depende de si mesmo em relação à respiração e autorregulação da temperatura de seu corpo. Agora suas necessidades não são automaticamente satisfeitas, como no ambiente intrauterino, e o bebê começa a conhecer os sofrimentos da espera ou da privação, reagindo com espasmos e gritos, para garantir que seja atendido por quem cuida dele, buscando sua sobrevivência.

Nesse estágio, chamado de *impulsivo-emocional*, os adultos que cuidam dele vão fazendo tentativas de interpretar suas reações impulsivas, especialmente o choro e os gestos, para satisfazer suas necessidades. O choro é a principal reação do bebê ao desconforto físico, postural e à fome. Essa é a forma primordial da linguagem.

As funções ligadas à respiração, ao sono, à fome e à sensibilidade proprioceptiva, ligada ao equilíbrio corporal, ou sensações confusas do próprio corpo, marcam as atividades nas primeiras semanas de vida. Segundo Wallon, o movimento é, desde o nascimento, uma das principais formas de comunicação da vida psíquica com o ambiente externo. Ele traduz o mundo interno do bebê. Os primeiros movimentos a se organizarem giram em torno do ato da nutrição. Além deles, os movimentos desordenados, as contorções e as contrações, ligadas a dores e à fome, vão sendo progressivamente diferenciados.

A partir dos 3 meses, a criança começa a estabelecer ligações entre seus desejos e as circunstâncias exteriores, incluindo as relações com as pessoas próximas a ela. O sorriso, que pode ter surgido antes, se consolida nas relações com as pessoas, e é um elemento essencial à sobrevivência do bebê, já que o adulto se sente motivado por essa manifestação a continuar cuidando dele como se sorrir fosse sinal de satisfação e felicidade. Realmente, dia após dia, essa expressão ganha esse significado social.

Aproximadamente aos seis meses, a criança já é capaz de expressar uma ampla gama de emoções, tais como a cólera, a dor, a tristeza e a alegria, e de decifrar as expressões afetivas de quem convive com ela. Estabelece-se, então, um vínculo muito forte entre ela e a mãe, o pai, e as pessoas mais próximas. Essa relação é a base de todo o desenvolvimento socioafetivo da pessoa, para toda a sua vida. É o período de sincretismo subjetivo, ou percepção global e confusa, pois a criança se encontra de tal forma unida ao seu meio ambiente, que parece não saber distinguir-se dele. É uma verdadeira *simbiose afetiva*, após a *simbiose orgânica* (Galvão, 1995; Pedroza, 2005). À medida que essa simbiose afetiva progressivamente vai se desagregando, vai surgindo a consciência de si e as ações e sentimentos em relação aos outros vão se estabelecendo e se tornando mais complexas (Coll; Palacios; Marchesi, 1995).

Os efeitos de seus movimentos provocam a repetição destes que vão se aperfeiçoando nas execuções subsequentes. Desenvolve sua motricidade, arrasta-se e engatinha, começando a avançar seu corpo no espaço.

Este primeiro ano de vida, que consiste no primeiro estágio, é um período de concentração do bebê nas sensações de seu corpo, basicamente. Por isso, Wallon considera que esse estágio é predominantemente uma fase afetiva, de constituição do *eu corporal*. O desenvolvimento psicológico aqui, é marcado pela construção da percepção do próprio corpo, do eu corporal, pela exploração de sensações, gestos, sons e movimentos. E é no processo de desenvolvimento dessa identidade corporal que o bebê incorpora o mundo e as outras pessoas.

2º estágio – estágio sensório-motor e projetivo

O final do primeiro e início do segundo ano provocam uma guinada na orientação da atividade da criança – ela se volta para o mundo exterior. É o que marca esse estágio como operando na primeira Fase Cognitiva.

A atividade da criança é predominantemente *sensório-motora*. Da concentração da atenção nas sensações advindas de seu próprio corpo e na execução de movimentos de acomodação postural, ela passa a se aplicar na exploração do mundo físico, o que gera importantes conquistas, como as que se seguem abaixo.

• Do engatinhar ao andar, vence a gravidade, colocando-se em pé e olhando o mundo de outra perspectiva.

• O desenvolvimento da fala proporciona a ela a possibilidade de expressar-se melhor no ambiente e compreender o que os outros falam.

• A linguagem reorganiza as operações cerebrais da criança que passa da ação predominantemente muscular ao pensamento.

As representações mentais passam a acompanhar os movimentos da criança; ela coloca suas intenções de ação. É o *estágio projetivo*, no qual ela se exprime tanto por gestos como por palavras, e atua muito por imitação, repetindo seus próprios atos e os das pessoas afetivamente próximas a ela. Esse período, portanto, consiste num momento em que a criança apresenta alto nível de atuação, desenvolve estratégias de ação e tem um contato muito próximo e constante com o meio ambiente.

Explora o ambiente e o encontro com o mundo externo – deslocando seu corpo no espaço, relacionando-se com o mundo e as pessoas, tocando, mexendo nas coisas, imitando o outro, criando uma linguagem relacional e se inserindo no meio social – constitui-se na maneira de a criança conhecer e sentir o mundo, as pessoas, nomeá-los, compreender-lhes o significado, dar-lhes sentido e se reconhecer neles, num espaço compartilhado.

3º estágio – estágio do personalismo

Por volta dos três anos, a orientação do desenvolvimento se dirige novamente para a construção do eu, que consiste na segunda Fase Afetiva. Inicia-se um novo estágio de desenvolvimento, que é marcado frequentemente por uma crise. Trata-se do Estágio do Personalismo.

Os comportamentos da criança e suas representações mentais, aprimorados no período anterior pelo desenvolvimento da linguagem, voltam-se, agora, para a formação da identidade. É a *crise do personalismo* que marca o início desse estágio. A criança se mostra negativista, opõe-se ao outro, tentando impor seu ponto de vista pessoal sobre aspectos da vida. Entrega-se a um forte jogo de oposição em relação ao adulto.

O *não*, *o meu*, e *o eu* marcam suas ações, em oposição às outras pessoas, aparentemente sem motivo. Wallon interpreta essa atitude como uma necessidade de demarcação de sua autonomia, como afirmação de sua individualidade.

Segue-se a essa negatividade de atitude a chamada *idade da graça*, aproximadamente aos 4 anos: a criança começa a focalizar sua atenção em suas próprias atitudes e comportamento, e a controlá-las consciente e voluntariamente para chamar a atenção sobre si. Isso faz com que comece a se preocupar com o efeito que suas atitudes podem produzir nos outros, e se torna tímida.

Após este momento, opõe-se novamente ao outro, podendo invejá-lo, sentir ciúmes ou imitá-lo. Nessa idade, próxima dos 5 anos, a criança ainda é muito carente de atenção e carinho. Sua personalidade não está inteiramente diferenciada e o lugar que ocupa na família constitui um importante fator de definição dela.

Do ponto de vista da experiência estética, a criança, nesse estágio, começa a relatar sua intenção ao desenhar, o significado de sua produção gráfica, chegando a narrar pequenas histórias ali representadas, e assina seus trabalhos à sua maneira. Expressa suas preferências, insiste em querer determinados materiais, cores, para realizar sua obra. Sua expressão corporal se sofistica, ela se envolve em jogos de faz de conta, representando papeis sociais e em jogos de regras e brincadeiras de dança e canto, individualmente e em grupos.

O pensamento da criança é marcado pelo sincretismo, assim como sua percepção. Sua perspectiva é subjetiva e global, considerada "confusa" pelo adulto. A linguagem da criança mostra um pensamento em que se encontram misturados aspectos fundamentais, como o sujeito e o objeto pensados, os objetos entre si, os vários planos do conhecimento. Na escolha dos temas abordados pela criança prevalecem os critérios afetivos sobre os lógicos e objetivos. No sincretismo, tudo pode se ligar a tudo, as representações do real (ideias, imagens) se combinam das formas mais inusitadas, numa dinâmica que mais se aproxima das associações livres da poesia do que da lógica formal (Galvão, 1995, p. 81).

Observa-se, assim, uma impregnação da afetividade na atividade cognitiva, o que Wallon justifica pelas origens afetivas do conhecimento.

4º estágio – estágio categorial

É um estágio marcado pela segunda Fase Cognitiva e, portanto, orientado para a constituição e conhecimento do mundo.

Depois dos 6 anos, dá-se uma nova reviravolta no interesse da criança, e ela consegue corresponder às exigências de um pensamento mais sistemático e a um maior tempo de concentração, requisitos de uma vida escolar. O ambiente da escola propicia que ela atue em diferentes situações, em que ora se sai bem, ora mal, preferindo uma ou outra atividade. Isso proporciona que ela tenha uma noção de constância de sua identidade, apesar dos diferentes papeis que desempenha.

Seu pensamento se torna menos centrado em suas próprias experiências e sensações e, portanto, mais objetivo.

No plano intelectual, o período dos 7 aos 12 anos é aquele em que se desenvolve a capacidade de análise e síntese. O pensamento da criança, que antes era sincrético, isto é, indiferenciado e global, torna-se categórico (desenvolvem-se as categorias lógicas de pensamento) e mais objetivo, permitindo que ela comece a participar do mundo intelectual do adulto.

Socialmente, suas escolhas não são mais puramente afetivas. Elege determinados colegas para uma atividade e outros para outra, desenvolvendo o sentimento de companheirismo. Aí também a diversificação da experiência da criança permite que ela se reconheça, em sua integridade, nas várias situações.

Nesse estágio, portanto, o sujeito constrói intelectualmente sua identidade, mas o que predomina em seu desenvolvimento é a construção e compreensão do mundo objetivo.

Sua produção estética se torna mais adaptada às exigências sociais e desenvolve um senso de autocrítica e crítica do outro, o que pode mudar o rumo de suas expressões no desenho, nos gestos, nas brincadeiras e jogos: ela passa a seguir regras e a exigir maior perfeição de si e dos outros.

5º estágio – Estágio da puberdade e da adolescência

A **crise da puberdade** faz mudar qualitativamente as condições de vida da pessoa e exige o estabelecimento de um novo contorno da personalidade, pois o antigo se encontra desfigurado pelas modificações corporais resultantes da ação hormonal.

Aqui, a pessoa se encontra na terceira Fase Afetiva, voltada predominantemente para a construção de si. O início do Estágio da Adolescência é frequentemente marcado por uma nova crise de personalidade, pois o equilíbrio conseguido no estágio anterior é rompido. Esse processo faz brotar questões pessoais, morais e existenciais, o que faz com que seja retomada a predominância da atividade afetiva. O alvo contra o qual a pessoa se opõe não são as pessoas em si mesmas, mas a sociedade, seus valores e costumes. O retorno da atenção sobre sua própria pessoa causa, no adolescente, as mesmas alternâncias de graça e de embaraço dos três anos de idade.

No plano afetivo, portanto, o desenvolvimento da personalidade ganha relevância. No plano intelectual, o adolescente deixa de se dedicar à relação direta com o mundo concreto, para lidar com o universo das leis, com a dimensão do dever ser, da ética.

A experiência e a superação desse conflito existencial da adolescência promovem uma maior articulação entre o jovem e as outras pessoas, especialmente os adultos, num processo de reconstrução da personalidade, que, mesmo marcado por conflitos, permite um ajuste de interesses e atitudes, para a entrada na vida social.

É possível identificarmos em nossos alunos, filhos e em nossas próprias histórias, as características do desenvolvimento que Wallon apresenta. Isso é esperado, já que esse estudioso focaliza sua atenção no indivíduo inserido na experiência concreta, na pessoa marcada por suas vicissitudes, com sua vida cheia de contradições. Wallon refere-se à condição do humano como uma realidade movediça, em constante transformação. Em cada estágio, as múltiplas determinações da personalidade da pessoa devem ser consideradas, de modo a se desenhar seu contorno e, através dos vários estágios, poder se identificar como um mesmo ser em contínua transformação (Pulino, 2008, p. 101).

A formação da personalidade

A cada estágio de desenvolvimento a pessoa apresenta interesses específicos, mudando sua maneira de compreender o mundo, tendo à sua disposição determinados recursos intelectuais e afetivos para enfrentar os desafios que se lhe apresentam, no nível da construção de sua personalidade e da relação com os outros e conhecimento do mundo que possibilitam melhores condições de relações com o outro, com o conhecimento e consigo mesmo. A formação da personalidade, nos campos de desenvolvimento ligados à afetividade, à ação motora e ao intelecto, é o ponto marcante do pensamento de Wallon.

Os estágios que se dão na fase afetiva são aqueles nos quais a prioridade do sujeito é a formação de sua personalidade: o estágio impulsivo-emocional, o estágio do personalismo e o estágio da adolescência (Galvão, 1995).

Do estado de *indiferenciação* inicial, em que o bebê não se percebe como ser distinto, à condição de pessoa adulta, em que o indivíduo assume papeis e participa da vida social, ocorre todo um processo de distinção, identificação e oposição às outras pessoas, ou de constituição do eu.

Num primeiro momento, é o *eu corporal*, mais básico, que se distingue: é pela interação com seu próprio corpo, pelas sensações ligadas à sobrevivência, como fome, frio, desconforto e pela expressão dessas necessidades, a serem satisfeitas pelas outras pessoas, que o bebê estabelece a diferença da sensibilidade provinda do corpo e aquela provinda do mundo exterior. A partir daí, começa a integrar o espaço subjetivo e o objetivo, incipiente.

A construção do eu corporal é condição para a construção do *eu psíquico*, que é a principal tarefa do estágio personalista. Até agora confundindo-se com o outro, fundindo-se mesmo às pessoas, e confundindo as pessoas entre si, a criança começa a traçar os contornos de sua personalidade, por oposição ao outro.

A criança mostra isso em seu comportamento e linguagem: diante do espelho, refere-se à imagem chamando-a pelo seu próprio nome, mas não usa o "eu". Referindo-se a si mesma para as pessoas, usa a terceira pessoa, ou seu nome: "Tita quer sorvete".

Wallon nos mostra que os conflitos não são negativos, mas fazem parte do processo de socialização da criança e de construção de sua personalidade, além de possibilitar que ela reconheça no outro uma pessoa distinta de si.

Em média, no terceiro ano de vida, a criança começa a empregar o pronome "eu".

Aqui, pode-se perceber a importância do comportamento conhecido como "birra", no sentido de definição da identidade da criança: *Não! Eu não quero!* Ou o jogar-se no chão, com o corpo todo se movimentando desesperadamente, chutando quem estiver próximo, são maneiras de a criança dizer que é alguém distinto da mãe, que precisa de um espaço existencial.

São frequentes, então, os conflitos explícitos com o outro, em que a criança expressa raiva contra os colegas, tem ciúmes, pode quebrar os brinquedos dos amigos e defender sua propriedade das coisas, negando-se a emprestar o que é seu. Com efeito, o "meu" é precursor do "eu". É pela disputa com o outro e a demarcação de seu território que a criança abre espaço para a construção do "eu". Ela constrói sua identidade, seu "eu", opondo-se ao "outro", ao "não eu".

Com os progressos da linguagem e do pensamento, a criança vai ganhando mais autonomia em seu meio social e começa a se observar, como uma pessoa distinta em seu meio, comportar-se de forma deliberada para agradar aos adultos e a quem ela aprecia ("idade da graça"). Desenvolve, aí, um sentimento positivo de autoestima.

Em seguida, a imitação permite à criança ampliar sua conduta e se diferenciar, já que, experimentando ser o outro com a imitação, aproxima-se dele para depois se afastar, diferenciar-se.

Na adolescência, esses conflitos eu-outro voltam a se manifestar, em forma de crise. Tendo incorporado as conquistas do período categorial, o púbere começa a pensar logicamente o mundo e a si mesmo, elaborando verdadeiras teorias, sobre como deveriam ser as pessoas e a sociedade, teorias essas que apoiam suas oposições ao mundo social e à autoridade constituída.

A produção artística dos jovens revela a crise, a proposta revolucionária, que é a tentativa de destacar seu eu social, já inserido num ideal de sociedade. Ela traz a marca da oposição, da denúncia. Essa crise se expressa também em suas preferências estéticas, músicas, filmes, jogos, atividades, maneiras de se vestir, de falar, de escrever. Sua expressão corporal, seu desenho, suas produções literárias são as formas como ela/e se coloca para fora, mostrando aos outros como ela/e gostariam que o mundo fosse e como quer ser e se tornar. É por oposição, muito mais do que por acordos, que a personalidade se constitui.

A idade adulta

Com base na compreensão proposta por Wallon para a psicogênese da pessoa, apresentamos aqui uma concepção do desenvolvimento adulto (Pulino, 2008).

Para o autor, o outro participa da construção do psiquismo do eu durante toda a vida. Nesse sentido, nosso ponto de partida vai ser a noção de conflito, de oposição, de constituição do eu em oposição ao outro.

À medida que o jovem se insere nas práticas culturais do ambiente social em que convive, como o trabalho e/ou os estudos, no Ensino Médio, no nível Médio Técnico ou na formação universitária, ele vai desenvolvendo comportamentos na direção de uma socialização mais adaptativa.

A escolha dos amigos, do curso que deseja fazer, da escola em que prefere estudar, vai lhe fornecendo recursos para "ver-se" em situações objetivas, em que se projeta socialmente. Assim, o jovem se vê e é visto como aquela pessoa que pode não gostar de desenhar, mas de tocar violão, que pode preferir cinema a teatro, ou que é reconhecido como um bom vendedor, ou como um bom e fiel companheiro na hora de reivindicar seus direitos junto ao patrão. As possibilidades de trabalho que se lhe oferecem e sua escolha e dedicação a uma profissão determina grande parte de seu cotidiano, de sua condição econômico-social, fatores que participam da construção de sua própria identidade adulta e de seu lugar e responsabilidade como cidadão.

Sua vida cultural, as músicas de que gosta, os atores com quem se identifica, o tipo de leitura que prefere, o tempo que passa conversando nas rodas de amigos depois do trabalho, sua participação em festas promovidas pela comunidade em que mora são elementos que dão à pessoa, e a quem convive com ela, os parâmetros para seu autoconhecimento e o conhecimento que os outros desenvolvem sobre ela e ela sobre os outros. A rede de relações de uma comunidade, seja ela numa grande cidade, num bairro de classe alta ou média, ou numa favela, numa cidade do interior ou numa fazenda, é o pano de fundo, o contexto, em que a pessoa se desenha e contra o qual avalia suas próprias ações e reações, baseada em valores éticos que ela adota ou tenta modificar ou adaptar a situações de vida específicas.

No campo das relações amorosas, a pessoa pode se reconhecer e ser reconhecida como alguém muito cobiçada pelo sexo oposto, pela graça e simpatia que exibe, ou ser aquela pessoa mais reservada e solitária, que ama platonicamente. O desenvolvimento da sexualidade da pessoa, que inclui a escolha de sua/seu parceira/o, da mesma forma, dá-se nas relações com as pessoas com quem convive, baseado em suas experiências prazerosas, afetivas e cognitivas, vividas no contexto de uma sociedade que historicamente propõe um padrão homogêneo de relacionamento afetivo-sexual, que pode ser seguido pelas pessoas ou contraposto com a assunção de formas não padronizadas de posicionamentos e relacionamentos, como a homoafetiva, a transsexual, a bissexual, e outras opções, que envolvem o público LGBTQIAPN+.

Na concepção walloniana, todas as possibilidades de experiências da sexualidade e de relacionamentos, são compreendidas no contexto de suas especificidades e do cenário histórico, cultural, estético, ético e político, ou seja, em sua complexidade. Da mesma forma, são considerados os vários tipos de união, os casamentos, a constituição de famílias, com seus filhos, gerados ou adotados, e sua educação.

Questões que estão muito presentes em nossas sociedades ocidentais podem ser pensadas na perspectiva walloniana:

Conforme Wallon, estamos propondo que a personalidade da pessoa se constrói aproximando-a e afastando-a do outro, da sociedade, reconhecendo nela as marcas da cultura e da educação, mas deixando uma brecha, o que há de original e criativo em cada pessoa.

A pessoa, vista como parte de uma sociedade e como ser original, é para nós o grande legado de Wallon e é o que escolhemos como ponto fundamental em que se ancora nosso objetivo, como educadores de propiciar que cada estudante se desenvolva como pessoa crítica, criativa, consciente das especificidades, limitações e possibilidades suas e das outras pessoas. Dessa forma, a educação que buscamos volta-se para a construção da pessoa e do mundo, por meio de relações humanizadoras e felizes.

A psicogênese da pessoa e a educação: as relações professor(a)-estudantes

Segundo Wallon, a relação entre professor e alunos é de interação não simétrica. O autor sustenta a importância da educação estética, para o desenvolvimento da sensibilidade, das emoções e da expressividade das pessoas, pois possibilita que se respeite a originalidade de cada uma, a complexidade da existência humana e a diversidade de experiências de vida.

Da mesma forma, a formação inicial e continuada de educadores, na perspectiva walloniana, não se resume a exigências intelectuais da profissão, mas inclui sua vida pessoal, suas experiências e vivências culturais.

Conhecer algo, para Wallon, é construir algo tendo como alicerce a emoção, tal como acontece a partir do nascimento, com o bebê, que se expressa a partir de movimentos e emoções corporais básicas e, graças a isso, começa a se relacionar com a pessoa que cuida dele, desenvolvendo sua primeira forma de linguagem, com que elabora suas concepções de mundo e de si mesmo.

Ouvir é essencial para Wallon. A escuta do aluno – ouvir sua história contada por ele mesmo, a descrição do seu próprio desenho, sua voz, seu canto – permite ao educador contextualizar sua aprendizagem. A observação da postura do aluno, de sua disposição física, de seus gestos, de seu nível de atenção, dá ao professor pistas de como motivá-lo para a aprendizagem.

Dessa forma, o/a professor/a, levando em conta as ideias wallonianas, deve proporcionar um ambiente em que, ao mesmo tempo em que exige a atenção do aluno, considere o tempo de duração das aulas, respeite a necessidade de os estudantes se movimentarem, de assumirem posturas que favoreçam a construção do pensamento, a manifestação espontânea, a sua participação efetiva na aula, dialogando com as/os colegas e com o professor, fazendo consulta a livros. A realização, a autoavaliação e avaliação de tarefas, tanto individuais como coletivas, devem contar com as sugestões de cada estudante, respeitando seu processo de argumentação, e permitindo que ele ouça as contra-argumentações dos outros e se engaje em discussões, com a mediação da/o docente.

É importante que não se leve em conta apenas o que está explícito no que se ouve e vê, mas que se tente *contextualizar* as informações, considerando não apenas as experiências concretas dos alunos, mas o que eles pensam delas, como elas os mobilizam, em que sentido gostariam de modificá-las e o que apreciam nelas. Isso porque a experiência concreta do aluno é múltipla, deve ser resgatada de forma a permitir que ele a critique, distancie-se dela, para pensar novas situações possíveis em que poderia engajar-se.

"Se eu fosse...", "Se eu pudesse..." são formas ricas de fazer o aluno se imaginar em outras situações, aplicar seu pensamento abstrato aos dados concretos da realidade e forjar a incorporação de novos elementos em sua personalidade.

As experiências imaginativas e criativas no contexto educativo possibilitam esse exercício de sair de si, de reconhecer-se, de manifestar afeto e empatia em relação ao diferente, de colocar-se no lugar do outro, de reconhecer-se.

A brincadeira em sala de aula

Este é um dos principais pontos da teoria de Wallon e de outros teóricos do desenvolvimento e da aprendizagem: a importância da brincadeira, de jogos, de experiências lúdicas, para a formação da personalidade e a educação da pessoa, criança, adolescente ou adulto, já que o brincar proporciona que a pessoa saia de sua realidade objetiva e limitada e imagine situações que, embora ancoradas no real, trazem a marca da sua autoria.

Na brincadeira, aprendemos a resolver problemas sem que nossas falhas tenham consequências graves, como na realidade eventualmente teriam. Além disso, conhecemos situações e temos informações que normalmente nem sempre estão presentes em nosso cotidiano. A brincadeira e os jogos, além disso, promovem um relaxamento do tônus muscular, tirando a ansiedade de falhar, e propiciam que o aluno "vibre" com suas conquistas e aprenda a competir com os colegas. A brincadeira coletiva promove o convívio e a aprendizagem cooperativa entre os alunos e consiste em uma boa oportunidade de conhecimento entre os estudantes e desses pelo educador e vice-versa.

A educadora pode confeccionar com suas/seus estudantes jogos de memória, bingo, ludo, utilizando palavras significativas escolhidas pelos estudantes, ou fazer quebra-cabeças com letras de música, réplicas de pinturas famosas, ou poesias e textos que eles escolham ou produzam em sala. Compor repentes ou histórias de cordel, ou montar e representar peças de teatro ou operetas são algumas sugestões, que a/o docente pode ampliar, além de acolher as propostas de brincadeiras e jogos que seus alunos lhe apresentem. É importante considerarmos que o clima propiciado pela brincadeira permite ao professor redimensionar sua prática e redefinir seu papel, ou, em termos wallonianos, "ser o outro do aluno", contra o qual ele se define e com o qual ele se identifica, criando laços afetivos que constituem a liga entre eles.

O encontro na escola

Todos aqueles aspectos que salientamos sobre a formação da personalidade ao longo da vida podem ser reconhecidos na situação de uma sala de aula.

Wallon afirma que, em momentos cruciais de nossas vidas, as fronteiras do eu se tornam tênues e nebulosas. O apaixonamento é um caso típico, em que duas pessoas se fundem em um só desejo, confundindo os limites de suas identidades. O envolvimento em atividades de risco, ou muito excepcionais e distantes de nossa vida cotidiana, pode nos levar a sentir um estranhamento de nós mesmos, por vivenciarmos sensações completamente novas.

O trabalho em grupo deve ser construído aos poucos, respeitando-se as preferências individuais. E o professor deve prover cada aluno de recursos materiais e orientação, para que ele possa experimentar situações diversificadas e se conhecer em diferentes condições, incorporando novas atitudes e informações à sua forma de ser e conhecer.

O ritmo de cada um

Outro aspecto importantíssimo na dinâmica da aprendizagem considerada por Wallon é o ritmo de trabalho e de apreensão de cada aluno: além da motivação, cada um tem um tempo para articular elementos da situação e informações, para construir categorias de pensamento.

Na verdade, cada uma precisa de um tempo para se alfabetizar, na medida em que precisa desenvolver-se, para além da dimensão cognitiva, afetivamente, de modo a incluir na definição de sua personalidade o papel de pessoa criativa, desenvolvendo a autoconfiança com sua participação ativa no processo de aprendizagem.

À medida que o aluno ganha familiaridade com o uso de materiais e técnicas, sua agilidade aumenta e ele pode se desinibir, aumentando seu ritmo. Mas a cada tarefa nova, ele pode voltar a seu ritmo original e isso deve ser respeitado pelo professor e pelos colegas.

Além disso, cada grupo tem um ritmo, e um professor que trabalhe com várias turmas não deve fazer comparações rígidas entre os desempenhos delas, mas, sim, reconhecer suas especificidades.

O ambiente físico

Wallon dedica uma atenção especial ao conforto físico do aluno: a cadeira em que se senta, sua postura física, as possibilidades que tem de se movimentar enquanto aprende são aspectos considerados, na medida em que o tônus muscular e a disposição física da pessoa são considerados por Wallon como parte de sua condição física para aprender e se desenvolver. Uma pessoa tensa, cansada ou com seus músculos retesados pela sensação de medo ou ansiedade não está disponível para aprender ou criar.

Trabalhar em uma sala com a disposição das cadeiras em círculo permite que as pessoas se vejam e se comuniquem com facilidade. O ambiente pode ser modificado dependendo da atividade, podendo ser mais interessante que os alunos fiquem em pé, ou que saiam da sala, que trabalhem em ateliês, individualmente ou em grupos, que façam pausas ou exercícios de alongamento e respiração, que ouçam música. Alguns encontros podem ser passeios, idas ao cinema ou ao teatro e podem ser recebidas visitas de palestrantes ou artistas, ou serem organizadas sessões de filmes, ou exposições, na própria escola.

O conforto e as condições estéticas da sala podem ser melhorados pelos alunos, trazendo almofadas de casa, toalhas de mesa e cestas para piqueniques, rádio, discos, lanches, além de outras coisas que queiram, tornando a sala de aula "a nossa sala".

O papel e a formação do(a) educador(a)

O(A) educador/a é o/a organizador/a do meio social educativo, regula e controla a sua interação com os/as estudantes e desses entre si, na sala de aula. É articulando elementos do meio social e introduzindo os alunos às conquistas feitas pela humanidade ao longo da história, que ele vai educar seu aluno.

A definição do que é importante estudar e as melhores formas de organizar o ambiente de aprendizagem, assim como decidir sobre quais as dimensões da realidade a serem privilegiadas no processo de ensino-aprendizagem e quais interesses e necessidades serão contemplados são tarefas assumidas pelos/as alunos/as em diálogo com o/a professor(a). A partir desse esforço mútuo, podem se conhecer e definirem suas prioridades e as possibilidades de articulá-las com as propostas indicadas em documentos oficiais.

O(a) educador/a é a pessoa com quem os alunos vão se identificar, que vai despertar neles emoções ligadas ao medo ou ao contentamento por aprender. O vínculo afetivo entre docente e discentes e destes entre si constrói-se no cotidiano, fortalecendo as possibilidades de produção de conhecimento de si, do outro e do mundo, e de desenvolvimento da personalidade de cada pessoa, inclusive do professor, como educador e como pessoa.

Os conflitos em sala de aula podem gerar situações de contágio emocional em que diante da agitação ou depressão de um ou mais alunos, toda a sala é afetada por essas emoções. Ao professor cabe analisar racionalmente a situação e mediar, pela linguagem, os conflitos e os problemas que surgem em sala e propor formas de ajudar os alunos a resolverem essas situações difíceis.

A pedagogia inspirada em Wallon é uma pedagogia que humaniza as relações entre as pessoas, contando com as dificuldades que elas têm ao se encontrarem numa sala de aula, e pensando possibilidades de superação dessas situações difíceis. O(A) aluno(a) não é o estudante ideal, que sempre participa e aprende com facilidade, e o(a) professor(a) não é uma pessoa que detém o conhecimento, que se coloca sempre segura, que não tem dúvidas, apoiando-se na autoridade de um saber predeterminado. São, sim, pessoas relacionando-se em sua concretude, compartilhando o processo de ensino-aprendizagem, num determinado contexto histórico, cultural, social e econômico. Pessoas que se encontram para aprender, para construírem juntas conhecimento e trocarem experiências. A formação do/a professor/a é processual: desde seu curso de Licenciatura, até ele/a assumir o ensino em salas de aula e durante todo o período em que exerce a docência, é importante que se atualize em relação ao desenvolvimento do conhecimento científico em sua área de magistério, assim como em estudos relativos a metodologias e tecnologias de ensino, e, como estamos fazendo aqui, que busque conhecer as ideias de estudiosos do desenvolvimento de seus alunos/as, sejam eles/as crianças, adolescentes, jovens universitários ou adultos e idosos.

Comentários conclusivos

Este texto teve como objetivo apresentar as ideias de Henri Wallon sobre o desenvolvimento da pessoa nas diversas dimensões que a constituem. A compreensão walloniana de que cada ser humano é gerado, nasce e vive em determinados contextos histórico-cultural, socioeconômico e familiar que constituem as múltiplas determinações que se sintetizam na unidade de sua pessoa, nos possibilita pensar o humano como um tornar-se, um ser em movimento, em transformação, cujo desenvolvimento tem sua gênese, sua origem, na emoção, que fornece as condições de sua existência, comunicando suas necessidades ao outro, no meio social. A partir dessas primeiras relações, a criança tem acesso à representação simbólica e à linguagem, que lhe permitem atribuir significado aos sons e gestos que emite, como o grito, o choro e o sorriso, que inicialmente são manifestações puramente orgânicas e que, a partir da relação com o outro, adquirem uma significação psíquica construída socialmente.

Esse processo constitui a entrada do bebê no mundo social e cultural, o início de sua humanização, que continua com a vivência dos estágios do desenvolvimento, em que se estabelecem novas relações com o outro, com base nas emoções, e permitem a construção da personalidade e da construção do conhecimento do mundo.

Tivemos a oportunidade de iniciar nossos estudos sobre as ideias de Henri Wallon, de sua teoria de desenvolvimento da pessoa em sua globalidade, sempre contextualizada na concretude de suas atividades, pensando, sentindo e atuando conforme sua história pessoal, seus recursos intelectuais e afetivos, seus interesses necessidades e desejos, os conflitos vividos por ela.

O pensamento de Wallon nos autoriza a pensar e atuar com a pessoa como uma síntese de múltiplas determinações, como uma unidade que se constrói na concretude de sua vida, por suas experiências passadas e perspectivas para o futuro, que se revelam por sua presença, sua voz, suas posturas, suas relações sociais, no presente.

Especialmente, Wallon nos faz conceber a nós mesmas como estudiosas, pesquisadoras, educadoras – que, como pessoas, somos a síntese de múltiplas determinações, históricas, culturais, socioeconômicas, familiares, pessoais.

Esse olhar walloniano nos inspira a assumir a ética do "estar-com", do cuidado, em que o diálogo e a escuta sensível geram um conhecimento a partir de relações horizontais, construídas em um ambiente democrático e participativo.

REFERÊNCIAS

COLE, M.; COLE, S. *O desenvolvimento da criança e do adolescente*. Porto Alegre: Artes Médicas, 2003.

COLL, C.; PALACIOS, J.; MARCHESI, A. *Desenvolvimento psicológico e educação*. Tradução de Marcos A. G. Domingues. Porto Alegre: Artmed, 1995. v. 1.

DANTAS, H. *A infância da razão*: uma introdução à psicologia da inteligência de Henri Wallon. São Paulo: Ed. Manole Dois, 1990.

GALVÃO, I. *Henri Wallon*: uma concepção dialética do desenvolvimento infantil. 12. ed. Petrópolis: Editora Vozes, 2003.

MERANI, A. L. *Psicologia e pedagogia*: as ideias pedagógicas de Henri Wallon. Lisboa: Editorial Notícias, 1977.

PEDROZA, R. L. S. *A psicologia na formação do professor*: uma pesquisa sobre o desenvolvimento pessoal de professores do ensino fundamental. Tese (Doutorado em Psicologia) – Instituto de Psicologia, Universidade de Brasília, Brasília, 2003.

PEDROZA, R. L. S. O desenvolvimento da pessoa e o ensino-aprendizado. *In*: PULINO, L. H. C. Z.; BARBATO, S. B. (org.). *Aprendizagem e a prática do professor*. São Paulo/Brasília: Ed Moderna/CEAD-UnB, 2005. p. 32-56.

PULINO, L. H. C. Z. O desenvolvimento psicológico na teoria psicogenética de Wallon. *In*: MACIEL, D. M.; PULINO, L. H. C. Z. (org.). *Psicologia e a construção do conhecimento*. Brasília: L.G.E, 2008. p. 91-109.

SOBRE AS AUTORAS

Regina Pedroza

Doutora em Psicologia pela Universidade de Brasília (UnB). Pós-doutora em Sciences de l'Éducation pela Universidade Paris V, René Descartes. Professora associada da Universidade de Brasília no Instituto de Psicologia.

Lucia Pulino

Graduada em Psicologia pela USP-Ribeirão Preto. Tem especialização em Psicodrama pelo Instituto de Psicodrama de Ribeirão Preto. Mestrado em Lógica e Epistemologia pela UNICAMP. Doutorado em Filosofia pela UNICAMP. É professora associada da Universidade de Brasília (UnB), vinculada ao Departamento de Psicologia Escolar e do Desenvolvimento, do Instituto de Psicologia. Professora e orientadora nos Programas de Pós-Graduação em: Psicologia do Desenvolvimento e Escolar (PPGPDE, IP/UnB) e no Programa de Pós-Graduação em Direitos Humanos e Cidadania (PPGDH, CEAM/UnB).

4

FREUD E A SEXUALIDADE INFANTIL: A CRIANÇA E SEU CORPO

Alba Lúcia Dezan

Com bastante frequência e em diferentes contextos, do clínico ao virtual nas redes sociais, passando pelas salas de aula, ouvimos questionamentos sobre a atualidade do pensamento de Sigmund Freud a respeito da sexualidade, em geral, e da sexualidade infantil, em particular. São momentos nos quais quem tem a psicanálise como referência de trabalho e, por que não dizer, modo de pensar as relações humanas em geral, pode responder com tranquilidade que as articulações que Freud construiu no começo do século XX ainda são atuais e vivas. Corremos o risco de recebermos olhares enviesados, questionadores, céticos, reprovadores. Enquanto alguém que é questionada com frequência a esse respeito, tais perguntas invariavelmente me levam, de fato, a repensar a genialidade e a atualidade das construções freudianas. É sempre uma provocação que considero muito bem-vinda, um convite a um passeio e a uma (re)visita à sua obra e ao seu legado.

Como boa apreciadora de companhia que sou, convido hoje você a me acompanhar nesse passeio, que espero ser tão enriquecedor para você quanto o é para mim.

O percurso que Freud traçou para desenvolver a teoria do desenvolvimento psicossexual passou pelo trabalho com as histéricas de sua época. Nos "Estudos sobre histeria", de 1893-1895, ele já associava os sintomas de suas pacientes com a sexualidade, trazendo à tona o fato de que o seu corpo adoecido revelava desejos sexuais que não podiam ser ditos de outra maneira que não pela via do sintoma.

Naquele momento, Freud, tecia sua primeira teoria na tentativa de explicar os sintomas histéricos: a histérica havia sofrido um trauma quando muito criança, em uma época em que não poderia entender o que estava acontecendo, quando não tinha palavras suficientes nem tampouco conhecimento para nomear uma violação sexual. Somente ao atingir a adolescência (nomeada por Freud como puberdade), sendo exposta a uma situação semelhante àquela vivenciada em tenra idade, é que a mulher se daria conta de que o vivido havia sido uma violação sexual. Quem seria o/a responsável por tal violação? Alguém que fosse responsável pelos cuidados da, então, criança: seu pai, sua mãe, uma babá. Tal descoberta colocou Freud diante de um dilema incômodo: todos os adultos responsáveis por crianças seriam pervertidos sexuais, capazes de abusar das crianças, fossem elas suas filhas ou filhos, fossem elas as crianças de quem cuidassem, incluindo-se aí os próprios pais de Freud (Carta a Fliess, 21/09/1897).

Para além de se deparar com tal dilema, Freud começa a vivenciar um declínio em sua clínica. Suas pacientes vão embora sem um restabelecimento completo, como era seu desejo. Lembramo-nos que, em um primeiro momento, a psicanálise buscava a cura dos sintomas pela palavra. Como a cura não acontecia, as pacientes iam embora e Freud precisou rever sua teoria.

Ao mesmo tempo em que atendia pacientes histéricas, Freud também escrevia aquele que sonhava ser a obra que marcaria a virada do século XIX para o século XX, "A interpretação dos sonhos". Já envolvido pelo estudo do inconsciente, Freud então começa a intuir que havia muito mais que fatos concretos como aqueles que eram relatados pelas pacientes.

"Não acredito mais em minha neurótica" (Masson, 1986, p. 265), sentencia ele ao amigo Fliess na carta de 21 de setembro de 1897. Freud começa a considerar a possibilidade de que haja algo muito mais profundo que uma história infantil relegada ao esquecimento. Ao escutar as pacientes, Freud começa a se dar conta de que havia todo um mundo interno individual, rico em detalhes que poderia e deveria ser explorado se desejasse, de fato, chegar ao cerne do problema neurótico. A fantasia é posta em cena para não mais ser excluída. Como conciliar a questão da sexualidade neste "novo" momento das construções clínicas psicanalíticas?

Abrimos um parêntese aqui para lembrar que não foi Freud quem introduziu a temática da sexualidade nos quadros neuróticos: de acordo com Foucault, no século XIX, a sexualidade era tema nos meios médicos, pedagógicos, psiquiátricos, entre outros (Foucault *apud* Garcia-Roza, 1985; Abraham, 1970). O que Freud fez, então, foi trazer a sexualidade para um lugar anterior ao que era considerado por seus contemporâneos e falar sobre uma sexualidade infantil, anterior à sexualidade adolescente (ou púbere, como é o termo utilizado por ele em seus escritos).

Para compreender o que Freud considerou da ordem do sexual e, de maneira ainda mais específica, da ordem da sexualidade infantil, é interessante, em um primeiro momento, recorrer à designação do termo *sexualidade* e, para tanto, vamos à definição trazida por Laplanche e Pontalis (2016, p. 476). Para esses psicanalistas franceses, a sexualidade designa

> toda uma série de excitações e de atividades presentes desde a infância que proporcionam um prazer irredutível à satisfação de uma necessidade fisiológica fundamental (...)

e que se encontram a título de componentes na chamada forma normal do amor sexual.

Quanto à sexualidade infantil, os mesmos autores afirmam que, mais que o reconhecimento de excitações e/ou necessidades genitais precoces, trata-se de atividades aparentadas com as atividades perversas dos adultos, na medida em que põem em jogo zonas corporais (zonas erógenas) que não são apenas zonas genitais, e na medida em que buscam um prazer (...) independente do exercício de uma função biológica (p. 477).

Ainda que fizesse referência desde o princípio de sua clínica à relação existente entre neuroses e sexualidade, foi somente em 1905, com a obra "Três ensaios sobre a teoria da sexualidade" que Freud pode sistematizar seu pensamento a respeito da importância da sexualidade infantil na vida psíquica do indivíduo. Aquilo que Laplanche e Pontalis expõem e que transcrevemos acima é uma parte do que Freud nos oferece naquela obra, texto que foi revisitado por ele durante as duas décadas seguintes, como podemos comprovar a partir das notas de rodapé que ele foi, generosamente, adicionando à obra original. Nesse texto, Freud coloca em cena o "discurso da pulsão" (Garcia-Roza, 1985).

A sexualidade, para Freud e para os psicanalistas que vieram depois dele, como pudemos acompanhar com Laplanche e Pontalis, não diz respeito ao encontro de genitais de pessoas de constituições biológicas opostas entre si, nem tampouco tem por objetivo único ou principal a procriação. Na psicanálise, esse conceito diz respeito ao funcionamento pulsional, àquilo que demanda intensa e constantemente uma resposta, uma satisfação. É possível que acompanhar esse pensamento com exemplos seja algo mais palatável e compreensível.

Pensemos em um bebê recém-nascido e a relação que ele estabelece com o mundo nesse momento. Esse bebê recém-chegado ao mundo externo não tem ideia do que seja fome porque ao longo de 9 meses, em sua conexão simbiótica com a mãe, foi satisfatoriamente alimentado por ela, não havendo qualquer falha que sinalizasse qualquer ausência ou que provocasse qualquer demanda. No entanto, quando nasce e o cordão umbilical que o ligava e alimentava é cortado. Em breve, o bebê irá sentir um desconforto interno que o adulto irá nomear como fome, mas que ele, bebê, não tem noção do que seja, nem sequer tem noção de que seja um desconforto que vem de dentro dele.

O adulto que irá nomear esse desconforto é, em geral, a mãe[1] e, quando tudo corre bem, ela, atenta às manifestações do filho, escuta seus protestos que denunciam o tal desconforto e providencia os meios que farão com que ele (o desconforto fome) desapareça. Se a mãe pode oferecer o peito ao bebê, estão esse será o *objeto* a ser oferecido a fim de aplacar e, com alguma sorte, colocar um fim, ainda que temporariamente, ao sofrimento do bebê. Este, por sua vez, ao encontrar o peito[2], em uma ação reflexa que traz consigo filogeneticamente, leva a ele sua boca e passa a sugá-lo. A sucção leva para dentro o leite (alimento) que irá dar fim ao desconforto fisiológico (fome) e garantir a sua sobrevivência física. Mas não é somente isso que acontece: ao mesmo tempo em que suga o leite do peito materno e o traz para dentro de si, o bebê é segurado nos braços por essa mãe, isto é, todo o seu corpo é envolvido por ela e, sentindo-se seguro, ele pode relaxar e simplesmente *estar ali*. Além de ter o corpo envolvido pelos braços maternos, o bebê, enquanto mama, pode também olhar para o rosto da

---

1   Refiro-me a uma mãe, como denominada por Winnicott, suficientemente boa e uma gravidez igualmente suficientemente boa tanto do ponto de vista psíquico quanto físico para a dupla envolvida, isto é, tanto para a mãe quanto para o bebê.

2   Apesar de fazer referência ao peito materno, o que remete ao processo de amamentação natural, todo o processo descrito se aplica também à amamentação feita com mamadeira ou qualquer outro mecanismo que mantenha o bebê nutrido, desde que o contato com a mãe seja mantido. Por uma questão de simplificação, opto por continuar a discussão a partir do objeto peito.

mãe e ser olhado por ela de volta. Dito de outra maneira, não é apenas o peito o objeto principal de todo esse momento. Ele é apenas um objeto presente e compartilha a cena com a mãe, seu olhar, seu toque, sua voz, seu cheiro...

Quando olhamos de maneira cuidadosa as delicadezas da cena exposta, percebemos que na atividade de mamar, outras coisas que não somente a alimentação (a saciação de uma *necessidade* fisiológica) estão envolvidas. Uma vez a fome estando saciada, por vezes, o bebê ainda permanece sugando o peito materno, colocando em cena a dúvida sobre o porquê dessa continuidade e permitindo o levantamento da possibilidade hipotética de que esse sugar o peito leve a outros lugares que não somente a satisfação de uma "mera" necessidade fisiológica.

Em algum outro momento, quando não estiver mamando, será possível observar o bebê levando a mão ou um dedo (em geral, o eleito é o dedo polegar) ou ainda algum outro objeto à boca a fim de sugá-lo à maneira como ele anteriormente sugou o peito materno. Durante algum tempo, e possível, inclusive, perceber que o bebê demonstra reações como prazer/satisfação ou calma ao sugar esses objetos outros. Aqui já não mais estamos falando da satisfação de uma necessidade básica, mas de alguma outra coisa. É exatamente essa *alguma outra coisa* que Freud chamou de sexual, debruçou-se sobre ela e estruturou a clínica que veio a chamar de psicanalítica

Mais uma vez, fazemos referência ao texto freudiano de 1905, lembrando que é aí que o termo *pulsão* é utilizado pela primeira vez e é a partir dele que tentaremos olhar psicanaliticamente o que foi disposto acima, sobre a relação do bebê com o peito materno.

Garcia-Roza (1995) diz que o conceito de pulsão, em Freud (1915), liga o psíquico e o somático. É um conceito que faz referência ora aos estímulos constantes que advêm do próprio corpo do indivíduo, ora à representação psíquica desses estímulos. A pulsão tem o corpo como fonte, funcionando como um estímulo que excita um órgão a partir de dentro e tem por objetivo imediato eliminar a excitação resultado desse estímulo, o que coloca em cena a relação existente na vida psíquica entre o prazer e o desprazer. A eliminação da excitação corresponde à eliminação do desprazer, o que ocorre sempre que o estado de constância é interrompido. O prazer, portanto, consiste na eliminação da excitação provocada pelo estímulo e o retorno ao estado em que se estava antes da interrupção.

Retornemos ao nosso bebê faminto e imaginemos que, antes dele ser invadido pela fome, estivesse dormindo tranquilamente. O dormir tranquilamente implica estar em um estado de não interrupção por qualquer estímulo externo que seja, a partir do olhar do observador. A fome é um estímulo interno, do qual ele não pode fugir e que também escapa ao controle da mãe. O sono do bebê é interrompido pela fome, estímulo fisiológico que o acorda e que o faz chorar, expressão do seu sofrimento e desconforto. Corpo e psíquico se unem. A pulsão se revela presente.

A pulsão exerce uma pressão sobre o indivíduo a partir de dentro. Trata-se de uma pressão interna constante, que exige uma descarga igualmente constante, não havendo possibilidade de fuga pois que, como já foi dito, vem de dentro. Não se trata de uma excitação qualquer: é uma excitação que, em um primeiro momento se apoia nas necessidades fisiológicas, se torna independente delas e permanece pressionando por satisfação (descarga).

Quando o bebê é acordado pela fome, ao mesmo tempo em que ali há uma excitação fisiológica que pode ser satisfeita pontualmente pela alimentação conferida pela mãe, há algo a mais que se coloca em cena. Mesmo satisfeito do ponto de vista da fome, é perceptível que o bebê permanece sugando o peito materno ou não permite que ela o solte, colocando-o de volta no berço, por exemplo. Já não se trata mais, nesse momento, da satisfação de uma necessidade fisiológica, mas sim de um desejo provocado pela premência pulsional. A excitação pulsional não cessa, permanecendo em constante exigência por satisfação.

Uma descarga motora pode estar envolvida na resposta à pressão da excitação, mas não somente, nos lembra Garcia-Roza. A resposta motora (da amamentação, nesse primeiro momento) proporciona tão somente um alívio da tensão, mas não elimina o estímulo pulsional.

A pulsão tem por *objetivo* sua satisfação, o que somente será atingido se a excitação for eliminada. A fome, necessidade fisiológica, pode ser eliminada. Mas a pulsão que a acompanha, não. Isso nos dá que o objetivo de uma pulsão jamais será alcançado! A satisfação pulsional sempre será parcial, jamais total. E aqui vemos um primeiro desvio para pensarmos sobre a sexualidade infantil: ainda que a criança pare de sugar o peito para dele retirar o leite, sua boca permanece em contato com o corpo da mãe. Não temos mais como dizer que o prazer vivenciado nesse momento e nesse encontro seja da ordem do fisiológico. O prazer está no contato das mucosas (da boca do bebê com a pele do corpo materno).

Quando o bebê coloca o dedo na boca e o suga (recorrendo à memória que constituiu a partir dos contatos com o peito materno), ele também vivencia uma situação de prazer. Quando não permite que a mãe o coloque de volta do berço, estar envolvido pelos braços maternos é uma situação prazerosa da qual ele não quer se desvencilhar! O bebê não renuncia o prazer que vivencia ao estar em contato com o *objeto* de satisfação pulsional.

O *objeto* de satisfação pulsional é variável e parcial[3], dado que não é a mãe como um todo: é o alimento, o peito, a mão, o olhar, o cheiro, a voz... O indivíduo depende da existência de um objeto para que a pulsão seja satisfeita, ainda que parcialmente. Como diz Garcia-Roza (1995, p. 92), "a pulsão pede um objeto". O objeto ao qual a pulsão irá se ligar com a esperança de nele ou com ele obter satisfação, diz esse autor, deverá, de alguma maneira, estar vinculado com a história, com o desejo e com as fantasias do indivíduo.

---

3 A qualificação "parcial" que é dada ao objeto precisa ser tomada com cuidado. O objeto só é parcial para quem olha a relação mãe-bebê a partir de fora. Para o bebê, não existe parcialidade alguma ali, mas a totalidade a qual ele demanda no momento.

Para a psicanálise, o objeto é algo constituído, é fruto de uma síntese representativa. É a articulação entre as imagens sensoriais recebidas a partir do contato com o mundo externo e as representações de palavras. Garcia-Roza (1995) lembra que são as palavras as responsáveis pela transformação das associações de objeto em representação-objeto. O objeto não é aquela coisa que está no mundo (externo) e é, de alguma maneira, depositada dentro do indivíduo. O objeto é uma síntese representativa de percepções e de representações-palavra que vai sendo constituída pelo aparelho psíquico dentro do indivíduo. Assim posto, a pulsão não investe no objeto propriamente dito, mas nas representações-objeto, segundo Garcia-Roza (1995).

Abordamos até esse momento alguns conceitos que considero serem fundamentais para melhor compreendermos as noções principais do que Freud postulou a partir de 1905 a respeito da sexualidade infantil. Sigamos adiante a fim de continuarmos a caminhar nesse percurso.

A primeira fase do desenvolvimento psicossexual infantil é nomeado como oral. Trata-se do momento mais primitivo do desenvolvimento da criança. Voltemos mais uma vez ao bebê e à sua relação com o seio materno, uma vez que esse vem a ser o modelo paradigmático da relação pulsão-objeto na fase oral da organização psicossexual.

O bebê recém-nascido é colocado junto ao seio da mãe, mas não tem noção, neste momento, do que é aquilo, nem de quem é a sua mãe e, menos ainda, de que o desconforto imenso que sente corresponde à fome. Graças ao reflexo de sucção, o bebê suga o seio e coloca para dentro de si (ainda que ele não tenha noção, ainda, do que seja dentro ou fora) o leite (e ele não sabe, também, o que é leite!). Sugar o seio e ingerir o leite proporcionam prazer ao bebê, marcando um primeiro registro (mnêmico ou psíquico) de prazer, satisfação e bem-estar a ele.

Em algum momento posteriormente, o bebê irá experienciar novamente um novo desconforto provocado pela fome, mas então ele já terá um registro de memória daquele momento prazeroso. O impulso psíquico, então, será no reinvestimento da imagem mnêmica do objeto a fim de reproduzir a satisfação original (o que, já vimos anteriormente, é impossível). A esse impulso psíquico dá-se o nome de *desejo*. O desejo, nesse momento tão primário da vida, é apoiado na necessidade fisiológica.

Posteriormente, desejo e necessidade poderão seguir caminhos diferentes, funcionando de maneira autônoma um do outro. O desejo provocará o (re)investimento não no objeto propriamente dito, mas em sua imagem, em sua representação internalizada no indivíduo. À medida que o indivíduo amadurece e se desenvolve, a identidade perceptiva do objeto será paulatinamente sendo substituída por uma identidade de pensamento.

A partir desse modelo paradigmático, percebemos duas coisas importantes: a primeira delas é que os primeiros investimentos e relações pulsionais são fundamentados nas necessidades básicas fisiológicas e sua satisfação pela pessoa responsável pelo cuidado direto do bebê. A segunda delas diz respeito ao objeto de satisfação do impulso pulsional: ele não precisa necessariamente ser um objeto externo, uma vez que o bebê pode transformar uma parte de seu próprio corpo em um objeto capaz de satisfazer ainda que temporariamente, sua demanda pulsional. Trata-se aqui do *autoerotismo*.

A criança não tem a percepção de um mundo externo e de um mundo interno, de um dentro e de um fora, de si e da mãe imediatamente ao nascer. De fato, é bastante complexo determinar em que momento essa noção começa a ser constituída, uma vez que a criança desde o primeiro momento fora do útero materno passa a ter contato com os diversos elementos do mundo externo, inclusive, correndo tudo bem, com a própria mãe. Quanto tempo leva para o bebê perceber a mãe como diferente de si? Não há uma resposta precisa para essa pergunta. Mas há como afirmarmos que, à medida que o tempo vai passando, o bebê vai amadurecendo, os cuidados dispensados ao bebê pela mãe vão sendo reconhecidos como estáveis e previsíveis e o mundo passa a ser um lugar no qual vale a pena investir. A criança deslizará entre o investimento em partes do seu próprio corpo e no investimento em partes do corpo da mãe e daqueles que se responsabilizam por seu cuidado.

Laplanche e Pontalis (1988) sinalizam que o autoerotismo tem início porque o objeto de investimento natural (a mãe, o seio) se torna ausente em alguns momentos. Como a pulsão não deixa de pulsar e demandar satisfação, na ausência do objeto, mas com a presença da memória do que possa ser feito a fim de vivenciar a satisfação libidinal, o bebê se volta para o seu próprio corpo até que o objeto externo surja novamente e esteja disponível para ser investido. Para esses autores,

> a 'origem' do autoerotismo seria, pois, aquele momento (...) no qual a sexualidade se desprende de todo o objeto natural, vê-se entregue à fantasia e desse modo se forma como sexualidade (Laplanche e Pontalis, 1988, p. 81).

À medida que o bebê se desenvolve e amadurece, tanto psíquica quanto fisiologicamente, sua relação com o próprio corpo e com o mundo sofre transformações cada vez mais profundas. Por volta de um ano e meio, mais ou menos, a zona erógena desloca-se de lugar, ao menos no que diz respeito à intensidade e grau de importância no momento. A atenção da criança se volta para o funcionamento do seu aparelho excretor, no prazer vivenciado ao esvaziar a bexiga e/ou a barriga. Freud (1917) sinaliza que ocorre uma mudança *na ênfase* da zona corporal erógena, o que significa que a zona erógena oro-bucal permanece sendo prazerosa e oferecendo sensações prazerosas à criança, mas a zona anal também entra em cena nesse momento, unindo se àquela enquanto uma zona erógena de grande importância. É a fase do desenvolvimento psicossexual sádico-anal.

Freud aponta que quando a região excretora do corpo entra em cena na obtenção do prazer, o mundo externo à criança aparece ao mesmo tempo, com força análoga: a excreção não pode acontecer na hora quando a criança deseja, mas na hora em que lhe é permitido, seguindo uma série de normas e critérios previamente designados por outros (os quais permanecem tendo por representação maior a mãe). Dessa maneira, o conflito está posto em cena porque a criança não vê seus excrementos da mesma maneira que a mãe os vê. Do ponto de vista da criança, seus excrementos são *suas propriedades, seus produtos, resultados do seu trabalho,* objetos que são produzidos dentro do seu corpo e que ela traz para fora de si quando assim o desejar, entregando a quem desejar, da maneira como desejar. Em um primeiro momento, portanto, não há relação de nojo entre a criança e seus excrementos, mas sim de posse, orgulho, propriedade. Do ponto de vista da mãe, por outro lado, os excrementos da criança são objetos que devem ser descartados, jogados fora, sujos, nojentos e malcheirosos. É chegado o momento em que se há de ensinar à criança as primeiras regras a respeito da convivência social: ninguém está interessado em suas fezes ou em seu xixi. Esses objetos, uma vez eliminados de dentro de seu corpo, devem ser jogados fora. Sua eliminação deve ser silenciosa e reservada, feita sem alarde e de maneira o mais discreta possível.

O que Freud nos diz é que, se no momento anterior, o bebê precisou abrir mão e substituir o peito materno por outro objeto no qual investir sua pulsão, agora não é diferente e a criança precisa substituir seus excrementos por outros objetos, mantendo com esses outros objetos, contudo, a relação de investimento (de valor, propriedade etc.).

Em 1925, Freud irá lembrar que, na continuidade do crescimento e desenvolvimento psíquico, as pulsões inicialmente parciais começam a ser progressivamente unificadas e, finalmente, subordinadas à primazia dos genitais. Mas tal unificação guarda uma característica peculiar, que vem a ser precisamente aquilo que diferencia a sexualidade infantil da sexualidade adulta: tanto para as meninas quanto para os meninos, segundo Freud, o que existe em caráter universal, isto é, em todas as pessoas, independentemente do gênero e da idade, é o falo. Dito de outra maneira, Freud coloca em cena, em consonância com a cultura de sua própria época, a primazia do falo e afirma que, para todos os indivíduos até um determinado momento da vida, a fantasia predominante é a de que todas as pessoas possuem um pênis, um falo.

Tal constatação é, segundo Freud (1923b, 1924, 1925), presente tanto para as meninas quanto para os meninos. As consequências, no entanto, são diferentes para umas e para outros, segundo a constatação do erro de tal pressuposto.

Tanto meninas quanto meninos acreditam que todas as pessoas possuem falo e, diante da constatação de que há pessoas que não o possuem, um primeiro impulso e reação presentes em todas as crianças é negar, recusar tal ausência e criar teorias para encobrir e justificar tal falha: para algumas crianças, o falo não está ausente, mas é pequeno e irá crescer. Para outras, ele existia, mas a pessoa que o tinha foi castigada e o resultado foi a retirada de algo tão importante. A retirada do falo é resultado da castração, afirma Freud (1923b).

Observe-se que, na terceira fase da organização psicossexual infantil, a fase fálica, a maior parte das pulsões parciais estão reunidas sob o primado da genitalidade, mas ainda não se pode falar de diferenças de gênero, de reconhecimento do feminino e do masculino. O que há, nesse momento, segundo Freud, é tão somente o masculino. O reconhecimento da existência do feminino e sua introdução efetiva na vida psíquica do indivíduo somente acontecerá posteriormente, depois da latência, na puberdade (ou adolescência).

A fase fálica do desenvolvimento psicossexual acontece concomitantemente à vivência do complexo de Édipo, tanto para o menino quanto para a menina. É importante, portanto, reconhecer como Freud descrevia essa vivência, dado que ela é central para a construção do sujeito e para sua inserção na cultura.

Segundo Freud (1923a), a situação edípica para o menino é atravessada pela sua bissexualidade original, sendo correto usar as expressões positivo e negativo para fazer referência às diferentes formas como o menino se relaciona com as figuras parentais durante essa vivência.

O menino estabelece uma relação com a mãe desde o início apoiada nos cuidados que ela dispensa a ele, suprindo suas necessidades básicas e garantindo sua sobrevivência. Essa relação faz com que o menino tenha a mãe como primeiro objeto de investimento libidinal desde o princípio de sua vida. Ao pai, cabe o investimento afetivo via identificação, o que permite que o menino deseje ser como o pai, crescer como ele, tomar seu lugar. O menino toma o pai como o modelo daquilo que deseja ser quando crescer (Freud, 1921). À medida que o menino cresce, os desejos sexuais dirigidos à mãe são intensificados, e a criança começa a perceber o pai como um obstáculo entre ele e a mãe. Se, pela identificação, ele deseja ser como o pai, isso significa que faz parte desse pacote ter a mãe para si. O pai se torna, então, um obstáculo a ser eliminado para poder alcançar o objetivo maior.

No entanto, em razão da bissexualidade original à qual o menino está submetido, o que foi descrito acima, afirma Freud (1923), pode ser invertido: ele pode se identificar com a mãe e tomar o pai como objeto de investimento libidinal e desejo, vendo-se às voltas com a hostilidade dirigida à mãe para poder ter o pai somente para si.

A impossibilidade de obter um e outro, pai e mãe, exclusivamente para si e eliminação do outro, além do fator filogenético (Freud, 1924) podem ser os fatores principais para que a vivência do complexo de Édipo desmorone em algum momento. Isso faz com que haja um abandono tanto da mãe quanto do pai enquanto objetos de investimento libidinal e a transformação de ambos enquanto objetos de identificação. É precisamente essa transformação que dará origem, segundo Freud (1923), ao Superego (em um primeiro momento, também nomeado por ele como Ideal do Eu). Com o advento do Superego, as tendências libidinais do complexo de Édipo são dessexualizadas e sublimadas, inibidas nos seus objetivos e transformadas em ternura.

O superego para Freud, portanto, seria o grande herdeiro do complexo de Édipo, o resíduo das primeiras escolhas objetais do indivíduo. Ao mesmo tempo em que a criança pode ser como suas figuras parentais, há coisas que impedem que ela tome o lugar deles na vida, na estrutura familiar. Há coisas que pertencem somente ao mundo dos adultos, tendo o menino que esperar o tempo em que estará grande e poderá fazer aquilo que deseja, como ter filhos, por exemplo. Até lá, deverá se contentar em fazer aquilo que é próprio de sua idade, cabendo-lhe, então, deslocar os impulsos pulsionais para outros objetos e formas de satisfação libidinal.

Aqui tem lugar o uso do mecanismo de sublimação e a efetiva entrada do menino no mundo social compartilhado, lugar no qual ele deverá investir seus impulsos durante o período de latência, fase do desenvolvimento psicossexual que sucede a fase fálica, a qual sucumbe, também, graças à ameaça de castração, à ameaça de dano narcísico ao próprio corpo. É a preservação narcísica do próprio corpo que também leva o menino a abandonar seus objetos libidinais e investir em outros objetos, pertencentes a um mundo menos perigoso para ele.

Alguns anos mais tarde, em 1933, Freud postulou de maneira mais completa como seria a vivência do complexo de Édipo para a menina. Ressaltando as diferenças anatômicas entre meninos e meninas, ele lembrou que as consequências dessas diferenças se manifestam psiquicamente nos indivíduos.

O primeiro objeto de investimento libidinal da menina é a mãe, desde sempre, tanto quanto esse também é o primeiro objeto de investimento para o menino. Durante todo esse período de ligação pré-edípica, o pai é o rival para a menina. As relações libidinais da menina para com a mãe, sinaliza Freud, se manifestam em desejos orais, sádico-anais e fálicos. Representam impulsos ativos e passivos e são ambivalentes, tendo contornos tanto carinhosos quanto hostis agressivos. À mãe, recai as acusações de pouco amor (representado pela fantasia de lhe ter dado pouco leite quando era um bebê) e de não satisfação das inúmeras demandas pulsionais que se manifestaram e mudaram de acordo com as fases libidinais vividas até a fase fálica. A frustração para com a mãe é um fator que provoca o afastamento da menina e sua aproximação do pai.

Além dessa frustração, a vivência da castração é um outro fator determinante para o abandono da mãe como objeto de investimento libidinal.

Tanto quanto para o menino, o falo é central neste momento da organização psicossexual também para a menina. Da maneira análoga ao menino que manipula seu pênis, na fase fálica, a menina manipula seu clitóris. Não há, em um primeiro momento, diferenças entre meninos e meninas, pois o clitóris é, para a menina, o seu falo. No entanto, cedo a menina reconhece que o clitóris não tem o mesmo valor[4] que o pênis. Quando isso acontece, ela se reconhece castrada e é invadida pelo desejo de ter aquilo que ela não tem, isto é, é invadida pela inveja do pênis.

Uma das consequências possíveis da descoberta da castração para a menina, segundo Freud, é a inibição sexual ou desenvolvimento neurótico. A menina que até então usufruiu seu corpo e do prazer que ele lhe fornecia, ao descobrir-se castrada, é tomada pela inveja do pênis e não mais consegue usufruir sua sexualidade fálica, não mais sente prazer na manipulação do seu clitóris. Falta-lhe algo e ela deseja aquilo que falta.

---

4   Cabe lembrar que a noção de inveja do pênis por este ser mais valioso que o clitóris no pensamento freudiano acompanha o pensamento de sua época, na qual o homem ocupava lugares públicos mais importantes do que aqueles que as mulheres poderiam ocupar. Essa noção foi questionada desde sempre até mesmo pelas psicanalistas do círculo próximo a Freud, bem como continua a ser questionada ainda hoje. Em razão de o objetivo do presente trabalho ser tão somente apresentar o pensamento de Freud a respeito da sexualidade infantil, não entrarei nessa controvérsia, deixando ao leitor o convite para pesquisar os questionamentos e outras elaborações feitas em particular pelas mulheres psicanalistas pós-freudianas.

Concomitantemente, ressentida por tal ferida narcísica, a menina também rejeita seu amor à mãe e reprime ao menos uma parte de seus impulsos sexuais dirigidos a ela. Esse afastamento se dá de maneira progressiva, não de forma impetuosa, pois somente com o tempo é que a menina se dará conta de que a mãe, juntamente a todas as outras mulheres, não é portadora de um falo. A realidade da castração para todas as mulheres só será conhecida pela menina com o passar do tempo.

Ao se afastar da mãe, a menina irá se voltar para o pai "com a ajuda de impulsos [pulsionais] passivos (Freud, 1933, p. 284). O desejo original pelo pênis é substituído, por equivalência simbólica, pelo desejo de ter um filho. "Ter um filho" não é a mesma coisa que o "brincar de boneca" que provavelmente já ganhava lugar na vida da menina anteriormente. O "brincar de boneca" anterior era uma expressão da identifica da menina com a sua mãe, com os cuidados que esta dispensava à filha. A boneca, então, era uma representação de si mesmo. A boneca que é investida no desejo de "ter um filho" é fruto da inveja do pênis: a boneca-filho é, simbolicamente, o falo perdido.

Aqui, segundo Freud, está a marca do ingresso da menina na vivência da situação edípica. Também nesse momento, a hostilidade que a menina já dirigia à mãe recrudesce, pois esta recebe do pai tudo aquilo que a menina deseja dele. Ao mesmo tempo, a menina mantém também relações afetuosas com a mãe pois também depende dela. Segundo Freud (1924), a destruição do complexo de Édipo para a menina se dá lenta e dolorosamente, graças a uma dupla decepção: a ausência definitiva do falo e a recusa do pai e lhe dar um filho.

Com a destruição da vivência infantil do complexo de Édipo tanto para o menino quanto para a menina, ocorre a entrada da criança na fase de latência, quando o investimento libidinal será deslocado para as vivências culturais, para o ambiente escolar, para novas relações interpessoais que serão responsáveis pela inserção mais profunda do sujeito no meio social.

Essa é a trajetória da construção da teoria da psicossexualidade infantil em Freud. Ainda hoje ela mantém sua originalidade, importância e atualidade, ao mesmo tempo que permite críticas e atualizações, particularmente naquilo que diz respeito à sexualidade feminina. Outros psicanalistas importantes vieram depois de Freud, como Abraham, Melanie Klein, Chasseguet Smirgel, Ronald Britton, Joyce McDougall, entre inúmeros outros, para complementar, questionar, estabelecer diálogos extremamente pertinentes e importantes com as postulações freudianas sobre a psicossexualidade infantil.

Meu desejo, ao chegar ao fim desse percurso que me propus fazer, é que você que me acompanhou até aqui se sinta instigado a dar continuidade ao estudo desse tema que nos é tão caro.

REFERÊNCIAS

ABRAHAM, K. *Teoria Psicanalítica da libido*: sobre o caráter e o desenvolvimento da libido. Rio de Janeiro: Imago, 1970.

FREUD, S. Três ensaios sobre a teoria da sexualidade, 1905. *In*: FREUD, Sigmund. *Três ensaios sobre a teoria da sexualidade, Análise fragmentária de uma histeria ("O caso Dora") e outros textos*. São Paulo: Companhia das Letras, 2016. p. 13-172. (Obras completas, volume 06).

FREUD, S. Os instintos e seus destinos, 1915. *In*: FREUD, Sigmund. *Introdução ao narcisismo, Ensaios de metapsicologia e outros textos*. São Paulo: Companhia das Letras, 2010. p. 51-81 (Obras completas, volume 18).

FREUD, S. A vida sexual humana, 1917. *In*: FREUD, Sigmund. *Conferências introdutórias à psicanálise*. São Paulo: Companhia das Letras, 2014, p .401-423. (Obras completas, volume 13).

FREUD, S. Psicologia das massas e análise do Eu, 1921. *In*: FREUD, Sigmund. *Psicologia das massas e análise do Eu e outros textos*. São Paulo: Companhia das Letras, 2011. p. 13-113. (Obras completas, volume 15).

FREUD, S. Psicanálise e teoria da libido, 1923. *In*: FREUD, Sigmund. *Psicologia das massas e análise do eu e outros textos*. São Paulo: Companhia das Letras, 2011. p. 273- 308. (Obras completas, volume 15).

FREUD, S. O eu e o id, 1923a. *In*: FREUD, Sigmund. *O eu e o id, "Autobiografia" e outros textos*. São Paulo: Companhia das Letras, 2011. p. 13-74. (Obras completas, volume 16).

FREUD, S. A organização genital infantil, 1923b. *In*: FREUD, Sigmund. *O Eu e o Id, "Autobiografia" e outros textos*. São Paulo: Companhia das Letras, 2011. p. 168-175. (Obras completas, volume 16).

FREUD, S. A dissolução do complexo de Édipo, 1924. *In*: FREUD, Sigmund. *O Eu e o Id, "Autobiografia" e outros textos*. São Paulo: Companhia das Letras, 2011. p. 203-213. (Obras completas, volume 16).

FREUD, S. Algumas consequências psíquicas da diferença anatômica entre os sexos, 1925. *In*: FREUD, Sigmund. *O Eu e o Id, "Autobiografia" e outros textos*. São Paulo: Companhia das Letras, 2011. p. 283-299. (Obras completas, volume 16).

FREUD, S. Sobre a sexualidade feminina, 1931. *In*: FREUD, Sigmund. *O mal-estar na civilização, Novas conferências introdutórias à psicanálise e outros textos*. São Paulo: Companhia das Letras, 2014. p. 371-398 (Obras completas, volume 18).

FREUD, S. A feminilidade, 1933. *In*: FREUD, Sigmund. *O mal-estar na civilização, Novas conferências introdutórias à psicanálise e outros textos*. São Paulo: Companhia das Letras, 2014. p. 263-293 (Obras completas, volume 18).

GARCIA-ROZA, L. A. *Freud e o inconsciente*. Rio de Janeiro: Zahar, 1985.

GARCIA-ROZA, L. A. *Introdução à metapsicologia freudiana* – volume 3. Artigos de metapsicologia (1914-1917): narcisismo, pulsão, recalque, inconsciente. Rio de Janeiro: Zahar, 1995.

LAPLANCHE, J.; PONTALIS, J.-B. *Vocabulário de psicanálise*. São Paulo: Martins Fontes, 2016.

LAPLANCHE, J.; PONTALIS, J.-B. O tempo "auto": origem da sexualidade. *In*: LAPLANCHE, J.; PONTALIS, J.-B. *Fantasia originária, fantasias das origens, origens da fantasia*. Rio de Janeiro: Zahar, 1988. p. 73-85.

MASSON, J. M. *A correspondência completa de Sigmund Freud para Wilhelm Fliess (1887-1904)*. Rio de Janeiro, Imago, 1986.

SOBRE A AUTORA

Alba Lúcia Dezan

É psicóloga clínica, com atuação em consultório particular. Psicanalista formada pelo CEP – Centro de Estudos Psicanalíticos de São Paulo. Possui mestrado em Psicologia Clínica e Cultura pela Universidade de Brasília (UnB), onde também se especializou em Teoria Psicanalítica. Atuou como professora universitária entre 2003 e 2017. É coordenadora do Espaço Winnicott Brasília.

Parte 2

Primeiríssima infância

1

O NASCIMENTO DA VIDA PSÍQUICA: O ENCONTRO ENTRE DOIS CORPOS E A CONSTRUÇÃO DA INTERSUBJETIVIDADE

Paula Nogueira Komniski

> "O mundo comum existe apenas em uma situação comunicativa, onde percebo o homem não segundo eu mesmo, mas segundo nós. A percepção do outro só é possível porque, e desde que, segundo as palavras de Holderlin, 'somos um diálogo'."
> Henri Maldiney, 1973

Lembro-me com frequência do relato de uma paciente, ao descrever uma memória infantil inquietante, que ilustra elementos importantes de nossas experiências precoces e, mais do que isso, diz algo a respeito de uma intuição ainda muito rudimentar sobre o bebê e sua relação intersubjetiva com o mundo à sua volta. Segundo ela, quando tinha por volta de 5 ou 6 anos, ao olhar uma foto sua ainda bebê, deitada em uma cama, sem ninguém ao seu redor, questionava angustiada: "mas o bebê está sozinho!". Por mais que a mãe tentasse explicar que havia um adulto presente, pois alguém teria feito a foto, tal angústia infantil a acompanhava, chegando vívida à idade adulta. A experiência precoce, que anunciava algo sobre a relação do bebê com o mundo externo, mobilizava a menininha, confirmando o aforismo winnicottiano de que um bebê sozinho não existe. Havia, naquele questionamento, a compreensão de que aquele ser tão frágil só faria sentido se pudesse ser contido por um Outro.

A angústia infantil que atravessou a adolescência e chegou à vida adulta ainda vívida, parece contar algo sobre a história daquela relação, revelando uma dúvida constante da menina, a respeito das ausências da mãe, e seu corolário: um sentimento muito precoce de solidão. Ora, observamos, nesse extrato clínico, a força e significação da relação transferencial, na qual uma precipitação interna localizada na infância pode finalmente ser legitimada e, mais do que isso, oferece elementos para compreendermos, por meio dos resquícios arqueológicos de uma história de vida, experiências primitivas dolorosas. Trata-se, muitas vezes, de um trabalho que não necessariamente serve para trazer à tona o que faltou, mas, como afirma André (2010), tem como função transformar *nada* em alguma coisa. Afinal, a experiência de angústia só pôde ser legitimada e, consequentemente integrada, durante o trabalho analítico.

A cena também serve para ilustrar um fenômeno que Stern (1995/1997) denominará de *weness* – prevalente na etapa de vida precoce do bebê. A experiência do *ser ou existir com* – com a mãe, ou com a pessoa que dele se ocupa e que permite ao bebê, segundo Trevarthen (2006), utilizar as emoções, as motivações e as intenções de um Outro para, a partir de então, começar a construir seu próprio mundo interno. *Weness* – termo que tem origem no pronome *we* (do inglês, *nós*) e que pode ser traduzido como um sentimento de "ser nós". Nesse sentido, partimos do princípio de que a vivência do bebê só pode ser considerada ou tratada junto a um adulto, numa fase ainda muito precoce, na qual o fenômeno observado pode ser descrito como intersubjetividade primária.

Freud desenvolveu sua prática clínica, assim como boa parte de seus escritos sobre a psicopatologia da vida adulta, relacionando-a às experiências infantis, mais especificamente no tempo da triangulação edípica. Porém, em momentos-chave de sua obra, chama atenção para a importância e a singularidade da relação mãe-bebê como elemento fundamental para a estruturação do sujeito. E justamente quando se debruça sobre o conceito de angústia, o autor irá afirmar que "há bem mais continuidade entre a vida intrauterina e a primeira infância do que nos faz crer a notável ruptura do ato do nascimento. O objeto psíquico materno substitui, para a criança, a situação biológica do feto" (Freud, 1926/2014, p. 80).

Vemos, nessa passagem, a intuição freudiana de que a gestação é relativamente curta na espécie humana, produzindo uma *neotenia* muito particular, na qual a dependência se constitui como como condição que nos define e, consequentemente, define a forma e o conteúdo de nossas relações.

Ainda em um momento anterior e muito significativo, no início de sua obra, o autor reconhece e valida a importância da figura materna para a estruturação psíquica do filho:

> Desses primeiros e mais importantes de todos os vínculos sexuais, resta, mesmo depois que a atividade sexual se separa da nutrição, uma parcela significativa que ajuda a preparar a escolha do objeto e, dessa maneira, restaurar a felicidade perdida. Durante todo o período de latência a criança aprende a amar outras pessoas que a ajudam em seu desamparo e satisfazem suas necessidades, e o faz segundo o modelo de sua relação de lactente com a mãe e dando continuidade a ele (Freud, 1905/2016, p. 99).

Os anúncios freudianos sobre os momentos iniciais da vida do bebê e sua relação com a mãe apontam para a importância fundamental desse tempo da vida para a organização psíquica do humano e, inevitavelmente, para a construção de sua subjetividade. Inacabado desde o berço, é na relação primordial e fundante com a figura materna que o bebê adquire as primeiras experiências.

Como afirma Aulagnier (1979, p. 40),

> no momento em que a boca encontra o seio, ela encontra e absorve um primeiro gole do mundo. Afeto, sentido, cultura estão copresentes e são responsáveis pelo gosto das primeiras gotas de leite que o *infans* toma. A oferta alimentar se acompanha sempre da absorção de um alimento psíquico, que a mãe interpretará como absorção de uma oferta de sentido. Assistiremos perplexos à metamorfose que sobre ela operará o originário.

A *oferta de sentido* ou, em termos winnicottianos, a criação da *externalidade do mundo* indica a importância e significação da continuidade entre a vida intrauterina e a primeira infância, como ilustra Freud.

Entre a indiferenciação inicial postulada por boa parte dos modelos psicanalíticos que buscam explorar o desenvolvimento do aparelho psíquico infantil e o acesso a uma intersubjetividade secundária e estabilizada, a experiência de *weness* proposta por Stern, se constitui como um nível intermediário de diferenciação, permitindo que o bebê já não se experimente como "um só", porém não tendo ainda se constituído "dois com o objeto".

Esta "continuidade" inicial entre os limites do bebê e aqueles do objeto, como propõe Freud, corresponde à "bidimensionalidade psíquica" desenvolvida por Meltzer (1975). Nessa fase de seu desenvolvimento, o bebê viveria ainda em um mundo bidimensional, no qual os limites em relação a seus objetos relacionais ainda não estão bem definidos. A condição de desamparo psíquico e falta de unidade corporal, características do recém-nascido, aparecem, entre outros aspectos, pela capacidade visual limitada, pela caixa craniana aberta, pela impossibilidade de mobilidade e articulação motora. Ao nascer, precisamos de tempo para ajustar o sentido da visão, pois não enxergamos mais do que o suficiente para reconhecermos o rosto da mãe, quando posicionados em seus braços para sermos alimentados.

Nesse sentido, podemos supor que, de início, o elemento de tridimensionalidade não atua na organização psicossomática do bebê, que ainda não tem aparato físico ou psíquico para enxergar o que está atrás, ou ainda para além da mãe. A esse respeito, Stern (1995/1997) destaca que, de um ponto de vista do desenvolvimento, seria possível argumentar que a díade é a unidade mais inicial e mais básica. Para o autor, o apego é diádico, e não triádico e completa seu argumento ao afirmar que só é possível olharmos nos olhos de uma única pessoa, e não de duas ao mesmo tempo.

A afirmação de Stern aproxima-nos da ideia de que, nesse primeiro tempo da vida, a relação primordial com a figura materna absorve toda e qualquer possibilidade de contato. A mãe, quando disponível e atenta às necessidades de seu bebê, representa fonte de alimentação, cuidado e investimento, funcionando como base para sua organização psíquica. Nas palavras de Freud,

> o primeiro objeto erótico da criança é o seio que a alimenta; o amor surge apoiado no apaziguamento da necessidade de nutrição. Por certo, o seio não é distinguido inicialmente do próprio corpo e deslocado para 'fora', porque a criança com tanta frequência sente sua falta, ele carrega consigo, na qualidade de 'objeto', uma parte das cargas libidinais originariamente narcísicas. Posteriormente, esse objeto completa-se até formar a pessoa total da mãe, que não apenas

alimenta, mas também dela cuida e, assim, desperta na criança tantas outras sensações corporais, prazerosas e desprazerosas. Através dos cuidados com o corpo, ela se torna a primeira sedutora da criança. Nessas duas relações enraíza-se o singular e incomparável significado da mãe, fixado de modo inalterável para toda a vida, como o primeiro e mais forte objeto amoroso e como protótipo de todos os relacionamentos amorosos posteriores – para ambos os sexos (Freud, 1940/2014, p. 128).

Podemos, então, questionar: como e em que momento o bebê emerge desse mundo em duas dimensões para tornar-se capaz de criar estados mentais que lhe sejam próprios, ao mesmo tempo em que toma consciência do mundo psíquico interno de outras pessoas? Como se daria, em termos kleinianos, a passagem da posição esquizoparanoide para a posição depressiva – sendo esta a posição na qual o bebê vê a mãe como alguém preenchido de um mundo interno próprio? E, em que medida, a possibilidade de internalizá-la como um Outro espelharia, para o bebê, seu próprio mundo interno e, consequentemente, suas próprias emoções?

O processo de integração corporal, no qual o bebê vai, aos poucos, sendo capaz de controlar seus movimentos até conseguir, por exemplo, levar, de forma voluntária, o dedo polegar à própria boca, nos ajuda a compreender como a dimensão corporal está conectada com a dimensão psíquica. Ou seja, esse processo progressivo passa, provavelmente, pelo sentimento de ser, de estar separado e de ser o agente de suas próprias ações, que se tornam cada vez mais complexas.

Crespin (2004) explora um aspecto instigante da evolução humana, lembrando que nossa caixa craniana segue seu desenvolvimento depois do nascimento, ou seja, já fora do útero materno. Essa condição seria responsável pelo desenvolvimento do neocórtex, área que comanda as funções ditas superiores, mais especificamente a linguagem. "A linguagem concebida como um sistema significante que codifica o real do qual as diferentes línguas faladas seriam a expressão" (p. 21). Para a autora, ainda que tal hipótese seja inverificável, segue sendo sedutora, já que permite concebermos a linguagem como ferramenta específica, substituta das programações instituais perdidas de nossos ancestrais primatas.

Ora, vemos uma relação complexa e instigante entre o excesso de prematuridade do bebê humano e a construção de uma hipótese acerca do desenvolvimento da linguagem. No entanto, é fundamental atentarmos para as consequências relacionais deste longo período de desenvolvimento que segue em curso fora do útero materno. A observação do fenômeno de dependência absoluta e, por consequência, a postulação da condição de desamparo, desse estado em que o lactente depende inteiramente de outrem para a satisfação de suas necessidades (sede, fome etc.), conduz Freud à nomeação deste Outro: o autor forja, então, o termo *nebenmensch*. Essa mudança no curso evolutivo complexifica a condição humana, trazendo para nossas relações com o mundo este "outro inevitável" como propõe Crespin (2004, p. 21), fazendo alusão ao termo em alemão, utilizado por Freud (1895), que também pode ser traduzido por "próximo prestativo".

Ainda em relação à prematuridade do bebê humano, André (2010) lembra que toda criança nasce prematuramente, na medida em que vive durante muito tempo a incapacidade de prover para ela mesma aquilo de que necessita. A condição de desamparo do recém-nascido é, pois, objetiva e o homem, paradoxalmente, não teria se tornado o que é na escala da evolução sem esta primeira fase de fraqueza, na qual depende vital e psiquicamente de seu ambiente humano imediato. "A prematuridade não se contenta de agravar essa neotenia, ela modifica radicalmente seus dados" (André, 2010, p. 15).

Missonier e Golse (2021) irão além, ao afirmar que, no caso da espécie humana, nos falta um quarto trimestre de gestação. Para os autores, de um ponto de vista da evolução, esta característica da condição humana seria, ao mesmo tempo, portadora de risco, mas também de uma grande sorte. O risco reside no fato de que o recém-nascido é, como sabemos, particularmente frágil e vulnerável. A sorte, por outro lado, tem relação com o fato de que o recém-nascido humano é o único mamífero que irá terminar a construção de seu cérebro após o nascimento, em contato com seu entorno e, em particular, no encontro com o trabalho psíquico de seus cuidadores. Isso quer dizer que o lugar do Outro irá se inscrever no seio mesmo da organização cerebral do bebê, e que a qualidade de atenção dispensada a ele, assim como os cuidados que lhe serão oferecidos, têm um impacto enorme, tanto para a constituição psíquica quanto para a formação cerebral.

Interessante como a dependência psicossomática extrema que pode, no limite, levar à morte, é também responsável pelo curso evolutivo que, segundo Crespin (2004), pode ter relação com o surgimento da linguagem. Ou seja, a complexidade presente relação de dependência é responsável por um outro elemento central e constitutivo da condição humana: o fato de podermos falar sobre o vivido e, nesse sentido, significar, subjetivamente, a experiência.

Crespin (2004) descreve tal fenômeno utilizando para tanto o termo *construção*: ou seja, entre o adulto e o bebê por ele cuidado, produz-se uma relação complexa, que é *construída*, a qual preside o *advento* psíquico da criança e poderá ser definida como "o laço mãe-criança" (p. 20). Diz a autora: "sem dúvida, o fato de podermos recorrer a um sistema significante para nos orientar no real, e que ao mesmo tempo regula nossas relações com o outro, é que faz os psicanalistas dizerem que os humanos são seres de linguagem, *presos na linguagem*" (p. 20, grifos da autora).

Podemos acrescentar a essa ideia um pensamento de Mia Couto, no qual o escritor, mas também biólogo, explora como a voz se tornou corpo na espécie humana:

Após o nascimento começa a construção do segundo ventre, a infância. Esse ventre é literalmente construído [...] 'através das vozes, dessa fala que ainda não está formada por palavras, mas a adivinhação que se faz do rosto que chega, porque vemos desfocado, esse tempo que passa entre o chorar e a presença desfocada de alguém, essa aprendizagem que temos do próprio tempo, é feita nesse momento. E, curiosamente, essa primeira linguagem que nós temos é feita por vogais. Eu gostaria de ver aqui não só uma incapacidade, mas as vogais são aquelas que melhor transmitem isso que é o espanto, que depois nos persegue toda a vida. Há ali uma fabricação, entre lágrimas e esperas, uma fabricação do tempo, e é aqui que nasce a oralidade' (Couto, 2013 *apud* Albuquerque, 2014, p. 4).

Cabe pensar em que medida a condição de prematuridade absoluta e, consequentemente, de dependência, seriam responsáveis pela formação da linguagem – representante e símbolo do que acordamos chamar de intersubjetividade: é no reconhecimento do interlocutor como um Outro capaz de compreender e, no limite, acolher o que digo, que se forma este espaço de transicionalidade. É nesse entre, no vazio da separação, que ocorrerá a ligação feita pela palavra.

No "Projeto para uma psicologia científica", esse texto embrionário, e ao mesmo tempo essencial para a construção da psicanálise da forma como a concebemos hoje, Freud anuncia e desenvolve dois termos que serão essenciais para refletirmos sobre a questão da intersubjetividade: *nebenmensch*, do qual já tratamos brevemente no início e seu complemento: *hilflosigkeit*. Em 1896, o arco reflexo constitui o modelo científico, estímulo-resposta, ao qual o autor irá se referir. O elemento a ser acentuado é a medida da resposta de um organismo vivo em função de uma certa quantidade de excitação. Aliás, importante lembrar que quantidade é um dos termos centrais deste texto. Seriam dois os postulados que organizam a psique: o princípio de inércia, responsável por manter o nível de tensões o mais baixo possível e o princípio de constância, responsável por mantê-las em um nível tal que as necessidades vitais sejam levadas em consideração. Como se origina um sujeito, como se origina a humanidade são as questões subentendidas nesse texto-embrião.

O bebezinho, nos diz Freud, impotente frente às suas próprias manifestações somáticas, emprega meios que modificam o interior do corpo: descargas que se dão por meio do choro, reações vasomotoras etc. No entanto, a tensão permanece, as excitações endógenas continuam a agir e o alívio só será possível graças a uma ajuda que vem de fora e que servirá para acalmar por algum tempo as tensões corporais. O estado de precipitação no qual a criança se encontra exige uma modificação do mundo externo, a chegada do alimento, a proximidade do *nebenmensch*: o próximo prestativo. Trata-se de operar uma ação específica, mas o organismo inacabado, frágil, é incapaz de fazê-lo. E é somente por meio de uma ajuda que virá de fora, pela ação de um indivíduo experiente e atento ao estado do bebê que a situação de desorganização interna poderá ser modificada.

Freud alterna na designação deste objeto: por vezes fala em função de apoio, por vezes acentua sua condição de estrangeiro. Notamos, no entanto, a insistência do autor sobre um aspecto específico do *hilflosigkeit*: a necessidade de que seja, de que esteja atento (do alemão *aufmerksam*) – atento para as necessidades de um outro incapaz de nomear o que acontece dentro de si.

A via de descarga adquire, então, uma função secundária muito importante: a da compreensão mútua. À medida que este Outro executa a função específica, a criança pode então, graças à sua organização reflexa, viver em seu corpo a supressão da excitação endógena. Todo esse processo pode ser compreendido como uma experiência de satisfação, de apaziguamento, responsável pelas consequências mais marcantes no desenvolvimento do indivíduo, uma vez que produz um acúmulo de memórias de experiências vividas e constroem também memórias a respeito do *hilflosigkeit*.

Uma das características essenciais da relação intersubjetiva, é que o sentido da experiência não ocorre de imediato e, obviamente, não independe da resposta do "objeto-outro-sujeito" (Golse e Roussillon, 2010) mas se constrói também em função da forma como se dá o acolhimento e, obviamente, tem relação direta com como o objeto responde: todo esse caminho influenciará no desenvolvimento das potencialidades latentes do *nebenmensch*. Além disso, também é preciso lembrar que as marcas destas experiências iniciais ficam impressas, mas são memórias inconscientes, que poderíamos considerar como orgânicas.

Vemos, nesta dança interativa envolvendo descarga e satisfação das necessidades, que, ao mesmo tempo em que este *próximo prestativo* vai se constituindo em um sujeito com mundo interno, o bebê também vai, aos poucos, vivendo pequenas doses de um senso de integração. É, pois, nesse jogo interacional que se formam as bases para que ocorra a passagem da intersubjetividade à subjetivação, em um movimento duplo de interiorização e especularização (o objeto é também um *objeto-outro-sujeito*) de acordo com a terminologia de Roussillon (Golse e Roussillon, 2010).

A subjetivação pode, então, ser compreendida como um processo de interiorização das representações intersubjetivas, com inserção gradual no sistema da dinâmica parental inconsciente, envolvendo toda a história infantil dos pais, de seus conflitos edipianos, de sua história psicossexual, da problemática inter e transgeracional, bem como de todos os efeitos a posteriori que estão, obviamente, interconectados.

A respeito da dinâmica inter e transgeracional, Golse (2006) faz um questionamento relevante: como o mundo representacional dos indivíduos de uma dada geração teria condições de influenciar o mundo representacional e, consequentemente, o comportamento dos indivíduos da geração seguinte e, além disso, quais seriam os mecanismos de transmissão subentendidos nesta dinâmica? Para responder a tal questionamento, o autor propõe uma diferenciação dos conceitos *transgeracional* e *intergeracional*.

A transmissão transgeracional atuaria, de acordo com essa perspectiva, essencialmente entre gerações sem contato direto, ocorrendo, portanto, no sentido descendente, tendo como modo de transmissão as vias de comunicação verbal (digital), assim como suas particularidades estruturais (fenômenos de não dito, por exemplo).

Já a transmissão intergeracional ocorreria, por sua vez, sobretudo entre gerações de contato direto (pais e filhos). Tal fenômeno poderia ocorrer em sentido duplo e passaria, sobretudo, pelas vias de comunicação não verbal ou pré-verbal (analógica).

A complexidade desse processo pode ser observada em nossa clínica cotidiana quando vamos, juntamente com aqueles que escutamos, construindo os possíveis sentidos das experiências vividas nesse jogo interacional. Mas, muitas das vezes, além de reconstituir experiências, percebemos a necessidade de construção daquilo que ainda não foi vivido. Se utilizamos, para a construção desta reflexão, um texto inaugural da psicanálise que denominamos, ao longo deste trabalho, de "embrionário", podemos agora recorrer a Freud já ao final de sua obra, em Construções em Análise, quando o autor irá se permitir revisitar o ofício puramente interpretativo do analista.

Nesse trabalho, Freud (1937) propõe imagens simbólicas caracterizadas por ruínas e escombros de alicerces. O autor compara nosso fazer clínico ao de um arqueólogo; fala de uma aproximação na qual a interpretação daria lugar a um trabalho de *construção*: "estamos à procura de um quadro dos anos esquecidos do paciente que seja igualmente digno de confiança e, em todos os aspectos essenciais, completo" (Freud, 1937, p. 276). Em seguida, descreve qual deveria ser a tarefa do analista: completar aquilo que foi esquecido pelo paciente, a partir dos traços que deixou atrás de si, "ou, mais corretamente, *construí-lo* (p. 276) ". No ocaso de sua obra, o autor parece propor que as reminiscências não seriam suficientes, sendo preciso acessar a revivescência ou, poderíamos acrescentar, inventar os elos.

Em outras palavras, Roussillon (2004) irá dizer que "no espaço do encontro clínico o comportamento produz efeitos de interação que, se acolhidos e refletidos por um outro sujeito, adquirem valor intersubjetivo (p. 24)". Para o autor, a interpretação, joia fundamental dos primeiros trabalhos freudianos, cede, progressivamente, lugar ao conceito de "construção". É este o manejo clínico possível, capaz de dar conta do trabalho analítico, para o qual o analista é convocado, no sentido de operar as transformações necessárias para a integração de um sujeito cujas experiências anteriores não puderam ser nem simbolizadas e nem mesmo recalcadas.

Ainda segundo o autor, devemos considerar uma outra consequência que concerne particularmente os clínicos, e que nos conduz ao conceito de intersubjetividade: diz respeito à forma de pensar sobre o desconhecido e o imperceptível que contém o encontro com o conceito de inconsciente e, mais precisamente, aquele do inconsciente do objeto. O bebê e a criança se deparam com o inconsciente dos objetos, base de sua própria constituição psíquica, com todos os elementos presentes nesta dinâmica, envolvendo seus efeitos e perigos. Nesse sentido, o trabalho analítico passa, dentre outras coisas, por construir uma concepção da mente do Outro. O autor concebe tal trabalho como a capacidade de imaginar que o objeto é outro sujeito, com desejos, intenções, emoções etc.

Com base nesse pensamento, poderíamos acrescentar que o trabalho clínico teria, nesses casos, a função de auxiliar o paciente na passagem da posição esquizoparanoide para a posição depressiva: o reconhecimento e, de certa forma, o delineamento do mundo interno dos objetos primários serviria como base para a compreensão e aprofundamento dos próprios movimentos internos. Podemos, ainda, articular esta ideia à imagem que Ab'Saber (2005) verificar com a autora propõe ao afirmar que o trabalho de análise busca revelar o negativo da mãe impresso na alma do sujeito. Aspectos nossos, que nos movem, nos paralisam, nos inquietam e que são tão estranhos a nós. Palco de rememoração carregada de afetividade e dor, o *setting* analítico se converte em um lugar seguro de acolhimento de experiências que ainda não puderam ser significadas, ou mesmo pensadas.

> A descoberta dessas fantasias, importante para mim e para ela, como um mito criado entre o analista e a paciente, *construção em análise*, só foi possível por eu considerar o inevitável autoengendramento de sujeito e objeto, e que é possível o reconhecimento de algumas das formas próprias de um ser (formas psicanalíticas) a partir do efeito das 'deformações' específicas que ele pode criar sobre a alma de um outro ser, seu objeto (Ab'Saber, 2005, p. 27, grifos do autor).

O corpo do analista se converte, pois, em asilo para o desamparo do paciente. Nesse sentido, parece ser justo afirmar que o trabalho analítico opera, justamente, no lugar do caos, em que as angústias, apesar de impensáveis, clamam por significação.

Nossos divãs acolhem, atualmente, pacientes distintos daqueles dos primeiros escritos freudianos. É verdade que a sociedade se transforma, assim como se transformam nossos olhares sobre ela e, consequentemente, nossos modos de compreensão e interpretação. Nunca é demais lembrar que a mudança das normas e dos modelos culturais inerentes às transformações socioeconômicas, culturais e políticas impactam diretamente a psicopatologia. É aí que nós, profissionais do acolhimento do sofrimento humano, nos situamos: neste lugar vivo, palco das evoluções das estruturas familiares e dos novos modelos e modos de educação, de onde observamos o movimento vivo de uma sociedade balizada não só pelo consumo mas também pelo engendramento de um tempo imediato, onde tudo acontece ao mesmo tempo, no anonimato de identidades vacilantes.

Nesse sentido, observamos a importância, para o trabalho clínico, da discussão e exploração do tema da intersubjetividade do bebê. A compreensão dos aspectos primitivos da constituição psíquica, na qual elementos pré-verbais se fazem presentes, é tema fundamental para a atualização de nossas intervenções clínicas.

Figueiredo (2012) retoma André Green, ao ser questionado sobre o que haveria de novo em psicanálise. Eis sua resposta: Freud. Ao nos debruçarmos sobre o tema da intersubjetividade, somos obrigados a reler Freud com a ajuda dos autores que vieram depois dele. Nesse sentido, ao buscarmos compreender a formação do psiquismo com base em nossas observações do bebê no colo da mãe, nosso olhar atenta para esta unidade formada por dois. É a partir desta realidade, na qual um sujeito, se tudo correr bem, vai, aos poucos, ofertando sentido para a existência de um outro, que podemos testemunhar o espaço de formação da intersubjetividade. Por outro lado, é preciso levar em conta que "o traumático – na condição do sem-forma, sem-figura e sem-sentido – está sempre à espreita no horizonte externo do *fazer sentido* produzindo, na condição do irrepresentável, intensa dor psíquica" (Figueiredo, 2012, p. 117).

Os avanços da compreensão da importância e função dos cuidados iniciais (cuidados corporais, é preciso dizer) permite à psicanálise aprofundar as reflexões acerca das relações de objeto e, consequentemente, revisitar o conceito de transferência, bem como ampliar as discussões em torno da prática e manejo clínicos.

Balint (2014) em seu trabalho clínico com pacientes graves, pacientes "buscadores de objeto" permitiu avanços significativos no exercício da psicanálise. Lembremos também de Ferenczi (1928), ao discutir o que irá denominar de "elasticidade da técnica".

Observamos, a partir dos desdobramentos de uma releitura do pensamento freudiano (tendo agora a base dos pensadores que vieram depois), uma mudança no posicionamento do lugar do analista, tanto no que se refere às formas de observação do paciente, levando em conta os aspectos primitivos e constitutivos de sua organização psíquica, mas também elementos de um manejo caracterizado por uma aproximação humana que Gilberto Safra (2005) denominará de encontro sujeito-sujeito.

Geneviève Haag (1990) explora aspectos importantes da relação transferencial e chama atenção para o fato de que é preciso consideramos os elementos de identificação precoce no contexto do que irá descrever como *relações de objeto parcial*. A autora aprofunda ainda elementos importantes da proposição winnicottiana acerca da contratransferência e ressalta que é preciso revisitar e ampliar a compreensão de tal conceito. Segundo Haag, para além de uma exploração interna acerca daquilo que o paciente provoca no analista, em relação a seus elementos conscientes e inconscientes, este também deve atentar para suas respostas tônicas, corporais, sensoriais, além dos aspectos alucinatórios.

A atenção à comunicação primitiva, e a disponibilidade do analista para acessar seus próprios elementos primitivos, abre espaço para outras formas de contato, na qual o sujeito pode ser encontrado e visto a partir de elementos que o constituem, independentemente de nosso suposto saber neurótico. Winnicott fala sobre o júbilo presente na brincadeira de esconde-esconde, mas também sobre o terror vivido por aquele que não pode ser encontrado. Para Safra (2005), a emissão de um som que não possa ser ecoado por outro ser humano "significa perder-se em espaços infinitos, aniquiladores de qualquer registro de vida psíquica (p. 31). Trata-se, portanto, de reconhecermos uma ampliação dos limites que constituem o *setting, bem como a relação paciente-analista*, na qual o reconhecimento de uma relação intersubjetiva produz efeitos organizadores e estruturantes, sobretudo no caso de patologias graves.

Amrhein (2012), faz explorações em torno do verbo *traduzir*: no vocabulário europeu dos filósofos, traduzir ou, no alemão, *übersetzen*, significa passar de um rio a outro. O autor acrescenta, ainda, que traduzir pode significar transplantar uma palavra para um solo estrangeiro, dar às palavras uma dimensão outra, que ultrapassa seu uso. "Heidegger diria transpor o trabalho do pensamento no espírito de outro idioma, e assim transformá-lo, de forma frutífera" (Amrhein, 2012, p. 44). A tradução seria, então, segundo o autor, transpor para outro universo, conduzir de um lado a outro, em um contexto que revelaria a verdade. O trabalho de tradução ocorre no intervalo entre o que é dito, escrito, comunicado e precisará, necessariamente, chegar a um outro – receptor daquilo que precisa ser transmitido.

Ora, podemos aproveitar a metáfora da *travessia* para explorarmos a função materna, quando, ao apresentar o mundo, a mãe nomeia e descreve a realidade. Da mesma forma, podemos pensar a relação analítica, na qual este que escuta se propõe a traduzir, a partir de sua condição de atenção flutuante, aquilo que recebe em seu lugar de ouvinte. Trata-se, pois, de conceber a intersubjetividade como aquilo que opera no espaço (e não no abismo) entre dois seres de linguagem que precisam se encontrar.

O nascimento (ou renascimento) da vida psíquica ocorre nesse espaço, no qual a oferta de sentido (ou de um novo sentido) garante a continuidade (ou a possível construção de alguma forma de ligação na qual antes operava o caos).

REFERÊNCIAS

AB'SABER, T. *O sonhar restaurado*. São Paulo: Escuta, 2005.

ALBUQUERQUE, C. X. Mia Couto: o olhar psicanalítico do poeta biólogo. *Jornal da Sociedade de Psicanálise de Brasília*, Brasília, ano II, ed. IV, p. 3-4, jun. 2014.

AMRHEIN, J. Questions à Freud sur la traversée de l'abîme. *Insistance*, Paris, n. 7, p. 43-53, 2012.

ANDRÉ, J. *Les maternités traumatiques*. Paris: PUF, 2010.

AULAGNIER, P. *A violência da interpretação*: do pictograma ao enunciado. Rio de Janeiro: Imago, 1979.

BALINT, M. *A falha básica*: aspectos terapêuticos da regressão. São Paulo: Zagodoni, 2014. (Obra original publicada em 1968).

CRESPIN, G. *A clínica precoce*: o nascimento do humano. São Paulo: Casa do Psicólogo, 2004.

FERENCZI, S. Elasticidade da técnica psicanalítica. *In*: *Obras completas de Sándor Ferenczi*. v. 4. São Paulo: Martins Fontes, 1992. p. 25-36. (Obra original publicada em 1928).

FIGUEIREDO, L. C. *As diversas faces do cuidar*: novos ensaios de psicanálise contemporânea. São Paulo: Escuta, 2012.

FREUD, S. Projeto para uma psicologia científica. *In*: *Edição standard brasileira das obras psicológicas completas de Sigmund Freud*. v. 1. Tradução de Jayme Salomão. Rio de Janeiro: Imago, 1975. (Obra original publicada em 1895).

FREUD, S. Construções em análise. In: *Moisés e o monoteísmo, esboço de psicanálise e outros trabalhos*. v. 23. Rio de Janeiro: Imago, 1975. p. 289-304. (Obra original publicada em 1937).

GOLSE, B. *L'être bébé*. Paris: PUF, 2006.

GOLSE, B.; ROUSSILLON, R. *La naissance de l'objet: une co-construction entre le futur sujet et ses objets à venir*. Paris: PUF, 2010. (Le fil rouge).

HAAG, G. Identifications intracorporelles et capacités de séparation. *Neuropsychiatrie de l'enfance et de l'adolescence*, Paris, v. 38, n. 4-5, p. 245-248, 1990.

MELTZER, D. Adhesive identification. *Contemporary Psychoanalysis*, v. 11, p. 289-310, 1975.

MISSONIER, S.; GOLSE, B. *Le fœtus/bébé au regard de la psychanalyse: vers uma métapsychologie périnatale*. Paris: PUF, 2021. (Le fil rouge enfance).

ROUSSILLON, R. L'intersubjectivité, l'inconscient et o sexuel. *Le Carnet Psy*, Paris, n. 94, p. 22-28, 2004.

SAFRA, G. *A face estética do self*. São Paulo: Unimarco, 2005.

SENARCLENS, B. *Le défi des états limites*. Paris: Éditions Campagne Première, 2022.

STERN, D. N. *A constelação da maternidade* (M. A. V. Varonese, trad.). Porto Alegre, RS: Artes Médicas, 1997. (Trabalho original publicado em 1995).

SOBRE A AUTORA

Paula Nogueira Komniski

Psicanalista, doutora pela Universidade de Brasília, autora do livro "A travessia da maternidade". Recebe em seu consultório crianças, adolescentes e adultos, além de pais com seus bebês. Nos últimos anos, vem desenvolvendo uma clínica transnacional e multicultural, atendendo pacientes nos quatro continentes.

A OBSERVAÇÃO DA DUPLA MÃE-BEBÊ PELO MÉTODO ESTHER BICK COMO PRIMEIRO DISPOSITIVO CLÍNICO PARA A LEITURA DO INCONSCIENTE

Janaína Santos

> *"Uma grande parte da clínica com o bebê está inscrita em nós, sobre o que sentimos, sobre o que o bebê reativa em nós, o bebê que fomos..."*
> Golse, 2003

A experiência de observação da dupla mãe-bebê nos convida a entrar em contato com fenômenos que nos capturam – não sem os efeitos do estranhamento, das surpresas e conteúdos que nos tocam em um lugar desconhecido. Muitas vezes, nomeamos esse lugar como inconsciente, berço dos conteúdos infantis e, sobretudo, do bebê que fomos.

O tempo de ser bebê fica registrado dentro de nós como marca indelével, necessária à nossa constituição e que mesmo sem convite prévio, reaparece em um lugar cativo para acessarmos os conteúdos que ainda pedem por palavras. É um reencontro com um corpo ainda organismo, que se faz expressão deste primeiro contato com o mundo.

Esther Bick (1964), psicanalista inglesa, sensibilizada pelo convite feito por J. Bowlby, que na época atuava na Tavistock Clinic, desenvolveu o método de observação de bebês para auxiliar a formação de futuros psicanalistas infantis (Guedeney; Lebovici, 1999). Antes de se dedicarem à prática clínica, os analistas em formação poderiam ter as primeiras experiências práticas com bebês adotando esse método, de modo que esse contato lhes permitisse observar o desenvolvimento e as primeiras interações presentes na relação mãe-bebê.

A metodologia foi incluída no currículo de instituições importantes de psicanálise e se mantém ainda vigente. O analista em formação precisa se oferecer a partir do lugar de observador, fazer uma procura ativa por uma família que o receba e se comprometer a visitá-la no período que compreende do primeiro ao segundo ano de vida do bebê. Família e analista pactuam um horário e dia para que as visitas tenham regularidade, com a duração prevista de uma hora. Essa proposta visa assegurar o estabelecimento de um *setting* que ofereça sustentação e previsibilidade ao bebê e a seus cuidadores (Bick, 1964).

O exercício da observação sugere uma presença sensível, atenta e sem interferências diretas do observador. Após cada encontro com a família, cabe a ele desenvolver a escrita do conteúdo observado, destacando os afetos que lhe foram suscitados. Esse conteúdo será acolhido e elaborado por um grupo composto por outros analistas também em formação, junto ao supervisor.

Essa experiência se organiza em três tempos: o tempo da observação, o tempo da construção das anotações (descrição da observação e das impressões do observador) e o momento da supervisão em grupo. D. Houzel associou esses tempos com a proposta freudiana apresentada em 1911, que descreve que o pensamento se organiza no tempo da atenção, tempo de inscrição e tempo de julgamento (Guedeney; Lebovici, 1999). Tempos necessários para que o observador possa elaborar os fenômenos observados, cuidar de seus afetos e angústias e eventualmente, sob supervisão grupal e análise pessoal, reconhecer os seus conteúdos internos e aqueles que lhe foram depositados via projeção pelo bebê e sua família.

Destacamos aqui a importância do encontro com o grupo de supervisão que tem a função de organizar os conteúdos contratransferenciais que precisam ser contidos e elaborados pelo observador. Isto posto, o grupo funciona como lugar que acolhe e metaboliza os conteúdos trazidos por seus integrantes, para que estes, possam ser também continente dos conteúdos advindos das identificações projetivas no encontro com a dupla mãe-bebê.

Ao observador, se atribui o papel de poder entrar em contato com a situação emocional da família, sem atender as demandas que lhe são solicitadas. Contudo, isso lhe provoca ameaças internas sobre se sentir ora invasivo, ora persecutório, exposto a afetos seus também primitivos. Ele precisa sair de uma posição ativa (interventiva) para uma postura reflexiva dos fenômenos (Mélega, 1987).

Segundo Mélega (1987), a abstenção do observador permite que o cuidador primordial possa aprender a fazer a função materna por meio de um *setting* desenvolvido durante as visitas feitas, de modo que possa oferecer-lhe autonomia no exercício dos cuidados, sem orientações e julgamentos. Em outros momentos, o observador precisará suportar estar sozinho frente à dupla mãe-bebê, reatualizando aspectos infantis de sua própria constituição. Suportar esse lugar oferece base para a futura posição analítica.

O observador precisa ser "continente de si", de seus conteúdos internos, a fim de que possa suportar essa realidade (cena dos enlaces relacionais) que não pode ser alterada no primeiro momento, mas requer que ele desenvolva a capacidade de pensar sobre a experiência. Tais aspectos servem como ferramentas importantes para o clínico em seu exercício analítico.

Fenômenos psíquicos observados na relação mãe-bebê

A conceitualização de identificação projetiva foi primeiro proposta por Melanie Klein e tal fenômeno comparece como componente importante para a comunicação dos conteúdos inconscientes difíceis para o bebê digerir/elaborar, por exemplo. Estes são colocados afetivamente em um objeto parcial (figura do observador e/ou cuidadores primordiais) que precisa elaborá-los para depois devolvê-los de maneira menos ameaçadora ao bebê.

Esses conteúdos, quando tomados pelo observador, dizem sobre a comunicação primitiva entre a dupla mãe-bebê, muitas vezes sem simbolização. Os afetos serão sentidos pelo observador e nomeados como contratransferenciais.

Bion avança sobre a importância da observação e descreve operações que antecedem a capacidade de pensar em seu texto "aprendendo com a experiência", 1962. Ele nos oferece a compreensão de que primeiro experimentamos estados emocionais primitivos que se caracterizam por experiências prazerosas ou dolorosas registradas ainda na esfera corporal, concreta e sensorial.

O bebê precisa de um objeto (aqui podemos pensar em um outro com quem se arme uma identificação) que seja capaz de desempenhar a função de transformação desses conteúdos concretos em experiências abstratas, tais como: os pensamentos, os sonhos e a imaginação (Elmhirst, 1980). A identificação citada aqui, se refere à identificação projetiva que será o mecanismo necessário para que esta primeira comunicação aconteça.

Bion propõe a descrição deste processo se servindo da noção de elementos, alfa e beta. As sensações concretas que causam desconforto se tratam dos elementos beta e ocupam a esfera do impensável, insuportável, mesmo que sejam experiências boas ou ruins. Elas são evacuadas (projetadas para fora), não podem ser metabolizadas, digeridas, incorporadas e internalizadas sem a ajuda deste objeto parcial (Elmhirst, 1980).

O bebê ainda não vive uma experiência de integração neste primeiro momento, portanto ele ainda não consegue unificar no mesmo objeto a totalidade das experiências boas e ruins. A identificação projetiva será endereçada a esse objeto que se reagir de maneira receptiva (sendo capaz de conter e transformar esses conteúdos), se inscreverá na relação à função alfa, capacidade para tratar e pensar sobre os conteúdos difíceis.

Para exemplificar, podemos nomear esse objeto parcial como mãe, destacando sobretudo a função materna em ação, e ela receberá o choro de seu bebê que, por não ter constituído ainda a integração corporal e a simbolização para endereçar suas demandas, precisará deste outro que irá propor as primeiras interpretações sobre o que está acontecendo. Ou seja, o bebê deposita via identificação projetiva esse conteúdo que ainda está no campo do inominável. A mãe contém internamente o conteúdo e devolve ao bebê algo transformado. Essa operação pode produzir a identificação com o objeto pensante, capaz de executar a função alfa ou a capacidade de *rêverie*, que se trata de poder acolher a desorganização do bebê e responder de maneira criativa.

As experiências de confusão e frustração do bebê se repetirão durante a relação com o meio ambiente e precisam encontrar sustentação nesse objeto para que o desenvolvimento mental se estruture.

Em 1956, Winnicott nos apresenta ao conceito de preocupação materna primária. Ele nos conta que, se tudo correr bem, a mãe desenvolverá uma sensibilidade ao seu bebê capaz de assegurar que este tenha primeiro suas necessidades fisiológicas atendidas e depois elas se converterão em demandas mais sofisticadas. Esses cuidados são possíveis pela presença de uma mãe ambiente suficientemente boa, capaz de garantir que o bebê desenvolva a continuidade do ser, fundamental para o desenvolvimento do eu e do sentimento de existir.

Em linhas gerais, as operações descritas até aqui convidam a pensar sobre as mudanças que se inscrevem em seu entorno quando um bebê nasce. A filha torna-se mãe, a mãe torna-se avó, por exemplo e, a dinâmica transgeracional se reatualiza. Para além disso, para que haja a preocupação materna primária, a mãe precisa regredir e se conectar com o bebê que foi e com os cuidados que recebeu.

> Ocupar-se do bebê é decididamente aceitar ser tocado nas partes mais vulneráveis, é deixar-se reativar nas angústias primitivas, nas posições depressivas primárias. Se não aceitarmos nos deixar tocar aí, não podemos partilhar o que quer que seja com o bebê, então não podemos compreendê-lo no sentido verdadeiramente etiológico que é "tomar junto" (Golse, 2003, p. 27-28).

Os cuidados oferecidos ao bebê, as angústias parentais, os encontros e desencontros emergem em função de uma história pregressa. O filme "Petit Maman", lançado em 2021, serve de apoio para uma discussão interessante sobre esses elementos presentes na relação mãe-bebê (nesse exemplo, mãe-filha) e os fenômenos transgeracionais que comparecem nas observações analíticas.

O enredo do filme nos possibilita ter um encontro com a estória de Nelly (filha) e Marion (mãe) após o falecimento da avó materna. Comparece aqui uma cena de luto das duas pela avó perdida que vai convidando o telespectador, também observador dessa relação, a ver essa dupla em um reencontro com seus conteúdos infantis. Nelly é quem responde às perguntas de sua mãe via este encontro atemporal, quase que a convocando a pensar sobre o desejo de ter um bebê:

— Marion: Eu queria você?
— Nelly: Sim...
— Marion: Eu não fico surpresa, porque já estou pensando em você.

Esse diálogo apresenta um desejo que antecede o nascimento, vindo desse lugar imaginário, das brincadeiras de boneca e do bebê que se foi. Em outro momento, Marion já adulta deixa a filha sozinha com o pai após o falecimento de sua mãe, e aqui supomos dificuldades para lidar com seu luto. Ao se sentir abandonada por sua mãe que acaba de falecer, Marion reproduz o abandono sofrido na relação com Nelly, sua filha. Isto posto, Nelly diz à Marion criança (suposição de uma regressão ao infantil da mãe):

— Nelly: Você costuma estar infeliz, costuma não gostar de estar aqui.
— Marion: A culpa não é sua...
— Nelly: Eu duvido um pouco...
— Marion: Você não inventou a minha tristeza.

Esses recortes servem para propor esse resgate da história de uma mãe que se constrói sendo filha e depois fundamenta este papel no exercício da maternidade. Contudo, não podemos nos furtar à compreensão de que esses conteúdos se reatualizam no encontro com o bebê, produzindo uma mistura/ colagem que chamamos de simbiose. Processo necessário para dar conta do desamparo do bebê, ao passo que se torna importante para pensarmos situações de adoecimento oriundos do vínculo e que podem se manifestar no bebê ou na dupla mãe-bebê.

Para ilustrar o trabalho da observação, apresento-lhes a descrição desta experiência realizada na Sociedade de Psicanálise de Brasília. Experiência profícua para pensar o quanto o observador pode aprender a observar os conteúdos não verbais, os conteúdos primitivos da mãe e do bebê e os afetos contratransferenciais.

Registro da experiência em observação da relação mãe-bebê

> "Quando olho, sou visto; logo existo. Posso agora me permitir olhar e ver."
> Winnicott, 1967

É com a reflexão suscitada pela citação de Winnicott (1967), que falo sobre o olhar condutor do meu encontro com a história do bebê Daniel e de Joana, sua mãe. Me senti capturada pelo enigma que se traduz na observação. O enigma se desvela na construção da história do outro a partir de uma nova perspectiva.

É como contemplar via encontro, as experiências que demandam a espera pelo devir. E para isso, o bebê anseia por um admirador que seja atento para se dar conta das mudanças que se inscrevem na temporalidade e em suas relações.

O encontro com o bebê Daniel e sua família, representada por sua mãe e por seus avós maternos, aconteceu quando ele tinha 25 dias de nascimento. Assim que os conheci, me deparei com uma casa simples e acolhedora que representava a forma como fui recebida pela família. Vi uma jovem mãe, com 21 anos, tendo o corpo marcado e machucado pela complexidade do parto. Ela aceitara o desafio de gerar e cuidar de um bebê que tem como referência um genitor que não se ocupava de fazer parte da vida de Daniel.

A mãe morava com seus pais e, juntos, formavam um grupo familiar que travava lutas difíceis. Fui apresentada ao avô que enfrentava um câncer há 12 anos e a uma avó que sofria de depressão grave.

O nascimento do bebê parecia representar uma luz que emergia das trevas, impulso para quem está preso ao fundo do poço, esperança pela vida que se instala no mesmo contexto em que há a narrativa de desamparo e temor pela morte. O que surge com a vinda do bebê a este cenário é o investimento intenso de cada um desses cuidadores a ele.

No ato da minha chegada, me surpreendi com os convites feitos a mim. A família se concentrava em me ofertar desde o cafezinho até a oportunidade de acalentar o bebê no seu sono, lhe dar banho no momento das observações e entrar na intimidade dos cuidados parentais.

Esse movimento era escutado por mim como um convite para desfrutar do melhor que eles tinham a oferecer, de me maravilhar com a representação desse bebê que tal como uma divindade, viera salvar a família de suas amarguras.

Vi esses convites aparecerem com constância, especialmente no começo desta jornada. Suspeito que esse pedido também era uma forma de escutar o bebê que emergia na história da mãe, que padecia de seus limites, desamparo e precisava ser acolhido.

Muitas vezes, Joana me contava com um sorriso nos lábios ou com um semblante cansado, sobre ser muito bom ser mãe, mas sobre ser muito difícil também. Ela falava sobre uma maternidade real em que a ambivalência, as dúvidas e os saberes intuitivos tinham espaço para acontecer.

Nesses momentos, eu me perguntava sobre como se instala a presença do observador sem que este ocupe um lugar que não é seu. Mas não seria também papel do observador construir um continente para as angústias suscitadas no encontro entre mãe e bebê?

Me fiz essa pergunta muitas vezes nos seminários grupais que também se ocupavam de oferecer um lugar para as minhas indagações, mensageiras sobre o meu medo de me colocar no lugar de tamponar faltas, ainda que de maneira inconsciente.

O encontro com o bebê parecia ser visceral para todos. Nessas trocas, nascia uma avó que voltava a sorrir, a dar papinha, a erotizar o corpo do bebê por meio dos cuidados. O avô, por sua vez, se ocupava em acordá-lo cedo e lhe apresentar os alimentos sólidos a partir dos seus 4 meses. Parecia querer que o bebê vivesse com a mesma intensidade que ele parecia devotar em sua luta pela vida.

Ainda assim, o bebê Daniel se fazia intenso em seus olhares, enquanto sentia muitas cólicas nesses primeiros 4 meses. A este tempo, percebia o tanto que as angústias me tomavam pela intensidade dos encontros e dos pedidos que eram endereçados a mim e ao bebê.

Findados os 4 meses da licença maternidade da mãe, ela foi convocada a voltar ao trabalho. Nesse período, tive a impressão de que a mãe e o bebê sentiam pela separação que parecia ameaçadora para ambos. Joana via Daniel muito pequeno e dependente para dar conta de ficar sem o seio.

Daniel chorava muito e parecia reconhecer os momentos de ida e vinda da mãe. O leite vazava dos seios dela como se sangrassem no ato das despedidas. Como se para Joana, voltar-se para o mundo, representasse ter seu bebê arrancado de seus braços.

Essa aventura teve prazo de validade. A mãe foi demitida do trabalho e retornou para Daniel. Ele agora começava a se interessar pelo próprio corpo. As fraldas eram rasgadas, se construía a brincadeira de unir uma mãozinha até a outra, chupar os dedinhos e olhar para comprovar se estava sendo olhado também e isso se tornava comum em nossos encontros.

Contudo, em março de 2020, fomos acometidos pela pandemia da COVID-19. Os encontros, que antes eram presenciais, converteram-se em encontros realizados por videochamadas. Eu me perguntava se seria possível estar com o bebê mesmo me sentindo destituída do cheiro, do toque e da presença física.

Não é vã a minha recordação de que neste momento, o bebê começava a brincar de se esconder e reaparecer e assim, eu ia redescobrindo essa relação por outra lente. Lente esta que ainda me permitia ver o bebê ensaiando o engatinhar por volta dos 8 meses.

Aos 10 meses, ele começou a imitar os ruídos dos brinquedos que ganhavam vida nas suas brincadeiras com sua mãe. Aos 11 meses, começara a reproduzir os gestos, os beijos, as danças e sons dos puns, dos roncos e dos nomes que escutava ao seu redor.

A amamentação não cessava e os encontros me passavam a sensação de uma fome voraz do bebê que nunca era aplacada. Com o nascimento dos dentes, vieram as mordidas no seio da mãe, no rosto da vovó. Uma agressividade que quando contextualizada, marcava esse espaço que era a delimitação do eu e do outro. Agora eles poderiam ser dois ou três.

O bebê assistia junto comigo aos adoecimentos e internações frequentes do avô, que mobilizava toda a família. A avó, em resposta, padecia em suas crises. Mas Joana parecia fortalecida no encontro com Daniel e ele fazia o mesmo no encontro com sua mãe. Essa fortaleza, calcada na díade, parecia explicar as dificuldades de desmame do bebê. Questionamentos que a mãe se fazia, agora que desejava voltar a trabalhar.

Durante o processo de observação, experiências emocionais e clínicas foram vividas pela observadora. O encontro ofertava continuidade e sustentação à dupla mãe-bebê. O bebê pôde ser olhado em suas demandas enquanto a mãe desenvolvia autonomia em sua função e era acolhida em seu desamparo.

A travessia foi possível com a sustentação e o continente que se personificaram pelos espaços dos seminários grupais e pela análise pessoal, em que pude desvelar uma construção que teve sua gênese no encontro com a dupla mãe-bebê e que foi possível graças a aposta nesta experiência e, sobretudo, segundo Benito (2005), pelo olhar do observador que é descrito *"como quem contempla uma obra de arte."*

O observador olha o bebê e o grupo construído no espaço dos seminários grupais olha e escuta o observador. É nesse espaço que os conteúdos contratransferenciais são trabalhados e uma primeira leitura sobre a relação mãe-bebê começa a ser feita.

O grupo tem o papel de continente das angústias do observador para que ele possa se separar das cenas familiares, para que possa construir e elaborar a função de observar sem intervir, lidar com o "não saber" e entrar em contato com os conteúdos não verbais. Via associação livre, o grupo oferece uma leitura dos aspectos inconscientes, considerando a narrativa do observador.

Contribuições finais

Ao considerar a clínica com os bebês, essa experiência abre espaço para que se engendrem as primeiras intervenções quando há casos de entraves no desenvolvimento. A observação permite que o profissional desenvolva uma escuta sobre os sintomas da criança que se manifestam por meio de alterações no corpo do bebê, em seus hábitos e na construção dos primeiros vínculos. É preciso lembrar que o bebê "dar a ver" o que se passa em seu mundo interno por meio das manifestações somáticas, o que marca a presença da linguagem.

A escuta pela observação também permite compreender aspectos de sofrimento na dinâmica familiar que fazem emergir conteúdos transgeracionais, sinais de sofrimento e adoecimento no ambiente e nos laços que seriam fundamentais para o desenvolvimento do bebê.

As contribuições primordiais demarcam a oportunidade de observar a construção e a evolução do vínculo da dupla mãe-bebê e a possibilidade de acompanhar o desenvolvimento motor, psíquico e social do bebê. O reconhecimento desses marcos do desenvolvimento é fundamental para a oferta de intervenções a tempo, bem como a compreensão clínica futura das experiências primitivas dos sujeitos que procuram a análise.

REFERÊNCIAS

BENITO, A. M. R. S. Reflexões a partir da experiência de observação da relação mãe-bebê. *In*: OUTEIRAL, J.; HISADA, S.; GABRIADES, R.; Ferreira, A. M. (org.). *Winnicott – seminários brasileiros*. Rio de Janeiro: Revinter, 2005.

BICK, E. Notas sobre la observacion de lactantes en la ensenanza del psicoanálisis. *Rev de Psic*, 1964.

BION, W. R. Identificação projetiva e capacidade para pensar. *In*: *O aprender com a experiência*. Rio de Janeiro: Imago, 1994. Cap. 12, p. 54-73.

ELMHIRST, S. I. Bion and Babies. *The Annual of Pychoanalysis*, nº 8, 1980.

GUEDENEY, A; LEBOVICI, S. *Intervenções psicoterápicas pais/bebês*, Porto Alegre: Artes Médicas Sul,1999.

GOLSE, B. *Sobre a psicoterapia pais-bebê*: narratividade, filiação e transmissão, São Paulo: Casa do psicólogo, 2003.

MÉLEGA, M. Observação da Relação mãe-bebê instrumento de ensino em psicanálise. *Rev. Bras. de Psicanál*, 21:309, 1987.

PETITE Maman. Direção: Céline Sciamma. França: Lilies Films, 2021. (72 min.). Disponível em: HBO Max.

WINNICOTT, D. W. A preocupação materna primária. *In*: *Da pediatria à psicanálise*: obras escolhidas. Rio de Janeiro: Imago, 2000. p. 399-405.

WINNICOTT, D. W. *O brincar e a realidade*. Rio de Janeiro: Imago, 1967.

ZAMBELLI, C. K.; TAFURI, M. I.; VIANA, T. C.; LAZZARINI, E. R. sobre o conceito de contratransferência em Freud, Ferenczi e Heimann. *Psicol. clin.* [*online*]. 2013, *vol.*25, n.1, p. 179-195. ISSN 0103-5665.

SOBRE A AUTORA

Janaína Santos

Psicóloga clínica e psicanalista. Especialista em Teoria Psicanalítica pelo Centro Universitário de Brasília. Coordenadora e psicoterapeuta do ambulatório da infância e adolescência do Centro de Atenção à Saúde Mental Anankê, onde também atua como psicóloga clínica do Hospital-Dia dessa instituição. Pós-graduanda em Psicanálise e Saúde Mental, com ênfase em Freud e Lacan pela Anhanguera. Atende crianças, adolescentes e adultos em consultório particular.

A CONSTRUÇÃO DAS REPRESENTAÇÕES CORPORAIS NO BEBÊ: ASPECTOS SENSÓRIO-MOTORES

Raquel Cassel

*"... porque o corpo é psíquico desde o início ou não é
e o psiquismo é corporal inicialmente ou não é"*
Geneviève Haag

Introdução

Impossível pensar a existência do corpo dissociada da existência do psiquismo. O corpo é suporte para a construção psíquica e esse processo não pode existir sem ele. Uma representação corporal estável, fundamento para a construção da representação de si, é o que permite a nós humanos estabelecermos relações, e assim criamos um sentimento de existir. Trata-se do processo por meio do qual o organismo vai tornar-se continente e construir fronteiras. Isto é, um contorno que estabelece um dentro e um fora para os pensamentos, para as ações e para as emoções.

A noção de continência na psicanálise foi explorada por diversos autores, grande parte deles vindos da escola inglesa de psicanálise. Winnicott (1975, 1976), por exemplo, traz o conceito de holding na relação mãe-bebê e na relação analítica. W. Bion (1962, 1967, 1970), partindo do modelo da díade mãe-bebê, introduz a função alfa e a relação continente-contido como condição para que o bebê se beneficie das experiências emocionais inacessíveis do início da vida. Esse modelo será mais tarde estendido para o grupo e a instituição. Esther Bick, por meio do dispositivo da observação de bebês, coloca o processo de continência como essência de sua metodologia, resultado da capacidade de conter. Ela distingue a noção de continência e o processo defensivo que chama de contenção (1964, 1981). Didier Anzieu (1985, 1993), por sua vez, fala da sustentação mútua entre o corpo biológico e o corpo social e introduz a noção do eu-pele como um envelope ou contorno necessário às diferentes funções da psique. Seguindo a teorização de Bion e os trabalhos de Bick, Didier Houzel (1987, 1992, 1994) desenvolve as noções de envelope individual, familiar e institucional.

Ainda que pontes possam ser realizadas com os conceitos mencionados acima, a proposta atual é desenvolvimentista e apoia-se no desenvolvimento *sensório-motor* da criança. Para entendê-lo, nos colocaremos no lugar do bebê e investigaremos como o bebê constrói suas fronteiras, face interna e face externa de um envelope que chamamos de corpo, suporte para entrar em relação e agir no mundo.

A questão da construção das representações corporais do bebê parte de uma primeira interrogação: como o bebê descobre o mundo e todos os objetos físicos do mundo, a começar pela descoberta do primeiro objeto que é seu próprio organismo. Essa questão implica uma escolha epistemológica específica: a de que o organismo do bebê é um objeto material (de carne e osso!), dotado de particularidades e competências, rodeado de outros objetos materiais com os quais vai interagir e de pessoas que vão acompanhar e dar sentido a estas interações.

O conhecimento de si nasce da percepção da atividade do próprio organismo e está enraizado nas experiências sensório-motoras do bebê a partir do nascimento. Trata-se de uma maneira bastante particular de conceber o desenvolvimento do bebê que coloca em interação elementos relativos ao meio biológico, ao meio físico e ao meio humano.

Esta perspectiva que esboçaremos aqui, elaborada por André Bullinger, psicólogo suíço, coloca em evidência a realidade material do equipamento corporal do bebê, bem como o papel fundamental do meio no qual vive, considerando-se as suas dimensões física e humana.

Existe um substrato real e material que é suporte para a construção subjetiva, denominado organismo. Não significa de forma alguma uma sucessão organismo e depois psiquismo mas uma articulação imediata e de interdependência total entre estes dois elementos.

Ao longo deste capítulo, tentaremos esboçar as operações que o bebê deverá realizar para poder integrar seus sistemas sensório-motores e progressivamente transformar seu *organismo* conjunto de funções em um *corpo* uma representação estável. Noção que nos obriga a considerar e conhecer as características desse suporte e a maneira como estabelece as interações com seu meio.

Abordagem sensório-motora segundo André Bullinger: algumas bases teóricas

No prisma da sensório-motricidade, interagir com pessoas e com o ambiente exige apreender as sensações, o que corresponde a uma articulação entre elementos biológicos, físicos e relacionais.

Apoiando-se na teoria piagetiana da construção do conhecimento, Bullinger explica que a característica principal do período sensório-motor reside no fato que "os principais materiais que alimentaram a atividade psíquica do bebê são de natureza sensorial e motora e que estes materiais são objetos de conhecimento" (Bullinger, 2004 p. 70, tradução livre). A voz, o olhar, o cheiro, o toque, o leite da mãe..., mas também toda a gama de solicitações e sinais em torno do bebê são considerados como objetos materiais do meio, com os quais ele vai interagir. Trata-se de um processo, de uma construção ativa que o bebê deve operar a partir do nascimento, e não uma sucessão de etapas a serem atravessadas.

No construtivismo piagetiano, falar em construção do conhecimento significa falar ao mesmo tempo de construção do sujeito que conhece e do objeto a ser conhecido. Bullinger revisita os conceitos fundamentais de Piaget, que se referem aos mecanismos de funcionamento da inteligência (adaptação, organização, assimilação e acomodação), e a noção de que o sujeito se constitui na interação com o objeto.

É a própria *interação* que permite a construção do sujeito, do objeto e do conhecimento (de Paiva Sanchis e Mahfoud, 2007). Concretamente, tudo o que povoa e implicitamente caracteriza as interações do bebê com o mundo físico e humano (sons, vozes, toques, texturas, cheiros, gostos, olhares, formas, cores, movimentos, contrações musculares etc.) contribui à sua construção. Logo, a noção de construção implica que as estruturas cognitivas do bebê não estão prontas ao nascer, mas são o resultado de um processo de transformação, possível por meio de suas ações (interações).

O legado de Piaget sobre a construção do conhecimento é fundamental para entender a construção das representações pelo bebê; entretanto, por si só, não dá conta da complexidade desse processo. Piaget centra-se nos aspectos cognitivos, sem levar em consideração as dimensões posturais, tônicas e emocionais. Nesse sentido, o aporte de Wallon é crucial. Sua teorização inscreve o bebê em seu meio. Wallon (1925, 1942) defende o papel fundamental da emoção nas primeiras construções representativas, garantia da passagem entre as sensações suscitadas pelas interações e as representações elaboradas pela atividade psíquica.

Adicionalmente, para entender o que Bullinger chamou de processo de instrumentação, a contribuição dos autores da escola soviética é importante. Os pensadores dessa escola interessam-se em como o bebê apropria-se de seu organismo e dos objetos do meio, sejam eles físicos ou sociais, e introduzem a noção de apropriação: o bebê adapta-se, mas sobretudo *toma para si* e apropria-se dos conhecimentos e *savoir-faire* que lhe são acessíveis. Uma ilustração simples esclarece este conceito central: "Se o sujeito "piagetiano" num momento do seu desenvolvimento exerce os seus esquemas tais como sacudir, bater, chupar, lançar a colher, ele tenta, ao mesmo, dominar, em interação com o seu meio, seu uso social. Pegá-la pelo cabo, parte côncava para cima, controlar a sua horizontalidade etc. Este domínio da ferramenta pressupõe que as componentes operatórias e de interiorização coexistam, permitindo ações finalizadas no meio" (Bullinger, 2004, p. 165, tradução nossa).

Esta noção de apropriação traz para o bebê a possibilidade de transferir um saber práxico para uma outra tarefa ou atividade. A partir do momento em que uma tarefa se autonomiza, o psiquismo libera-se para outra coisa. O conceito de apropriação completa os conceitos de assimilação e acomodação desenvolvidos por Piaget e acentua a ideia de domínio das propriedades físicas dos objetos, mas também de seu uso social, que são enraizados no seu meio específico.

A perspectiva instrumental de André Bullinger se situa na articulação dessas diferentes linhas de pensamento. Trata-se, para o bebê, de controlar os fluxos sensoriais que chegam a seu organismo provocando reações tônicas e emocionais, e criar um equilíbrio, necessário para agir de maneira voluntária. Nesse processo, o papel do meio humano é fundamental para regular a emoção, dar sentido às experiências do bebê, permitir este controle e a criação progressiva de representações. A noção de zona de desenvolvimento proximal de Vygotsky aponta igualmente nesse sentido, estabelecendo um nível de eficiência (o que a criança sabe fazer) e o nível potencial (o que pode fazer com uma ajuda ajustada), ponto de apoio humano para as funções instrumentais.

Na obra de Bullinger as referências são vastas. Ousando articular pesquisa e clínica, caminhou com vários pesquisadores, clínicos e pensadores da infância, tais como Piaget, Wallon, Ajuriaguerra, Leontiev, Winnicott, Rochat, Prechtl, Paillard, Schaal, Anzieu, Grenier, Haag e tantos outros. Tais referências articulam campos aparentemente distantes e revelam toda a humildade e abertura intelectual deste autor que considera "o encontro com a criança como um evento que deve, indubitavelmente, integrar tudo o que a ciência pode oferecer, sem jamais esquecer o quadro humano no qual deve se produzir" (Bullinger, 2004, p. 116, tradução nossa).

Interagir com o meio: fluxos sensoriais, coordenações sensório-motoras e as representações espaciais

A descoberta do próprio corpo, do meio, e o trabalho de transformação das sensações em representações são possíveis porque o bebê é ativo e coloca em ação sua própria sensibilidade e seus movimentos. Esse processo não ocorre por infusão. O bebê não é uma esponja que absorve o que está em volta dele, nem um saquinho de chá que colocamos na água quente. Ele exerce a própria sensibilidade e tenta descobrir as propriedades sensoriais dos objetos (físicos e humanos), tenta apropriar-se delas e transformá-las.

Antes mesmo do nascimento, no útero, o feto está sujeito a uma série de sinais do exterior aos quais vai responder por meio de seus movimentos e de suas reações tônico-posturais. Seus sistemas sensório-motores estão sendo "fabricados" durante a gestação para serem colocados em ação após o nascimento. Os movimentos da mãe, mas também seus próprios movimentos, solicitam seu sistema vestibular. Sons provenientes do exterior, bem como do corpo da mãe (batimento cardíaco, digestão...), solicitam seu sistema auditivo. O contato das costas com a parede uterina, bem como os contatos entre mãos, pés, mão-boca-rosto, solicitam seu sistema tátil. O cheiro e gosto são percebidos por meio da sucção e deglutição do líquido amniótico. A percepção de variações de luminosidade é possível no fim da gestação.

Essas experiências vão inscrever-se no aparelho neurológico do bebê e terão uma relação com a maneira por meio da qual ele vai viver suas experiências após o nascimento, momento no qual não somente as diferentes modalidades sensoriais vão articular-se, coordenar-se, mas tomar sentido por meio da experiência emocional com o meio humano. É a passagem da inscrição do aparelho neurológico ao psíquico.

Duas condições fundamentais neste processo: colocar a motricidade e os sistemas sensoriais em ação e encontrar um meio humano suficientemente adaptado para acolhê-lo e dar sentido às vivências.

Concretamente, um exemplo...

O bebê, carregado nos braços, dirige o olhar para a mãe que fala com ele. Ele percebe a voz, identifica de onde ela vem, organiza a postura para virar o rosto e encontrar a voz, mas também o olhar da mãe, sendo ao mesmo tempo bem sustentado nos braços. As sensações, auditivas, visuais, táteis, vestibulares e tônico-posturais tomam sentido no momento em que o bebê encontra o olhar da mãe. Os olhares se cruzam, as vozes se encontram, provocando emoção e dando sentido à situação, representação em ação de suas sensações e da situação corrente.

Essa situação cotidiana exige do bebê o controle de uma série de elementos do ambiente. Primeiramente, que o som seja percebido, quer dizer, captado pelo sistema auditivo e, para isso, que este último esteja intacto. Em seguida, que o som seja percebido como suportável e agradável, solicitando uma reação de orientação. E ainda, que a motricidade do bebê lhe permita orientar-se, ou seja, que ele tenha os recursos tônico-posturais para virar a cabeça e que seja sustentado numa posição que lhe permita fazê-lo.

Falamos aqui do processamento do fluxo sensorial, isto é, a sequência de respostas necessárias quando um sinal sensorial é detectado pelo organismo do bebê, seja qual for a modalidade (visual, tátil, vestibular, auditiva, gustativa, olfativa). Esse processamento necessita relacionar as sensações ligadas às modulações tônicas aos eventos sensoriais, ou seja, requer *coordenações sensório-motoras*.

Um bebê hipotônico, aquele que não consegue tratar o fluxo gravitacional ou que tem uma sensibilidade exacerbada no plano tátil ou auditivo, vai ter mais dificuldades para realizar essa operação simples que é olhar para a mãe quando ela fala com ele. Isso significa que, para responder a uma solicitação (organizar a postura em direção), que ela venha dos pais ou do ambiente, o bebê precisa controlar as sensações que chegam às fronteiras do seu organismo.

O *alerta* dá início à sequência de processamento do fluxo sensorial que suscita um recrutamento tônico indicando que o sistema sensorial em questão recebeu o sinal (no nosso exemplo, a voz da mãe). Segue uma mobilização corporal em direção ao sinal, que chamamos de *orientação*. A resposta de *localização* da fonte aparece quando o bebê encontra o rosto da mãe. É o momento no qual diferentes modalidades sensoriais se encontram: audição e visão, sustentados pelo contato tátil do corpo a corpo e as sensações internas do bebê. Com essas três condições encadeadas, o bebê pode, se quiser, partir para a exploração, última etapa da sequência: por exemplo, o bebê sorri, toca no rosto da mãe. A emoção, representada pelas reações tônico-posturais dos parceiros, completa a situação.

Esta sequência de respostas que permite a tomada de sentido, ocorre num primeiro momento no corpo a corpo pais-bebê, com apoio na linguagem corporal e mais tarde verbal. Ela inscreve para o bebê algo da representação de seu corpo, do espaço e da relação.

Essa cadeia de respostas – alerta, orientação, localização e exploração – ocorre em cada sistema sensorial por meio das coordenações. É um trabalho ativo de transformação que o bebê faz a partir de situações que se repetem. Essas transformações sucessivas, começando pela habituação a novas sensações, possibilita um controle e traz a possibilidade de manipulações cada vez mais elaboradas. A boca, que se adaptou ao mamilo da mãe, aos próprios dedinhos colocados nela, poderá mais tarde explorar o chocalho e a colher, adaptando-se às texturas, formas e tamanhos. Ao mesmo tempo que cria representações dos objetos que o rodeiam, o bebê cria representações de si mesmo, por meio de suas ações.

Mas para que o bebê realize esse trabalho de habituação, de transformação, de criação de representações, é necessário que seus sistemas sensoriais sejam funcionais, que a sensação seja controlada e não o desorganize, que seu sistema neuromotor lhe permita ir em direção e que os adultos acompanhem a emoção que estas descobertas suscitam, regulando sua emoção, dando-lhe sentido. O entrelaçamento entre biológico, humano e físico é aqui manifesto. Logo, dificuldades ligadas ao processamento dos fluxos sensoriais podem estar relacionadas a estes vários aspectos.

Um problema como o equipamento *biológico* do bebê constitui um obstáculo nesse processo e exigirá meios de compensação. Uma deficiência sensorial (problema visual, auditivo ou outro) priva o bebê de uma modalidade necessária para compreender seu mundo. Um problema neuromotor torna difícil os encontros multissensoriais. Prematuridade, anomalias genéticas, hospitalizações prolongadas são alguns exemplos.

No que concerne o *meio físico*, estímulos excessivos sobrecarregam as possibilidades do bebê de responder; o retraimento ou, pelo contrário, a agitação, são maneiras de responder. Um ambiente carente de estímulos não fornece ao bebê os materiais necessários ao trabalho de transformação. Os estímulos incongruentes, sem coerência entre si, são ainda mais deletérios do que o excesso ou a carência, pois impedem as coordenações e a tomada de sentido pelo bebê.

Nosso equipamento biológico é programado para compreender nosso meio de vida. Em nosso meio, as diferentes propriedades de um objeto (visuais, táteis, auditivas etc.) encontram-se reunidas num mesmo lugar. "Dissociar estas propriedades é violar as legítimas expectativas do organismo. Frente a essa incoerência, é difícil fazer previsões, construir representações que permitam compreender o seu ambiente" (Bullinger 1993, p. 155).

Quanto ao *meio humano*, trata-se de um elemento fundamental no processo de construção do bebê. Muito além das necessidades essenciais para sua sobrevivência (fome, sono, segurança física, cuidados com o corpo), o bebê tem necessidades fundamentais de interações afetuosas, de regulação, de experiências para o seu desenvolvimento, de estabilidade, de antecipação. O bebê precisa experimentar o fato que, a cada nova situação e experiência sensório-motora, haverá alguém que traduzirá o que está acontecendo, por meio do colo e dos braços, e mais tarde – ou paralelamente – por intermédio de palavras.

Um meio humano carente ou negligente não responde às necessidades e à dependência absoluta do bebê. Significa que o bebê se encontra sozinho em suas experiências e descobertas, sozinho com suas sensações. Frente à falta de sentido, a emoção não pode ser metabolizada e sua atividade sensório-motora, primeiro meio de comunicação e de descoberta para o bebê, torna-se desprovida de sentido. O hospitalismo, descrito por Spitz (1946) é um exemplo extremo das consequências físicas e psíquicas da ausência do adulto como figura fundamental para o desenvolvimento do bebê. Formas menos extremas da carência do meio humano aparecem em situações de precariedade psíquica ou psicopatologia parental, de depressão materna, de migração.

Inversamente, um meio humano superprotetor torna difícil, e muitas vezes inacessível para o bebê, a vivência de experiências sensório-motoras variadas, material primordial para seu desenvolvimento. Os meios representativos para lidar com as situações tornam-se limitados, e o bebê permanece em uma posição de grande dependência em relação ao adulto, mesmo quando seus meios sensório-motores permitiriam um desprendimento relativo.

O termo sensório-motor toma aqui toda sua dimensão. A sensorialidade isoladamente não tem sentido. Toda solicitação sensorial produz uma resposta de ordem motora ou tônico-postural. Assim, "o processamento dos fluxos sensoriais caracterizado então pelas coordenações entre diversas modalidades sensório-motoras, permite que os sinais sensório-motores sejam utilizados para posicionar o corpo, guiar ações materiais e antecipar seus efeitos no organismo" (Bullinger, 2004, p. 143, tradução nossa).

À noção de coordenação, integra-se a de *espaço*. Este é fruto de *coordenações*. "Nenhum sistema sensório-motor dá acesso direto ao espaço. As representações espaciais devem ser consideradas como uma linguagem que permite a coordenação das diferentes modalidades sensoriais-motoras. Nas situações de coordenação viso-manual, quando o olho e a mão se "falam", sua linguagem é espaço" (Bullinger, 2004, p. 164, tradução nossa).

Traçamos aqui alguns elementos necessários para entender a construção que faz o bebê: processamento dos sinais sensoriais por meio de mobilizações corporais, posturas, que levam a encontros multissensoriais, coordenações, e possibilitam a construção da noção de espaço.

Isso nos convida a nos interessarmos pelo desenvolvimento postural do bebê. Uma série de etapas são bem conhecidas (e esperadas!) do público em geral e dos profissionais da primeira infância: sustentação da cabeça, retorno dorso-ventre, engatinhar, sentar, levantar-se, andar. A maturação neurológica por si só não explica estes progressos. Durante o desenvolvimento, o bebê deve realizar uma série de operações que consiste em investir segmentos corporais na relação com o outro, para que uma representação do seu organismo possa se inscrever. Essas operações dizem respeito às condutas de flexão, de elevação antigravitacional e de rotação, observadas nos primeiros meses de vida.

As solicitações sensoriais (voz, olhar, toque, cheiros...) vão induzir a motricidade do bebê, provocar posicionamentos, mobilizando de forma ativa certos segmentos corporais. Tais mobilizações seguem a lógica do desenvolvimento neuromotor, numa progressão cefalocaudal e lateral.

Significa que certas zonas corporais serão colocadas em ação de forma voluntária, permitindo não somente uma ação organizada, mas como resultado, a criação de uma representação. Tudo isso, evidentemente, graças ao olhar e a emoção do adulto. Trata-se da instrumentação dos diferentes espaços corporais.

Para explicar essa construção, A. Bullinger concebeu o eixo de desenvolvimento e a construção dos espaços corporais. A noção de *espaço* pressupõe a ideia de tridimensionalidade que só é possível se levarmos em conta a *coordenação* entre diferentes elementos.

Desenvolvimento postural/psicomotor: a conquista do espaço

Durante a gestação, o feto pré-fabrica seus sistemas sensório-motores para colocá-los em ação a partir do nascimento. O útero, e mais especificamente a placenta, garante as trocas entre a gestante e o feto: respiração, absorção/alimentação e eliminação ocorrem de forma passiva. O feto cresce num espaço que se torna cada vez mais apertado e impõe a posição em enrolamento. Nesse primeiro espaço, o *espaço uterino*, as sensações provenientes do exterior solicitam os diferentes sistemas sensoriais, provocando reações de extensão dorsal do feto. Trata-se de um primeiro diálogo corpo a corpo entre o feto e a mãe, durante o qual a própria forma do útero induzirá a posição em enrolamento.

Apesar de uma relativa continuidade com a vida intrauterina, o nascimento e o ambiente aéreo introduzem para o bebê problemas fundamentais aos quais deverá se adaptar. A perda da posição em enrolamento induzida pela forma do útero deverá agora ser garantida pelos braços dos adultos. Se o bebê "flutuava" no ventre materno durante a gravidez, sentindo *contatos* de seu corpo com a parede uterina (contatos entre mãos, pés, rosto), o nascimento impõe a sensação de *pressão* e de *apoios* do corpo contra uma superfície (colo, berço...). Além disso, o ambiente aéreo e a gravidade impõem ao bebê a necessidade de organizar sua postura com movimentos antigravitacionais. Os pontos de apoio que o bebê construirá serão modificados ao longo do primeiro e segundo ano de vida até a conquista da posição em pé.

Tudo parece simples e natural, mas, para organizar sua motricidade, as coordenações evocadas anteriormente devem ser realizadas. O sistema vestibular do bebê capta o fluxo gravitacional que deve coordenar-se com as sensações profundas (estado de tensão dos músculos, velocidade de deslocamento dos membros e das articulações) e com as sensações táteis de todo o envelope corporal. Essa primeira coordenação permite ao bebê organizar sua postura de maneira a reagir e a responder às solicitações do exterior. Nesse cenário, os braços dos pais terão um papel fundamental de compensação da perda da posição em enrolamento e de regulação das experiências sensório-motoras do bebê.

Esse processo caracteriza a instrumentação do *espaço da gravidade*. Trata-se de uma experiência fundadora para o bebê, de estabilização corporal e de enraizamento no meio humano e social. Dificuldades ligadas ao aparelho neuromotor (como a hipotonia, por exemplo) e ao tratamento do fluxo tátil que diz respeito a todo o envelope corporal, são fatores que influenciarão as possibilidades do bebê em regular sua tonicidade e seus movimentos. Esses podem constituir entraves para a construção dos primeiros pontos de apoio. A escassez de movimentos globais do bebê ou, contrariamente, movimentos incessantes sem fluidez são exemplos destas dificuldades.

Paralelamente à perda da posição em enrolamento dada pelo útero, o nascimento impõe ao bebê a perda da alimentação contínua e a necessidade de respirar. A partir desse momento, o bebê terá não somente que sugar e deglutir, mas coordenar a sucção com a respiração e experimentar a passagem do estado de tensão produzido pela fome ao estado de relaxamento resultante da saciedade. Bullinger descreve a situação de alimentação como uma sucessão de eventos composta de vários elementos que, reunidos sucessivamente, dão sentido à situação alimentar, a chamada *cadeia narrativa*. A sequência de elementos é a seguinte: o apetite (estado de tensão criado pela fome), os aspectos olfativos que orientam o bebê sobre a situação corrente, o posicionamento corporal em enrolamento dado pelos braços dos pais, a captura do mamilo (guiado pelo cheiro do leite), o ajuste dos lábios para um fechamento otimizado da boca, a exploração com lábios, língua, bochecha, permitindo uma sucção eficaz, a deglutição e passagem do leite pelo esôfago chegando ao estômago, levando ao sentimento de saciedade. O que indica o fim da refeição, acompanhado pela sensação de bem-estar de conter o leite (barriguinha cheia) e de ser contido pelos braços do adulto. É um primeiro sentimento de continência que se representa para o bebê. Falamos da construção do *espaço oral*.

A boca como zona de exploração e de prazer durante a alimentação torna-se ferramenta para outras explorações. O bebê experimenta texturas, temperaturas, formas e outras características sensoriais que serão mais tarde exploradas pelas mãos. Perturbações em um ou vários elementos da sucessão de eventos descritos (narração), podem ser fonte de desorganização sensório--motora, com repercussões importantes na sequência do desenvolvimento. O posicionamento corporal e processamento do fluxo tátil são elementos determinantes nesse processo.

A etapa seguinte consiste na construção do *espaço do busto*. Durante a vida uterina, o equilíbrio entre a flexão e extensão do busto era assegurado pelo útero. Afetado por solicitações sensoriais, o feto, estando enrolado em si mesmo, mobilizava fortemente a musculatura dorsal com movimentos de extensão. Esses movimentos eram antes contidos pela parede uterina, recolocando o feto em posição de enrolamento.

A partir do nascimento, é o meio humano quem deverá compensar a perda do enrolamento e conter as reações de extensão do bebê por meio da boa sustentação nos braços. Uma sustentação adaptada oferece o apoio das costas, da nuca e do quadril, assegura uma estabilidade e permite, ao mesmo tempo, a mobilidade do bebê.

Este equilíbrio entre a flexão e a extensão se dá não somente devido aos progressos na elevação antigravitacional e na maturação neurológica, mas graças ao diálogo corpo-a-corpo do bebê com aquele que o carrega, experiência que dá sentido e permite a elaboração psíquica das sensações. Tal equilíbrio introduz a noção de *fundo* desenvolvida por André Bullinger. Ele é constituído pela experiência de sustentação dorsal, contenção da extensão e hipertensão das costas diante de estímulos ou solicitações diversas. Mas também, pela experiência do plano anterior: o olhar e a voz do adulto que solicitam o plano anterior e contém a extensão do bebê, mantendo-o na posição em flexão.

O equilíbrio entre as posturas de flexão e extensão e a construção do *fundo* permitem a sustentação da cabeça e a liberação da cintura escapular. As mãos que antes eram levadas imediatamente à boca, vão começar a ser olhadas, bem como os objetos que o bebê vai pegar, num jogo de aproximação e afastamento. O olhar abandona as fixações características da etapa anterior, as primeiras coordenações viso-manuais aparecem e fazem do sistema visual uma verdadeira ferramenta de exploração e de interação.

Quando esse equilíbrio é adquirido, o bebê inicia progressivamente o investimento das rotações do busto e as coordenações entre a parte esquerda e direita do tronco podem começar a se estabelecer. Na falta dele, o bebê adotará estratégias para se erigir e se sustentar, como é o caso do *tônus pneumático*: para manter a solidez do busto, o bebê bloqueia a respiração. Instalada de forma duradoura, esta estratégia extremamente custosa em termos de energia para o bebê afeta as interações, que se tornam flutuantes e de curta duração. Ainda, o tônus pneumático limita consideravelmente as rotações do busto, necessárias para a constituição das coordenações bimanuais na etapa seguinte.

As dificuldades de integração das sensações táteis pelo bebê, que chamamos de irritabilidades, constituem um outro tipo de perturbação possível na construção desse espaço, pois provocam reações de extensão que desorganizam a postura do bebê.

Para elevar-se e construir a posição ereta do tronco, o bebê deverá habitar os espaços direito e esquerdo, que dependem das posturas assimétricas biologicamente determinadas. Essas posturas adotadas pelo bebê caracterizam-se por uma repartição diferenciada do tônus. O lado para o qual a cabeça está virada tem mais tonicidade, a coluna é arredondada e o apoio no quadril situa-se do lado oposto ao da cabeça; esse lado tem uma tonicidade mais fraca. A passagem pela posição simétrica em enrolamento permite ao bebê passar para a postura oposta e orientar-se para o lado esquerdo. Por meio de seus movimentos, o bebê transita entre essas posturas e experimenta pontos de apoio corporais permitindo-lhe orientar-se. Além disso, elas determinam espaços distintos (direito, mediano e esquerdo) que vão se comunicar por meio da passagem pelo plano médio, a boca. O bebê é capaz de capturar um objeto que o interessa, mas para pegá-lo com a outra mão, deve imperativamente passá-lo pela boca.

O equilíbrio entre a flexão e a extensão, as rotações da cabeça e do busto vão gradualmente autorizar uma amplitude maior dos movimentos, assim como a coordenação entre estes três espaços, criando um espaço unificado. Cria-se assim o *espaço de preensão*, zona que delimita o que está próximo e longe do bebê, o que pode ser pego ou não. Ele é marcado pela possibilidade que tem o bebê de cruzar a linha média para buscar algo que se encontra do outro lado, servindo-se das rotações. A passagem pela boca já não é mais obrigatória. Liberada de sua função inicial de exploração, a boca delega as sensações às mãos, que podem explorar e engajar-se em atividades de cooperação bimanual. Essa operação caracteriza a construção do *espaço do tronco* e a criação do *eixo corporal*. A perseveração do tônus pneumático, a centração na zona oral, a ausência de atividades de cooperação bimanual são alguns indícios de perturbação na construção deste espaço.

É surpreendente observar que esse momento corresponde, no plano da linguagem, à possibilidade de produzir sons silábicos variados. A boca, liberada da função de exploração, pode empenhar-se nas produções vocais. Além disso, a construção do *espaço do tronco* permite ao bebê alcançar a posição sentada de maneira autônoma, por meio das rotações do tronco e da dissociação das cinturas escapular e pélvica, o que dá início à mobilização ativa do quadril, e nos conduz ao próximo espaço.

Fala-se muito da marcha como aquisição importante para o bebê, mas menos se fala das condições de aquisição de uma marcha que permita uma compreensão global do corpo e do corpo no espaço.

O *espaço do corpo* diz respeito à coordenação entre a parte superior e inferior do corpo. O ponto de junção entre os dois é o *quadril*. Muito antes de ficar em pé, ou melhor, para ficar em pé de maneira estável, o bebê precisa vivenciar este ponto de junção em suas experiências corporais. Tudo começa com as posições assimétricas mencionadas anteriormente, bem como as rotações. Se segue a esse formidável momento, a capacidade do bebê em agarrar os pezinhos e levá-los à boca, *levantando* o quadril. Indício que ele começa a conhecer essa parte do corpo e a controlá-la, zona não integrada nas etapas precedentes, apesar da possibilidade de movimentar-se por inteiro e de explorar com os pés. É justamente o fato de poder explorar com os pés que prepara a parte inferior do corpo para sustentar o peso e adaptar o passo às diferentes superfícies. A implicação do quadril abre a possibilidade de apoiar os pés e empurrar para verticalizar-se, um processo muito mais estável do que servir-se dos braços e agarrar-se para levantar-se. Uma lógica de empilhar, em vez de se estender ou ser puxado para cima (Coeman, 2004).

A partir das coordenações realizadas nos diferentes *espaços corporais* (gravidade, oral, busto, tronco e corpo), o bebê é capaz de compreender seu organismo como articulado e móvel no espaço que o rodeia. Pode controlar as sensações que chegam às fronteiras de seu organismo, buscar interações de maneira autônoma, mover-se, compreendendo seu corpo e o espaço que o contém. Do ponto de vista sensório-motor, trata-se da capacidade em controlar as sensações e colocá-las a seu serviço. O desfralde é um indício de que a criança compreende as sensações que chegam a ela e controla ativamente a parte inferior de seu corpo, incluindo os esfíncteres. Do ponto de vista social, o controle do próprio corpo permite antecipar, controlar certas emoções, as esperas e as frustrações. Do ponto de vista prático, é a possibilidade de compreender o corpo no espaço, ir e vir, progressivamente compreender trajetos.

Essa construção caracteriza o fim do período sensório-motor. Tendo habitado seu organismo de maneira ativa, construindo-se ao mesmo tempo que constrói a representação dos objetos ao seu redor, o corpo do bebê se apazigua pois está representado psiquicamente. Eis que o bebê está pronto para operações mais complexas.

Diálogo tônico-emocional e construção das representações do organismo

> *"Nosso corpo não é nada sem o corpo do outro, cúmplice de sua existência. É com o outro que ele se vê construído na atividade dos sistemas que lhe são oferecidos pela natureza, na intimidade deste espelho que reflete o outro."*
> Ajuriaguerra, 2010 (tradução nossa).

A passagem do organismo ao corpo, a possibilidade de controlar seu equipamento biológico de maneira voluntária e dirigida só é possível graças ao meio humano que dá sentido às manifestações do bebê. O encontro primordial (no sentido de G. Crespin, 2007), é o encontro entre o mundo sensório-motor do bebê e o mundo *sensório-motor* e *simbólico* do adulto. Corpo a corpo inelutável diante da dependência absoluta do bebê no momento do nascimento. Nesse espaço de fusão, é o movimento, a postura e as reações tônico-posturais do bebê que constituem a linguagem com os adultos que o sustentam.

O tônus tem uma dupla função: é antes de tudo modo de expressão, mas também plataforma para as ações instrumentais. Se esse estado tônico for estável, permitirá a instalação de uma postura de alerta e orientação, expressão de uma orientação psíquica. O desenvolvimento postural apoia-se nos estados tônicos do bebê, bem como seu desenvolvimento emocional. Os sinais sensoriais provenientes do exterior provocam reações tônico-posturais que convidam o bebê a orientar-se (o alerta provoca um recrutamento do tônus para mobilizar-se). Fluxo exterior versus estado interno do organismo.

Ao mesmo tempo que assegura o posicionamento do bebê sustentando-o nos braços, o adulto metaboliza os efeitos dos fluxos nele, regulando-o. A convergência entre os fluxos sensoriais, o estado do bebê e daquele que o sustenta constitui um diálogo polissensorial, uma comunicação imediata entre bebê e adulto denominada *diálogo tônico-emocional*. Porque a instalação postural e sensorial que constitui os braços do adulto é vivente: o tônus do adulto varia por si só, mas também em função dos estados do bebê (Livoir--Petersen, 2022).

> "Aquilo que chamo diálogo tônico é bastante preciso. Essa noção corresponde ao processo de assimilação, e sobretudo de acomodação, entre o corpo da mãe e o corpo da criança. A criança segurada pela mãe é pulsante muito cedo, numa troca permanente com as posturas maternas; através de sua mobilidade, procura seu conforto nos braços que a sustentam. Sustentar não significa um estado fixo de sustentação, mas sim uma acomodação recíproca. A criança pode mudar de postura para encontrar uma sensação de bem-estar, ou para encontrar formas de regulação da proximidade e da distância (C. Widmer, 1981), ou para expressar algo. Às vezes, no entanto, essas atitudes podem corresponder a mecanismos inatos que não traduzem uma necessidade de comunicação, enquanto o adulto pode senti-los como um sinal e responde a eles com uma acomodação da sustentação. Gradualmente, a criança usa atitudes ou expressões que se tornam sinais intencionais dos quais espera uma resposta do adulto. No decurso destas trocas, quem interpela e quem é interpelado abrem-se à comunicação" (Ajuriaguerra, 2010, p. 314, tradução nossa).

O que chamamos de emoção, são estados tônicos não ainda representados. No diálogo com o outro, ajuste emocional dos adultos, o bebê encontra respostas às suas manifestações tônicas. O adulto modula os estados tônicos do bebê, e por conseguinte, suas emoções (Livoir-Petersen, 2018). A rigidez corporal, a hipotonia, o relaxamento do bebê são experienciados pelo adulto como expressões de uma demanda, da mesma forma que o choro, o sorriso, o olhar. Essas modificações recíprocas constituem as primeiras formas de vínculo (Ajuriaguerra, 2010).

O diálogo tônico-emocional permite ao bebê associar as variações tônicas às sensações multimodais percebidas, criando um envelope corporal. A face interna desse envelope corresponde às variações tônicas e a face externa aos sinais que assaltam o organismo do bebê e são significadas no diálogo como o adulto. À medida que o meio humano intervém, metabolizando e dando sentido às vivências do bebê, as primeiras formas representativas começam a se constituir.

O choro, a frustração, a alegria são mais bem contidos à medida que o bebê experimenta o acalento que segue a explosão tônica. O mesmo acontece com os objetos físicos do meio. A excitação, a surpresa, o medo – que o bebê expressa contraindo-se, relaxando-se a cada nova sensação – tomam sentido progressivamente e são mais bem controlados. Já não são mais cataclismos que avassalam o bebê, mas podem ser antecipados, com os progressos da construção dos pontos de apoio e das representações. Nos termos de Wallon (1925): "A representação retira da emoção a parte do real representado" (tradução nossa).

A regulação tônico-emocional dada pelo diálogo corpo a corpo com o adulto constitui então um fator fundamental para o desenvolvimento do bebê e para a construção das representações. Se as vivências do bebê desorganizam seu estado sensório-tônico, assim que encontram um apoio, lançam-se em novas vivências e descobertas, até que a emoção suscitada pelos efeitos de suas ações o ultrapasse novamente (Bullinger, 1993). À estabilidade física, possibilidade de dominar sensações e movimentos, corresponde uma estabilidade psíquica, controlar a emoção suscitada no encontro com os objetos físicos e humanos.

Desorganizações sensório-motoras: sinais de alerta para o desenvolvimento do bebê

A questão dos sinais de alerta é delicada. Longe de uma predição de um problema para o desenvolvimento, as perturbações sensório-motoras devem ser consideradas como indícios de que o bebê está utilizando uma energia considerável que será menos disponível para outras ações, sejam elas dirigidas às pessoas ou aos objetos. Os recursos próprios do bebê, seu ambiente, bem como o apoio que poderá ou não ter de seu meio humano traçarão trajetórias diferentes e impossíveis de serem determinadas.

O atraso no desenvolvimento é comumente um sinal de alerta para a família e profissionais. Porém, muito mais do que atrasos, é a maneira particular que terá o bebê de investir e habitar seu organismo, de expressar sua motricidade que deve alertar sobre um risco para o desenvolvimento. Nos questionamos sobre *como* o bebê vivencia as diferentes etapas de sua construção.

As origens das desorganizações podem ser múltiplas e dizem respeito aos aspectos biológicos (genéticos, neuromotores), físicos (ambientais) e relacionais (patologia parental, carência, superproteção), bem como do entrelaçamento entre eles.

A prematuridade constitui em si um risco para o desenvolvimento do bebê. Sem abordarmos a complexidade dos riscos ligados a complicações somáticas, a prematuridade afeta os sistemas sensório-motores do bebê e sua capacidade em reagir e explorar seu ambiente, bem como em tecer o laço pais-bebê de maneira facilitada. A construção psicocorporal desses bebês dependerá em grande parte dos cuidados proferidos; as trajetórias são múltiplas e variadas. Alguns pontos são, no entanto, comuns a eles.

Do ponto de vista do desenvolvimento, o bebê prematuro chega ao mundo com recursos tônico-posturais fracos (hipotonia do eixo e dos membros).

Literalmente esmagado pelas forças da gravidade, o prematuro adota posições deletérias (posição em forma de sapo). Esse posicionamento torna impossível mobilizar braços e pernas de maneira a explorar o próprio corpo (levar a mão à boca, tocar o rosto, mão com mão, pé com pé). É também impossível realizar coordenações e compreender seu meio: ouvir um barulho, orientar-se e encontrar através do olhar a fonte de solicitação. Pelo contrário, o bebê prematuro é bombardeado de estímulos sem ter possibilidades para responder. Além disso, o bebê prematuro é separado de seu meio humano, que normalmente estaria acompanhando, regulando e dando sentido às suas vivências. Assim, a falta de recursos tônico-posturais, a separação do meio humano, a dor, as aparelhagens, as intervenções cirúrgicas, a exposição massiva a elementos desorganizadores (luzes, barulhos, gestos intempestivos...) fazem da prematuridade um risco importante para o desenvolvimento futuro do bebê.

A hipotonia axial ou as dificuldades de regulação do tônus são um outro elemento. Além de limitar o controle da cabeça e do busto, têm uma incidência significativa na maneira como o bebê vai compor com os efeitos da gravidade e construir seus pontos de apoio, à imagem do que acontece com o prematuro, cujos movimentos são reduzidos. Nesse sentido, a plagiocefalia é um indicador importante da falta de mobilidade da cabeça (e certamente do corpo todo) e assinala uma vivência fraca das coordenações viso-manuais (e igualmente da visão periférica).

As posturas em extensão ou hiperextensão dorsal são um sinal significativo de desorganização sensório-motora para o bebê. O bebê, em vez de adotar uma posição em enrolamento, se enrijece, se contrai ou se arqueia para trás. A hiperextensão pode ser acompanhada de uma fixação do olhar a uma fonte luminosa ou outro estímulo exterior. O encontro de olhares pais-bebê é nesse caso impossível.

Tais dificuldades posturais ligadas às condutas de agarrar-se e ao recrutamento tônico em extensão poderão repercutir na integração da esfera oral como lugar de captura e exploração. Encontramos então dificuldades ligadas à alimentação, dificuldades na integração do espaço oral como primeira etapa do desenvolvimento (boca como lugar de exploração), nas coordenações bimanuais, na linguagem.

Um certo número de dificuldades alimentares (restrição, seletividade...) deveriam ser colocadas em conexão com as questões sensório-motoras e de processamento sensorial, juntamente aos aspectos psicoafetivos que envolvem esse tipo de problemática.

O ajuste postural do bebê nos braços dos pais, indício essencial da harmonia afetiva pais-bebê, é um outro sinal de alerta. Um corpo muito mole, muito rígido ou que não consegue se acalentar nos braços. Desajustes posturais podem ser indício de problema genético, neurológico, psicológico, psiquiátrico etc. Comum a vários tipos de problema, o desajuste postural entre o bebê e aquele que o carrega pode indicar simples problemas de ritmo, bem como dificuldades parentais ou mesmo transtornos graves do desenvolvimento.

Nesses vários exemplos dados acima, uma parte importante da intervenção consistirá na organização da postura do bebê. A ênfase sendo dada à postura em enrolamento garantindo apoios sólidos das costas, *quadril* e nuca, bem como às posturas assimétricas.

Movimentos de balanceio repetitivo e outros considerados como pouco habituais ou nitidamente estranhos (balançar os braços, por exemplo) representam estratégias de regulação tônico-emocional do bebê. A emoção provocada por uma solicitação qualquer é dificilmente regulada e provoca uma descarga motora. Tais movimentos devem ser decodificados de acordo com a situação. Lembremos que a motricidade é uma forma de expressão. Porém, quando se instalam de maneira massiva, essas estratégias tomam uma energia considerável do bebê, indisponível para outras atividades e principalmente para a relação.

As condutas que descrevemos como condutas de agarrar-se ou adesividade (fixar o olhar em um estímulo, fixação das mãos ou objetos na boca sem exploração, pegar um objeto em cada mão, agarrar-se/colar-se ao outro) são sinais de uma falha na construção das representações corporais. Como se o organismo não criasse uma espessura e precisasse de artifícios do exterior para manter-se em relação à gravidade, para manter-se em uma interação. Quando esta espessura, este equilíbrio entre as duas faces do envelope corporal não é atingido, o bebê procurará outros meios para estabilizar sua imagem corporal: um recrutamento tônico em cocontrações que maximiza as sensações internas (exemplo do eu-músculo). Nesse caso, o recrutamento tônico não é modulado pela interação com o meio, a participação social se encontra bem limitada, o bebê fica imobilizado e não pode participar ao diálogo tônico.

A observação da expressão sensório-motora do bebê é uma ferramenta poderosa de identificação de perturbações e de riscos para o desenvolvimento, independentemente da origem do disfuncionamento (biológica, ambiental ou relacional).

Observar o bebê e a criança pequena em sua relação com seu meio físico e humano, tomando como prisma sua expressão sensório-motora e tônico-postural possibilita evidenciar não somente sinais de alerta, mas também identificar eixos de intervenção. Quais são as capacidades sensoriais elementares, quer dizer, como o bebê processa e responde às solicitações táteis, visuais, auditivas, vestibulares, olfativas, gustativas?

Qual é a qualidade dos movimentos do bebê, sua motricidade global e em particular os aspectos tônicos posturais possibilidade de agrupamento, posturas assimétricas, fluidez dos movimentos, investimento do quadril para agarrar os pezinhos, para sentar-se, para colocar-se em pé ou ao inverso, posturas em extensão ou hiperextensão, tônus pneumático, hipotonia, condutas de agarrar-se (ao próprio tônus, ao outro, a estímulos visuais, a objetos...)?

A possibilidade, para a criança, de dirigir seu gesto para onde está olhando coloca em evidência suas coordenações oculomotoras, da mesma forma que a presença de atividades de cooperação bimanual e de dissociação do papel das mãos evidencia as coordenações direita e esquerda (uma mão dá apoio e a outra realiza o gesto, por exemplo, abrir um bocal).

O interesse pelas pessoas que o entornam e pelos objetos próximos revela uma estabilidade corporal e capacidades de atenção conjunta.

A gestão da relação com pessoas estranhas, a capacidade em consolar-se, tolerar situações novas, revela qualidades na regulação tônico emocional. Do mesmo modo, o olhar do bebê, sua presença, seu humor (contente, sorridente, triste, irritado). E, ainda, as possibilidades de ajuste corporal quando carregado nos braços pelos pais, mas também por outras pessoas (bebê imóvel, mole ou bebê que se mexe sem parar etc.).

Para concluir

A construção das representações corporais resulta, mais tarde, na capacidade em "esquecer o corpo", em adquirir um "silêncio postural". A representação do corpo sendo estabilizada, é possível utilizá-lo em ações cada vez mais complexas. As instabilidades corporais e expressões corporais diversas são características de certas patologias, bem como dificuldades instrumentais (práxicas) têm suas raízes nessa construção precoce. Algumas patologias graves do adulto nas quais observa-se uma falta de enraizamento do corpo podem ser enriquecidas se questionarmos os processos sensório-motores de base.

A sensório-motricidade oferece alguns elementos de compreensão do desenvolvimento do bebê, mas de maneira alguma esgota a grande complexidade que é a sua construção.

Um conjunto de fatores (psíquicos, interativos, transgeracionais, genéticos, físicos e ambientais) contribui para essa construção e afetam a capacidade e disponibilidade do bebê para desenvolver-se harmoniosamente. A dimensão relacional, em sua expressão tônica e postural, não pode ser dissociada e tratada separadamente. A dimensão cognitiva (conhecer seu corpo e o mundo) é inseparável da dimensão relacional.

As raízes das dificuldades de desenvolvimento devem ser buscadas nos diferentes campos implicados no desenvolvimento do bebê: aspectos biológicos, o meio onde o bebê vive, bem como nos aspectos humanos. As intervenções decorrerão desta análise.

Privilegiar um único campo de leitura sem garantir a ausência de dificuldades nos outras esferas, expõe ao risco de negligenciar elementos de compreensão, privando o bebê e sua família de cuidados adaptados.

Lembremos, o bebê precisa de um organismo intacto, mas também de um meio humano que lhe ofereça as possibilidades para seu desenvolvimento.

REFERÊNCIAS

ABSM. *La construction des représentations corporelles du bébé*: en hommage à André Bullinger. Toulouse: Érès, 2018. Disponível em: https://doi.org/10.3917/eres.absm.2018.01. Acesso em: 5 abr. 2025.

ABSM; BULLINGER, A. *La fonction proprioceptive*: de la construction d'un ancrage corporel au sentiment d'exister. Toulouse: Érès, 2022. Disponível em: https://doi.org/10.3917/eres.bulli.2022.01. Acesso em: 5 abr. 2025.

AJURIAGUERRA, J. Organisation neuropsychologique de certains fonctionnements. *In*: JOLY, F.; LABES, G. *Julian de Ajuriaguerra et la naissance de la psychomotricité*: Volume 3, Entre inné et acquis: le bébé et le développement précoce. Paris: Éditions du Papyrus, 2010. p. 307-321.

ANZIEU, D. *Le moi-peau*. Paris: Dunod, 1985.

ANZIEU, D. Cadre psychanalytique et enveloppes psychiques. *Journal de la Psychanalyse de l'Enfant*, Paris, n. 2, p. 12-24, 1986.

ANZIEU, D. La fonction contenante de la peau, du moi et de la pensée: conteneur, contenant et contenir. *In*: *Les contenants de pensée*. Paris: Dunod, 1993.

BICK, E. Remarques sur l'observation de bébés dans la formation des analystes. *Journal de la Psychanalyse de l'Enfant*, Paris, n. 12, p. 14-35, 1992.

BICK, E. L'expérience de la peau dans les relations d'objets précoces. *In*: MELTZER, D. et al. *Exploration du monde de l'autisme*. Paris: Payot, 1980. p. 240-244.

BION, W. R. *Aux sources de l'expérience*. Paris: PUF, 1979.

BION, W. R. *Réflexion faite*. Paris: PUF, 1983. (Trabalho original publicado em 1967).

BION, W. R. *L'attention et l'interprétation*: une approche scientifique de la compréhension intuitive en psychanalyse et dans les groupes. Paris: Payot, 1974.

BULLINGER, A. Emotion et représentation. *Enfance*, Paris, t. 47, n. 1, p. 27-32, 1993.

BULLINGER, A. *Le développement sensori-moteur de l'enfant et ses avatars*: un parcours de recherche. Toulouse: Érès, 2004.

BULLINGER, A. Le développement sensori-moteur de l'enfant et ses avatars: Tome 2 - L'espace de la pesanteur, le bébé prématuré et l'enfant avec TED. Toulouse: Érès, 2015.

COEMAN, A.; RAULIER, H.; DE FRAHAN, M. *De la naissance à la marche*: les étapes du développement psychomoteur de l'enfant. Bruxelles: asbl étoile d'herbe, 2004. 191 p.

CRESPIN, Graciela C. *L'épopée symbolique du nouveau-né*: de la rencontre primordiale aux premiers jeux. Ramonville Saint-Agne: Érès, 2007.

GALPERINE, P. Essai sur la formation par étapes des actions et des concepts. In: *Recherches psychologiques en URSS*. Moscou: Éd. du Progrès, 1966. p. 114-132.

HOUZEL, D. Enveloppe familiale et fonction contenante. In: ANZIEU, D. et al. *L'activité de la pensée*: émergence et troubles. Paris: Dunod, 1994. p. 27-40.

HOUZEL, D. Le concept d'enveloppe psychique. *In:* ANZIEU, D. et al. *Les enveloppes psychiques.* Paris: Dunod, 1987. p. 23-45.

HOUZEL, D. Enveloppe institutionnelle et temporalité. *In:* BLÉANDONU, G. et al. *Cadres thérapeutiques et enveloppes psychiques.* Lyon: PUL, 1992. p. 77-85.

JOLY, F.; LABES, G. *Julian de Ajuriaguerra et la naissance de la psychomotricité: Volume 3, Entre inné et acquis: le bébé et le développement précoce.* Paris: Éditions du Papyrus, 2010. 352 p.

JOLY, F.; LABES, G. Julian de Ajuriaguerra et la naissance de la psychomotricité - volume 1, corps, tonus et psychomotricité. Paris: VG Éditions, 2010. 248 p.

LEONTIEV, A. *Le développement du psychisme.* Paris: Éditions Sociales, 1976.

LIVOIR-PETERSEN, M. La représentation de soi dans l'approche sensori-motrice du développement d'André Bullinger: la part de l'autre. *In:* ABSM. *La construction des représentations corporelles du bébé: en hommage à André Bullinger.* Toulouse: Érès, 2018. p. 61-113.

LIVOIR-PETERSEN, M. À bras-le-corps: à propos de la connaissance de soi dans les bras d'autrui. *In:* ABSM. *La fonction proprioceptive: de la construction d'un ancrage corporel au sentiment d'exister.* Toulouse: Érès, 2022. p. 153-194.

MARTINO, B.; DATTILESI, N. *Dans les arcanes du vivant: sur les traces d'André Bullinger* [Filme]. Produção: KOALA PROD, 2021. Disponível em: https://vimeo.com/ondemand/danslesarcanesduvivant.

MELLIER, D. La fonction contenante, une revue de la littérature. *Perspectives Psy*, Paris, v. 44, n. 4, p. 303-310, 2005.

PIAGET, J. *La naissance de l'intelligence chez l'enfant*. Neuchâtel: Delachaux et Niestlé, 1936.

SANCHIS, I. de P.; MAHFOUD, M. Interação e construção: o sujeito e o conhecimento no construtivismo de Piaget. *Ciências & Cognição*, Rio de Janeiro, v. 12, p. 165-177, 2007. Disponível em: https://www.cienciasecognicao.org/pdf/v12/m347195.pdf. Acesso em: 5 abr. 2025.

SPITZ, R. A.; WOLF, K. M. Anaclitic depression; an inquiry into the genesis of psychiatric conditions in early childhood, II. *The Psychoanalytic Study of the Child*, v. 2, p. 313-342, 1946.

VASSEUR, R.; DELION, P. *Périodes sensibles dans le développement psychomoteur de l'enfant de 0 à 3 ans*. Toulouse: Érès, 2010. Disponível em: https://doi.org/10.3917/eres.vasse.2010.01. Acesso em: 5 abr. 2025.

VYGOTSKY, L. *Thought and language*. Cambridge: MIT Press, 1986.

WALLON, H. *L'enfant turbulent*. 2. ed. Paris: PUF, 1984. (Trabalho original publicado em 1925).

WALLON, H. *De l'acte à la pensée*: essai de psychologie comparée. Paris: Flammarion, 1970.

WINNICOTT, D. W. *De la pédiatrie à la psychanalyse*. Paris: Payot, 1976.

WINNICOTT, D. W. *Jeu et réalité*: l'espace potentiel. Paris: Gallimard, 1975.

SOBRE A AUTORA

Raquel Cassel

Psicóloga clínica – Psicanalista. Especializada em Psicopatologia do Bebê pela Université de Paris XIII. Mestre em Pesquisa Psicanalítica, especialidade Psicopatologia e Psicanálise pela Université Paris Diderot. Doutora em Psicologia pela Université Paris Descartes. Profissional certificada e docente da certificação da Avaliação Sensório-motora André Bullinger (Bilan Sensori-moteur André Bullinger®) pelo Institut de Formation André Bullinger (IFAB). Docente dos cursos Transtornos do Espectro do Autismo: Aspectos Psicomotores e Abordagem Psicocorporal dos Transtornos da Oralidade pela AFPUP (Association pour la Formation Post-Universitarie en Psychomotricité).

4
A CLÍNICA COM BEBÊS COM ALTERAÇÕES NO DESENVOLVIMENTO À LUZ DOS AVANÇOS DAS NEUROCIÊNCIAS

Daniele de Brito Wanderley

> "...O corpus *psicanalítico* não é constituído por conceitos estanques, estabelecidos de uma vez por todas, pois tanto para Freud quanto Lacan não cessaram de rever suas elaborações a partir de suas experiências clínicas e os impasses destas."
> Soller

O lugar do *infans* na clínica psicanalítica tem se modificado nos últimos anos. A noção de um ser passivo, modelado a partir da fantasmática parental foi sendo questionada abrindo espaço ao estudo e observação do bebê como ser único que também influencia o seu meio (seu próximo assegurador). Assim, suas reações sintomáticas podem ser "lidas" a partir de suas manifestações, seus sinais e seu comparecimento não só enquanto um sujeito suposto, mas também como um sujeito de linguagem que participa e entra numa narratividade com seus pais. Esse bebê se torna um *bebê analisante* como nos propõe Marie Couvert, psicanalista belga (Couvert, 2022)

A clínica com bebês com retraimento relacional e risco para autismo tem trazido uma enorme discussão acerca da necessidade de se pensar numa clínica compartilhada com múltiplos saberes como nos ensina e preconiza Marie-Christine Laznik (2021). A partir do momento em que se começou a analisar filmes familiares de crianças autistas nos primeiros meses de vida, muitas pesquisas vieram à tona, especialmente no que concerne ao aparato sensório-motor e também relativas à aquisição da fala e seus entraves.

O pesquisador Filippo Muratori, da Universidade de Pisa, na Itália, há muito aponta para sua concepção do autismo como um distúrbio motor primário, cujo impacto na comunicação e interação aconteceriam em um segundo tempo na organização desta síndrome. Em recente artigo, Muratori e Apicella (2022), destacam a importância das ideias de George Frankl, datadas de 1957. Segundo George Frankl, o autismo se define por uma desconexão entre a linguagem corporal (linguagem afetiva ou não verbal caracterizada pela expressão facial, gestos, modulação dos sons articulados e inarticulado) e a fala. Eles nos lembram que a linguagem cotidiana é a fusão e integração da fala e linguagem afetiva que permite o bom contato entre as pessoas. Ressaltam ainda que Frankl não achava que o comportamento ou fala do autista era "sem sentido", mas que continha uma mensagem a ser decifrada. Ele não considerava a comunicação social do autista ausente, mas qualitativamente diferente.

Seguindo os argumentos desse artigo, constatou-se que é no segundo semestre que a atenção do bebê se dirige preferencialmente aos estímulos não sociais, o que se intensifica no final do primeiro ano. Os autores destacam que o desenvolvimento motor atípico (hipoatividade, pobre repertório, redução da atividade motora, assimetria postural) se apresenta como precursor de dificuldades sociocomunicativas tais como a falta de iniciativa, inabilidade de provocar e antecipar as intenções e ações do outro. Tais foram as dificuldades presentes nos bebês durante o primeiro ano de vida que mais tarde tiveram o diagnóstico de autismo.

Muratori e Apicella (2022), baseando-se na concepção de Courchesn *et al.* (2019), segundo a qual o autismo seria como um último degrau de uma cascata de disfunções na formação das redes cortical – subcortical (que se torna clinicamente evidente aos 18 meses), se perguntam: "Como um bebê se desvia do caminho típico da comunicação social?". Como resposta, os autores propõem conceber o autismo como *um transtorno do movimento*.

Além de não contar com um aparato sensório-motor organizado para a recepção dos estímulos do ambiente, estes bebês apresentam uma resposta motora desorganizada. As alterações de processamento sensorial também interferem na adequação das respostas corporais e na imersão em experiências que são favoráveis ao neurodesenvolvimento. A aquisição da comunicação não verbal requer integridade funcional do sistema sensório-motor, o qual encontra-se em rápido desenvolvimento nos dois primeiros anos de vida. O sistema nervoso recebe, filtra (dentre os estímulos, aquilo que é relevante e não relevante) e interpreta os estímulos externos. Em seguida, responde aos mesmos por meio de comportamentos, linguagem e motricidade.

Muitos autores salientaram alterações motoras em bebês que mais tarde tiveram o diagnóstico de autismo tais como atrasos nos marcos motores, hiperatividade, *flapping*, falta de coordenação motora, equilíbrio pobre, alteração no movimento de pinça, tônus e reflexos com anormalidades, movimentos estereotipados de membros e dedos, padrões de marcha atípico. Observa-se ainda os aspectos comunicativos como performance pobre de imitação e fracasso no uso de gestos comunicativos (Baumann, 1992, *apud* Phagava *et al.*, 2008)

Evocando a noção de Ego corporal, a instância reguladora do mundo interno e externo e a noção de "próximo assegurador", ou seja, do outro cuidador responsável por atenuar as experiências de excesso de entrada sensorial, podemos nos indagar sobre a representação das sensações e percepções no bebê com risco de autismo, cuja capacidade de "filtrar", "regular" e "processar" o excesso de fluxos sensoriais se vê comprometida. Como os pais podem atribuir sentido a um bebê que não consegue se comunicar e apresenta um excesso de irritabilidade ou não emite nenhum apelo? Deve-se considerar que grande número de autistas tem refluxo severo ou alergias alimentares. E como o bebê vai poder organizar o circuito comunicativo quando, a partir dos 4 meses, quando o sistema visual estiver mais desenvolvido? Como será possível ao bebê passar a direcionar a atenção atipicamente para os estímulos visuais e buscar mais pelos objetos em detrimento do relacional?

Apresentaremos a seguir uma vinheta clínica que abordará como as alterações sensório-motoras impactarão no exercício da função materna, especialmente no que tange à possibilidade de "ler" os sinais emitidos pelo bebê, dada a sua pobreza de organização da gestualidade, mímica, expressividade e baixa tolerância às vivências sensoriais.

Caso Levi

Levi chega à Clínica social do NIIP (que faz parte do PROCIP[5]) encaminhado pela psicóloga de uma maternidade que acompanha o *follow-up* dos bebês de risco. Levi nasceu de 35 semanas num parto desencadeado por ruptura de bolsa após a mãe apresentar hipertensão por vários dias. Segundo filho dessa mulher, ele surgiu sem que o casal tivesse programado. Na avaliação inicial, aos 8 meses de idade (que, em função do seu nascimento prematuro de 35 semanas, teria a idade corrigida de aproximadamente 7 meses), recordo de ter ficado bastante animada com as respostas dadas por Levi e lembro de ter comentado com a fisioterapeuta que compartilha comigo a avaliação inicial que a psicóloga parecia demasiadamente preocupada com o risco de autismo. Entretanto, ao revê-lo quase 1 mês depois daquele encontro inicial, percebemos que esse bebê se mostrava muito menos responsivo que no primeiro contato.

Observamos que, do ponto de vista sensório-motor, o bebê conseguia levantar pernas e quadril embora ficasse mais tempo com as perninhas presas no solo, mais "esmagado pela gravidade". Conseguiu fazer rolamentos e, de bruços, fazia elevação de tronco e braços; ou seja, apesar de não ter um desenvolvimento motor espetacular, algumas aquisições estavam presentes.

Do ponto de vista comunicativo, vocalizava (ahhh), mas não muito frequentemente nem com variações de vogais; também não foi percebida a protoconversação, ou seja, não havia uma conversinha de turnos entre Levi e

---

[5] Programa de Capacitação em Intervenção Precoce. Esse programa acontece em dois anos, sendo o primeiro ano com aulas teóricas, e o segundo ano de atendimento clínico. Após a pandemia, passou a ser ministrado *online*. É destinado a profissionais de todas as especialidades da saúde e educação, e esses profissionais atendem os bebês em suas cidades e são por mim supervisionados.

o interlocutor. Ele respondia às minhas solicitações apenas quando eu estava com uma prosódia mais acentuada de manhês – aquela fala mais infantilizada, com mais variação de picos prosódicos e que desperta mais a atenção do bebê. Nesses momentos, ele respondia com olhar mais breve e menos sustentado. Nessa primeira sessão, pudemos ter mais sorrisos que no encontro seguinte.

Na primeira sessão, os pais estavam mais inibidos, observando mais e interagindo pouco com seu bebê. Essa passividade é comum em primeira avaliação, especialmente com a população de baixa renda que fica mais inibida em ser recebida num contexto de clínica privada. Eles parecem "entregar o bebê ao especialista" esperando as indicações sobre como se portar com seu filho que apresenta dificuldades no desenvolvimento. Além disso, supomos que a vivência cotidiana com um bebê pouco responsivo afeta seus pais já que a interação é um processo que envolve reciprocidade. Marie-Christine Laznik há muito destaca que um bebê pouco responsivo pode deprimir seus pais. Nesse caso, não se tratava de depressão materna, mas de uma inibição e uma passividade maior frente ao bebê.

A partir da segunda avaliação, já vamos propor duas sessões semanais: uma delas só com a fisioterapeuta e uma sessão semanal comigo na presença da fisioterapeuta. Constatamos que Levi apresenta muita irritabilidade. A mãe, que nesse dia veio sozinha, nos fala de suas dificuldades com seu filho: ela ressalta que ele grita e reclama muito e que foi esse o sinal que a fez solicitar uma avaliação. Como já cuidou de muitas crianças, além de sua primeira filha, a irritabilidade do seu filho chamava sua atenção. Vale salientar que se trata de uma mãe calma, de voz doce e gestos cuidadosos. Além disso, Levi passa as noites acordando e mamando todas as vezes que acorda, para voltar a dormir.

Ao parar para analisar os filmes da primeira sessão, de fato constato que Levi **responde** às minhas solicitações e que eu estou fazendo todo tempo o que Filippo Muratori chamou de estimulação UP, ou seja, uma modalidade de interação com mais movimento, prosódia acentuada e mais toques corporais (Saint-Georges *et al.*, 2011). Trata-se de um comportamento não consciente e que se revelou ser mais comum em pais de bebês que mais tarde tiveram o diagnóstico de autismo e que suscitam no bebê mais engajamento e respostas.

Pudemos então constatar que Levi apresenta **resposta** e não **iniciativa** para a interação. Além do mais, vamos identificando cada vez mais as alterações sensório-motoras, principalmente uma hiper-reatividade demonstrada por caretas seguidas de grito ou choro expressando incômodos provindos de fontes diversas: voz, barulho, objetos, mudança de posição etc. Nesta sessão, também testemunharemos uma evitação do contato, fixação em objetos e movimento de dedos repetitivos. Trata-se de um início de *flapping*.

Ele apresenta uma tal sensibilidade a vários estímulos (táteis, auditivos, de movimento) que optamos por modificar toda forma de aproximação com a redução de tom de voz, com a diminuição de movimento e intercalando o chão com o colo materno. Aliás, ele apresenta uma grande hiperextensão, o que faz com que ele não se acomode e exija "ficar de pé" no colo enquanto sua mãe passeia pela sala.

Em determinado momento, ofereço um elefantinho de brinquedo e me escuto cantar:

> "... um elefante brinca muito mais
> se uma menina vai correndo atrás
> Que foi que eu fiz? Foi te fazer feliz?
> Que foi que eu fiz? Foi te fazer chorar?"

Neste momento, no só depois (*après-coup*) me dou conta da minha identificação com o desamparo materno. Como saber o que apazigua ou incomoda este bebê todo tempo tão sensível e irritável? Vale salientar que ele não apresenta choros prolongados de dor, mas uma extrema reatividade a muitas das ações dos objetos e das pessoas. E para completar ainda mais a sensação de impotência (compartilhada pela analista, diga-se de passagem, perceptível a partir dos elementos que a música encena), ele não encontra conforto no colo. Apresenta a hiperextensão de se jogar para trás, evitando o aconchego corporal. O diálogo tônico-emocional não se organiza de forma harmoniosa ou podemos supor com Hervé Bentata (2020), uma não instalação da pulsão de aconchego.

Annick Beaulieu (2021) destacou a presença do esquema de hiperextensão muito presente em bebês que apresentam dor, especialmente relacionado ao refluxo. Nesse caso, o pediatra não encontrou indícios de tal patologia, mas nos perguntamos também se o modo pelo qual ele vivencia as experiências sensoriais não afeta igualmente a fixação dessa postura. Em comunicação pessoal com Raquel Cassel, que promove a formação da abordagem sensório-motora de André Bullinger, ela nos lembra que a hiperextensão é uma reação esperada e utilizada em todos os bebês como um desvio diante de algo que ele está tentando integrar, um sobressalto ou algo inesperado. Segundo ela, a hiperextensão faz parte do repertório de todos os bebês diante de alguns estímulos.

O que é problemático, segundo ela, é quando uma reação se fixa como uma postura de hiperextensão. A terapeuta ocupacional Ana Marta Ponte (em comunicação pessoal) também ressalta a associação da postura de hiperextensão à hiper-reatividade táctil em evitação de toque. Levi nos mostra durante muitos momentos a adoção desta postura, o que leva sua mãe a se levantar e passear com ele pela sala para que ele se reacomode e volte a poder compartilhar novamente alguns momentos conosco no chão.

Em determinado momento, estamos percebendo o quadro do autismo se organizando na nossa frente, e rapidamente a famosa frase de Ami Klin, o *"autismo se cria"* nos vem à tona. O corpo descrito por Filippo Muratori nos vem imediatamente à cabeça.

Trata-se de um corpo que não conta com suporte para o impulso socioemocional no bebê. Podemos descrevê-lo ainda com uma motricidade que se assemelha a uma gaiola. Deixa de ser um aparato articulado e apto a variações para interagir com os ritmos das protoconversações presentes no ambiente. Além disso, esse funcionamento adverso da motricidade do bebê interfere na sintonia com a intencionalidade do interlocutor e aprisiona o bebê em movimentos estereotipados, repetitivos (Muratori; Apicella, 2022).

Desde Freud, o conceito de pulsão articula o somático e o psíquico. Para Freud, a sexualidade infantil no que ela tem de Eros é organizada pelo outro que anima e marca o corpo do bebê e suas zonas erógenas. A princípio, ele trouxe à tona a noção de **apoio**, e, por isso, as pulsões oral, anal e fálica estariam **apoiadas** respectivamente nas funções biológicas da alimentação, defecação e reprodução. A partir da relação amorosa, o bebê vai ter uma marca de prazer que extrapola a função biológica de autopreservação e daí conclui que há uma *sexualidade infantil que é perversa polimorfa*. Lacan amplia os objetos da pulsão e acrescenta as pulsões invocante (voz) e escópica (olhar). Mais recentemente alguns autores têm sugerido a pulsão táctil (Couvert, 2018) ou ainda a pulsão de *portage*, traduzida em português por "pulsão de aconchego" (Bentata, 2020).

Numa sessão, na qual já estamos evitando os objetos e tentando mais brincadeiras corporais para engatar o jogo pulsional e permitir que sua mãe se incluísse nos jogos corporais, fica muito claro que diante da música e balanço suave, ele começa a expressar o balanceio de braços e um som que não conseguimos interpretar. Nós nos perguntamos se ele queria continuar ou parar. Todos ficamos em dúvida se sua expressão reflete desconforto ou excesso de excitação diante de algo prazeroso. E então sua mãe responde: "Vamos ver", enquanto tenta suavemente continuar a brincadeira.

Nessa sessão, fica claro para mim o quanto sua mãe não conta com elementos significantes que possam fazê-la supor no filho um sujeito capaz de expressar seus desejos. Apesar disso, ela abre o espaço para que o sujeito se manifeste na sua alteridade (ela não sabe, "vamos ver"). Vamos ver o que ele nos informa, para bom entendedor. Levi não vai além do gesto repetitivo, da caretinha e do som repetitivo. Supomos então que ele não quer mais e a mãe lhe estende os braços. Ele não estende os seus e segue no movimento aprisionado repetitivo. Nesse momento, peço que ela se aproxime ainda mais, que facilite o contato dele por perceber a incapacidade motora que este bebê tem de se comunicar, de se fazer sujeito. Testemunhamos uma mãe impactada na sua função materna em virtude da fragilidade corporal do seu bebê. E, com isso, temos o fracasso na organização de um corpo, um corpo-linguagem em que o outro não engata na dimensão pulsional e que o corpo fragmentado se torna pura expressão de descarga motora frente a invasão sensorial. Seu corpo não informa, não se torna interpretável para sua mãe.

Marie Christine Laznik (2021) nos lembra que nos últimos anos tem solicitado aos pais dos bebês com risco de autismo, filmes nos primeiros meses de vida, em que se constata a presença de alterações nos *general movements*. A autora associa a questão do ritmo com a primeira organização significante que Lacan identifica nos signos perceptivos da conhecida carta 52 de Freud. Nessa carta se destaca que, aquém da organização do Inconsciente, que supõe uma relação causal entre dois eventos, há um primeiro registro de inscrição no qual as percepções são organizadas de modo sincrônico constituindo uma primeira organização significante.

Para articular a pobreza desses movimentos e o fracasso dessa primeira inscrição, Laznik (2021) cita os autores Condors e Sanders, que em 1974 publicaram artigo mostrando como os movimentos do bebê de 1 a 3 dias seguiam a melodia a o ritmo da voz materna. Ela acrescenta:

> Eis um belo exemplo de uma primeira organização significante entre os pequenos movimentos do bebê dos quais ele registra uma percepção ao mesmo tempo que ele registra o prazer na prosódia da voz de sua mãe. Por sincronia, uma primeira organização significante de 'seus discursos' vai se inscrever aquém mesmo do inconsciente do bebê.

Em relação aos *general movements* (movimentos espontâneos que se organizam antes do processo de corticalização), a autora reflete: "Eu então me perguntei se, quando os movimentos gerais são muito pobres, como parece ser o caso dos bebês que mais tarde se tornam autistas, se este fator poderia ter uma incidência sobre a cadeia discursiva da mãe?" (Laznik, 2021).

Essa é a razão pela qual Marie-Christine Laznik (2021) sustenta que, na clínica com bebês, neste momento do "precocíssimo", a intervenção é feita na transdisciplinaridade, com uma abordagem integrada em que a possibilidade de organização psíquica se encontra na interface de uma sustentação e intervenção no aspecto sensório-motor. Ela ressalta ainda os trabalhos de Annik Beaulieu. Na perspectiva de Annik, o campo da dor e o da desorganização do bebê estão conectados à teorização sobre o manhês, o campo pulsional e a necessidade de "instalar" o corpo do bebê para que ele tenha recursos comunicativos para captar a voz materna. Nos primeiros meses, se o cuidador não conseguir apaziguar este estado de desamparo em função das próprias dificuldades constitucionais do bebê, ficará comprometida a interação/comunicação e toda a possibilidade de significar, dar sentido às palavras e sensações.

Para um bebê em grande desamparo, quando seu corpo não é portador de sinais "interpretáveis" pelo outro, teremos o fracasso pulsional. O lugar do analista do bebê com dificuldades de comunicação e interação não é ler uma mensagem escrita, mas permitir que um código se torne decifrável e se inscreva. A partir da ilusão antecipadora, introduzir um sentido em que o corpo e a voz do bebê fracassam em jogar sua partida.

REFERÊNCIAS

BEAULIEU, A. *Prévenir l'autisme du bébe'à risque*. Une approche corporelle et relationnelle. Toulouse, Éditions Érès, 2021.

BENTATA, H. *Le giron maternel, un fondemen pulsionel essentiel*: la pulsion de portage. Journal Français de Psychiatri. Toulouse: Éditions Érès, 2020.

COUVERT, M. *La clinique pulsionelle du bébé*. Toulouse, Éditions Érès, 2018.

COUVERT, M. *Le bébé analisant*. Paris: Éditions Érès, 2022.

LAZNIK, M-C. *Clínica de bebês*: litoral entre psicanálise e neurociências. São Paulo: Ed. Instituto Langage, 2021.

LAZNIK, M-C. Comment la pauvreté des mouvements du nourrisson et de la douleur peuvent casser le rythme avec l'autre: le ratage de la première organisation significante. *In*: BENTATA, H.; FERRON, C.; LAZNIK, M. C. L. *Le corps sensori-moteur du bébé a risque*. Avancées theoriques et pratiques. Paris: Éditions Érès, 2022.

MURATORI, F.; APICELLA, F. Being born autistic and the forming of the interpersonal world. *Psychoanalytic Inquiry*, 42:1, 6-22, 2022. DOI: https://doi.org/10.1080/07351690.2022.2007019. Acesso em: 5 abr. 2025.

PHAGAVA, H. *et al*. General movements in infants with autism spectrum disorders. *Georgian Medical News*, [s. l], n. 156, p. 100-105, mar. 2008.

SAINT-GEORGES, C.; MAHDHAOUI, A.; CHETOUANI, M.; CASSEL, R. S.; LAZNIK, M-C.; APICELLA, F.; MURATORI, P.; MAESTRO, S.; MURATORI, F.; COHEN, D. Do parents recognize autistic deviant behavior long before diagnosis? Taking into account interaction using computational methods. *Plos One*, [S.L.], v. 6, n. 7, p. 22393-22406, 27 jul. 2011. Public Library of Science (PLoS). DOI: http://dx.doi.org/10.1371/journal.pone.0022393.

SOLER, C. *O em-corpo do sujeito*: seminário 2001/2002. Salvador: Editora Agalma, 2019.

SOBRE A AUTORA

Daniele de Brito Wanderley

Psicóloga, psicanalista, especialista em Psicopatologia do bebê pela Universidade de Paris XIII, especialista em Psiquiatria 0-3 anos pela Universidade de Paris V, mestre em Medicina e Psicanálise pela Universidade Paris VII. Doutoranda em Medicina pela Universidade Federal da Bahia. Fundadora do NIIP – Núcleo Interdisciplinar de Intervenção Precoce, Membro da CIPPa e Membro do RIEPPI.

Autora do livro: "Aventuras psicanalíticas com crianças autistas e seus pais". Organizadora de diversos volumes sobre intervenção precoce (coleção "De calças curtas", editora Agalma). Coautora da escala de avaliação de autismo LABIRINTO.

Mais referências sobre o trabalho interdisciplinar do NIIP em Intervenção Precoce podem ser encontradas no site www.niip.com.br. Conheça a Revista Sua Majestade, o Bebê, edição anual. Disponível pelo site ou pelo perfil do Instagram: niip.espacobebebrincante.

Por meio do canal Espaço Bebê Brincante no YouTube, acesse debates, palestras com parceiros nacionais e internacionais (Cippa, Rieppi, Tear e Labirinto).

BEBÊS E CUIDADOS NA SAÚDE PÚBLICA

Denise Streit Morsch

Gláucia Maria Moreira Galvão

Nina Almeida Braga

"As crianças, quando bem cuidadas, são uma semente de paz e esperança."
Zilda Arns Neumann (última conferência, Haiti, 2010)

No Brasil: propostas, programas e planos

Os cuidados públicos necessários para os bebês, renovação de nossas vidas e de nossas esperanças, nos colocam um imenso desafio. Desafio que exige o olhar de uma política de saúde integral, humanizada e atenta às diferentes questões biopsicossociais em nosso país. Entretanto, na prática, muitas vezes os bebês vêm sendo observados sob uma ótica restrita aos aspectos clínicos e fisiológicos deste período evolutivo, sem incluir o que consideramos necessário discutir. Especialmente porque as propostas da política existente se encontram, rotineiramente, relegadas a um segundo plano quando urgências relativas à saúde, ou mesmo uma visão deturpada e pouco ligada a ciência e ao conhecimento, perpassa o país. Ou ainda, porque o movimento que traz consigo a ideia de integralidade e humanização no cuidado muito lentamente incorpora princípios psicossociais nesse cuidado com o início da vida.

O cuidado dito público com a saúde da primeira infância demanda um investimento amplo e contínuo na observação, conhecimento e respeito às diversas culturas que embasam as práticas dos cuidados para com os bebês nas diferentes regiões do país, devendo ter seu início em programas de orientação sobre reprodução em seus diferentes aspectos. E nos parece indispensável que ocorra por meio da educação e informação junto aos profissionais de saúde, capacitando-os no cuidado com as famílias de modo a facilitar a tessitura de um tecido capaz de trazer, em suas tramas, uma sustentação que sirva como o melhor berço para a chegada e desenvolvimento de nossas crianças.

A Constituição Federal de 1988 em seu artigo 227 traz uma visão política, social e pedagógica para a criança: a considera cidadã, sujeito de direitos e outorga à família, à sociedade e ao Estado o dever de assegurar-lhe os direitos com absoluta prioridade.

Em 2016, após um longo caminho de construção do arcabouço jurídico sobre os direitos da criança, foi aprovado o Marco Legal da Primeira Infância. Trata-se de uma lei (Lei nº 13.257, de 8 de março de 2016) que observa as especificidades da criança de 0 a 6 anos, atenta à singularidade e à diversidade das crianças e das infâncias. Estabelece princípios e diretrizes para a elaboração e implementação das políticas em prol da primeira infância articuladas entre a União, os Estados, o DF e os Municípios. Inclui a criança como participante que deve ser ouvida na formulação das políticas a ela direcionadas. Propõe a criação da cultura do cuidado: o cuidado integral da criança e o cuidado de quem a cuida, envolvendo diferentes situações que fazem parte da vida em seus primeiros anos.

Essas leis encontram ressonância no Estatuto da Criança e do Adolescente (ECA) (Brasil, 2016) que estabelece em seu artigo 7 que a criança e o adolescente têm direito a proteção à vida e à saúde, mediante a efetivação de políticas sociais públicas que permitam o nascimento e o desenvolvimento sadio e harmonioso, em condições dignas de existência.

Todavia, esse arcabouço de leis não tem garantido, por si só, uma melhor assistência e proteção ao bebê e sua família, seja no seu nascimento, seja no seu desenvolvimento. O retrocesso, nos últimos anos, da redução da Taxa de Mortalidade Infantil (TMI) é um sinal inequívoco das dissonâncias entre as políticas públicas, expressas na legislação, e a realidade. A ponto do aumento da mortalidade materna durante a pandemia de COVID-19 ter sido da ordem de 94%, mesmo levando em consideração a provável subnotificação destes óbitos, de acordo com o Observatório Obstétrico Brasileiro (OOBr). De certa forma, pode-se falar em "tragédia anunciada", uma vez que mesmo antes da pandemia, já existiam recomendações quanto à fragilidade do cuidado obstétrico oferecido em nosso país. E essa precariedade tornou-se evidente frente à exigência de cuidados especiais pelo aumento dos casos de alto risco os quais, muitas vezes, demandavam terapia intensiva

Temos, portanto, indicadores que mostram quão urgente é a adoção de investimentos e ações em prol da atenção materna e neonatal. Não apenas para responder aos compromissos legais citados acima, como também aqueles assumidos junto aos Objetivos de Desenvolvimento Sustentável (ODS) para 2030, os quais incluem a diminuição da mortalidade materna e neonatal. Apesar desta última se encontrar num nível considerado baixo pela Organização das Nações Unidas (ONU), sofreu, como citado acima, um aumento considerável no ano de 2019.

A par das questões mencionadas, torna-se possível fazer um recorte nas propostas de cuidados materno-infantis presentes no Sistema Único de Saúde do Ministério da Saúde (SUS/MS), em sua maioria implementadas graças ao dedicado trabalho de profissionais que acreditam na importância destas propostas e suas aplicações, mesmo diante do pouco apoio governamental e/ou suporte institucional.

Dentre as propostas da Coordenação Geral da Saúde da Criança e Aleitamento Materno (CGSCAM/DAPES/SAS), temos o Esquema Síntese da Atenção à Saúde da Criança, baseado na Política Nacional de Atenção Integral à Saúde da Criança (PNAISC), cujo foco está na família, nas vulnerabilidades, nas questões que têm dificultado uma abrangência maior das imunizações, nas preocupações com as deficiências e condições crônicas de saúde, entre outros.

A preocupação com os riscos gestacionais e seus cuidados especializados estruturou o programa QUALINEO, composto por estratégias de formação de equipes com o objetivo de reduzir as taxas de mortalidade neonatal (até 28 dias de vida) e aprimorar a atenção ao recém-nascido nas maternidades dos Estados que apresentam maiores taxas de mortalidade neonatal.

A par desse programa, encontramos a Atenção Humanizada ao Recém-nascido – Método Canguru (AHRN-MC), voltado para a assistência perinatal, cujo arcabouço teórico apoia as equipes perinatais para a utilização das melhores estratégias de cuidados para com a família e os recém-nascidos (Brasil, 2017). Contempla com prioridade o nascimento prematuro e, portanto, a população de bebês pré-termo. Esta iniciativa encontra-se em consonância com as premissas da Organização Mundial de Saúde (OMS) (WHO, 2022) quanto ao cuidado com o recém-nascido, ao apontar orientações para a primeira hora pós-nascimento (golden hour). Duas orientações básicas para esse momento referem-se ao contato pele a pele e a amamentação que devem ser discutidas e constar do plano de parto entre o casal e a equipe obstétrica ainda durante o pré-natal.

Em publicação de 2022, a OMS traz evidências quanto a diferentes áreas que são impactadas positivamente quando estas orientações são devidamente seguidas. Tanto o contato pele a pele, quanto a amamentação na primeira hora, mostram impactos positivos na redução da ansiedade materna e do sangramento materno após o parto e contribuem para a redução da morbimortalidade neonatal. Para o recém-nascido benefícios são observados quanto a hipotermia, respiração, proteção a infecções, ganho de peso bem como no neurodesenvolvimento e envolvimento familiar, promovendo a formação de vínculos e o protagonismo da parentalidade. Além disso, contatos próximos e íntimos com o corpo materno por meio do pele a pele determinam, em situações sociais muito desfavorecidas, a possibilidade de sobrevida destas crianças, fato que, por si só, já justifica seu início o mais precoce possível.

A amamentação tem um papel relevante na proteção de nossas crianças tanto do ponto de vista nutricional como neurodesenvolvimental. Ao mesmo tempo, participa do processo de construção da parentalidade e da subjetivação do recém-nascido. Bouzada (2022) comenta possibilidades e preocupações em relação a este importante cuidado para com nossas crianças:

> [...] conhecer as particularidades emocionais, culturais, econômicas que podem interferir no início e manutenção do aleitamento materno reveste-se de grande importância para os profissionais de saúde, gestantes/nutrizes, companheiros(as) e toda a rede social. Este é o ponto de partida para promoção e apoio ao aleitamento materno e prevenção do desmame precoce (Bouzada, 2022, p. 89).

Tal qual advoga a OMS, o Método Canguru, adotado em nosso país por meio do SUS, promove abordagem humanizada e segura com indicação do contato pele a pele precoce entre a mãe/pai/bebê, favorecendo o vínculo afetivo, estabilidade térmica, estímulo à amamentação e desenvolvimento do bebê, por meio de um cuidado singular para o recém-nascido e sua família. Mas é em sua proposta como política de saúde voltada para cerca de 10% de nossos recém-nascidos, os pré-termo, que a AHRN-MC se encontra mais fortemente enraizada.

Importante lembrar que se trata de um programa com abrangência nacional, envolvendo maternidades públicas federais, estaduais e municipais. Atualmente tem expandido seus cursos de formação de profissionais para as redes hospitalares privadas. Lembramos que se trata do único programa no mundo que oferece esta proposta de cuidados a todas as regiões de um mesmo país, demonstrando uma enorme ousadia frente a pluralidade das solicitações para sua implantação em todo o território brasileiro. Ou seja, dialoga com a diversidade de um país como o nosso quanto a sua extensão, quanto aos diversos saberes familiares, sociais e de especialistas envolvendo recém-nascidos a termo e especialmente os recém-nascidos pré-termo (RNPT). E suas aplicações também são pensadas para distintas aglomerações urbanas como cidades de grande, médio e de menor porte, assim como para aquelas longínquas, ribeirinhas, aldeias e populações indígenas, todas mostrando investimentos diversificados e imperativos que se adaptem a tantas realidades.

Gradativamente temos acompanhado e avaliado o quanto este programa de cuidados tem beneficiado nossas *sementes bebês*, que carregam a esperança e o futuro, aptas a germinar desde que devidamente cuidadas por meio da observação e investimento em suas competências. Apoiadas por essas colocações, iremos discutir neste capítulo essa metodologia de cuidado atendendo a proposta de um olhar para o desenvolvimento humano, para a psicologia, para a psicanálise e para a transdisciplinaridade.

Atenção humanizada ao recém-nascido – Método Canguru

O Ministério da Saúde do Brasil aborda o Método Canguru como uma sofisticada e complexa proposta de atenção humanizada ao recém-nascido, e não apenas o contato pele a pele. Nesse sentido, diferencia-se do que foi proposto na Colômbia, onde a prática teve início. A abordagem brasileira estendeu suas propostas em benefício de todos recém-nascidos, inclusive aos nascidos a termo, especialmente quanto à posição pele a pele imediatamente após o nascimento (WHO, 2022), e **mantém** orientações específicas à prematuridade. Ou seja, incorporou ao universo neonatal e à conhecida "posição canguru" novos paradigmas de cuidados em favor da humanização como uma ação integral, singular e progressiva para com o recém-nascido e sua família.

Uma premissa básica do Método Canguru no Brasil é que a atenção e o cuidado ao recém-nascido na unidade neonatal tenham como meta seu desenvolvimento harmonioso e global. Para isso, o uso do cuidado individualizado e contingente, presente na interlocução dos saberes da equipe interdisciplinar, vem sendo preconizado pelas políticas públicas, apoiadas nos resultados alcançados pelas "unidades neonatais". Nessa metodologia, ocorre uma atenção especial com o momento evolutivo do recém-nascido com o reconhecimento de suas habilidades, competências, compreensão de sua idade gestacional e seu desempenho fisiológico. Sua sensorialidade é observada, seus gestos e expressões corporais e faciais são entendidos como propostas de comunicação e sinalizam à equipe as formas e maneiras do cuidado a ser praticado com cada bebê.

O reconhecimento destas questões, possível a partir de estudos realizados há muitas décadas em área da psicologia e da clínica neonatal, (Adamson-Macedo, 2016; Hals e Brazelton, 1981; Trevarthern, Aitken e Gratier, 2019), demonstrou a necessidade de um cuidado criterioso com a ambiência e a estímulos sensoriais oferecidos aos RN. Por conseguinte, houve uma redefinição de vários aspectos da infraestrutura hospitalar e de estímulos provindos dos contatos humanos no espaço neonatal. A voz e o tom dos profissionais, o manejo e a atenção ao uso de instrumentos e aparelhos, os modos de como tocam e manuseiam este pequeno corpo vem sendo objeto de discussão e orientação. Em outras palavras, o processo terapêutico de cuidar passou a buscar verdadeiros encontros entre o bebê e os profissionais.

O fato de ter nascido a termo ou de forma antecipada, necessitando de cuidados especiais, determina os cuidados indicados por meio da avaliação das equipes em ambiente capaz de atender suas vicissitudes as quais, reconhecemos, são primariamente clínicas. Temos claro o quanto que estas necessárias intervenções num período de vida tão inicial podem deixar marcas, a depender da forma como são oferecidas, em áreas do desenvolvimento relacional, afetivo e mesmo cognitivo.

Para possibilitar a melhor atenção para com estas crianças, a ambiência deve prever e se organizar para também receber os pais, a família ampliada e o grupo social destes bebês e famílias. Serão eles que trarão para o recém-nascido, em sua parceria com a equipe, a história familiar e social que lhes pertence. Esta, ao se presentificar, irá garantir para cada um dos bebês a experiência de continuidade e de pertencimento. Ou seja, para essa pequena criança trata-se de contar com a presença do que lhe é conhecido desde o período intrauterino, buscando atenuar as rupturas decorrentes de uma separação do corpo materno, das mudanças ocorridas pela presença da luz, da gravidade, da secura de sua pele e demais novidades características deste período inicial da vida. Há traços de memórias que podem ser resgatados, os quais ocupam um lugar especial na proteção psíquica necessária ao início da vida extrauterina.

Assim, valoriza-se um ambiente baseado no acolhimento de todos e de suas histórias. Muito importante se ter em mente quão indispensável é o acolhimento e uma escuta marcada pela individualidade de cada família, por seu estilo de ser. Afinal, alerta Mathelin (1999) "a hospitalização toma um sentido diferente para cada família (p. 24)".

O "acolhimento" é preconizado pela Política Nacional de Humanização (PNH) como um modo ou ferramenta de produção da saúde. Parte-se do princípio de que a vida não se passa apenas em cada um dos sujeitos, mas sim entre os sujeitos, nos vínculos construídos por meio das relações interpessoais. O acolhimento se constitui numa *tecnologia do encontro*, que se insere no contexto interativo de *afetar e ser afetado*. Temos claro o quanto o RN mobiliza em quem o cerca um resgate de seus primórdios. Nossa história como bebês faz parte de nosso protagonismo frente ao bebê que recebemos para cuidar. A continuidade surgida pelos vários encontros que iremos experimentar determina o reconhecimento de cada sujeito desta família e mesmo da equipe. Ou seja, garante-se o papel de cada um, suas funções na dinâmica familiar ou na dinâmica da equipe, o seu envolvimento e o respeito por suas possibilidades e por suas formas de investir nesse cuidado profissional ou familiar (Brasil, PNH, 2010).

Este reconhecimento do usuário dos serviços de saúde como sujeito e, portanto, participante ativo neste processo, permite que o avaliemos como produtor de saúde; facilitando a valorização e a abertura para o encontro entre o profissional de saúde, o usuário e, também, com sua rede social a qual, muitas vezes, não é delimitada por laços consanguíneos (Braga, 2006). Assegurar a participação da família ampliada, da rede social, de grupos de orientação e prover atendimentos individualizados são tarefas básicas da psicologia neonatal no início de vida de um bebê e na ocorrência de uma internação. A observação do psicólogo junto ao bebê e sua família, o reconhecimento das necessidades tão significativas nestes momentos, e o cuidado com a equipe fazem parte das funções desta importante área no cuidado neonatal.

Com a implantação do Método Canguru, podemos considerar que tanto os hospitais como os atendimentos em centros de saúde deixam de ser "depósitos" de informações e cuidados factuais para tornarem-se uma "usina" de significados intelectuais, éticos e sociais, apoiadores na formação da cidadania. A equipe de saúde deixa de ser uma ditadora do saber para ser *uma escultora do sentido da vida*. É, para os pais um resgate da competência de lidar com seus bebês. É o afeto que acolhe, é o abandono progressivo da imagem que assusta, da sensação de impotência em lidar com o recém-nascido, é a perda progressiva dos medos, fantasias e insegurança, tão comuns para quem encontra o espaço intensivo neonatal por intermédio de seu filho recém-nascido. Como afirmam Galvão *et al.* (2021),

> no contexto de hospitalização, muitas vezes os pais precisam ser auxiliados a procurar o bebê onde até então, está apenas o que resta da subtração da criança sonhada. A metodologia canguru, que consiste em colocar o bebê em contato pele a pele com a mãe e o pai, propicia, do lado dos pais a reconstrução do filho imaginário, que reserva um lugar no desejo dos pais, no qual o bebê possa vir a ser (p. 194).

Ou, em outros termos, auxilia a que se passe "da preocupação médico-primária (Agman, Druon et Frichet, 1999; Morsch; Braga, 2007) para a preocupação materno-primária". Esta pouco discutida "preocupação médica primária" se apresenta por meio dos comportamentos maternos ao tentar conhecer, por meio da realidade clínica, quem é seu bebê e quais são suas necessidades. A mãe se apropria de conceitos e do jargão médico para melhorar a sua comunicação com a equipe de cuidados e para poder reconhecer seu filho, seus sinais e sentir-se capacitada a responder às suas necessidades. Trata-se de um processo que irá permitir que ela se aproxime da preocupação materna primária formulada e definida por Winnicott como:

[...] um setting no qual a constituição do bebê pode se mostrar, suas tendências de desenvolvimento podem começar a se revelar e o bebê pode experimentar um movimento espontâneo e dominar as sensações apropriadas a esta fase inicial da vida (p. 495).

E, como bem indicou este mesmo autor, sem a instalação desta preocupação materno primária, o *holding* a ser oferecido ao recém-nascido pela sua mãe pode ser afetado, incidindo sobre o envolvimento entre eles. Assim, é válido afirmar que a Metodologia Canguru responde às propostas do SUS quanto à humanização e o acolhimento observados como pilares essenciais da atenção para com o bebê, com a família, com a equipe e com o ambiente de cuidados. Suas ações e implicações são ampliadas por meio de protocolos e diretrizes (Brasil, 2019), especialmente para com os recém-nascidos pré-termo, e permeadas pelo seu cuidado progressivo, pela integralidade, pela continuidade e pela individualidade no planejamento das intervenções frente a história que se apresenta.

De modo a atender a essas premissas, o Método Canguru no Brasil tem, como uma forma didática para sua compreensão e execução, três etapas marcadas pelo momento evolutivo da história familiar e do bebê. A primeira etapa prioriza o cuidado pré-natal, a indicação de cuidados especializados na gestação e encaminhamento a maternidades de referência que possam oferecer cuidados intensivos caso se tornem necessários. Essa etapa segue com protocolos de cuidados específicos no início da internação, tanto clínicos como psicoafetivos. A melhora do bebê e o ganho de peso adequado indicam a ida para a segunda etapa da AHRN-MC, na qual a mãe é convidada a permanecer como acompanhante durante 24 horas diárias junto ao filho e estimulada a realizar cuidados de rotina com o RNPT, com o apoio da equipe. Pela proximidade da alta são realizadas orientações quanto a ida para casa, por meio de consultas ou discussões em grupo junto à equipe interprofissional.

Já a terceira etapa traz a alta compartilhada entre família, Unidade Básica de Saúde e cuidado hospitalar. Nesse momento, o bebê se encontra próximo a idade gestacional de quarenta semanas, com adequado ganho de peso e sem necessitar atenção hospitalar.

A gestação e seus cuidados

O SUS nos informa que este cuidado é um direito que toda mulher deve ter assegurado. Assim, no Art. 8º-é assegurado a todas as mulheres o acesso aos programas e às políticas de saúde da mulher e de planejamento reprodutivo e, às gestantes, nutrição adequada, atenção humanizada à gravidez, ao parto e ao puerpério e atendimento pré-natal, perinatal e pós-natal integral no âmbito do Sistema Único de Saúde. (Redação dada pela Lei nº 13.257, de 2016).

O acompanhamento gestacional por meio do pré-natal oferecido pelas Unidades Básicas de Saúde ou mesmo em serviços especializados devem ter um olhar que envolva para além dos aspectos clínicos e corporais que fazem parte de cada gestação. Questões próprias deste período como as mudanças nas funções e papéis de cada integrante de uma família na dinâmica familiar são importantes fenômenos sociais e psíquicos. Todos amparados por representações maternas, paternas e familiares presentes nas diferentes semanas gestacionais. Indicam, portanto, o cuidado pré-natal como fundador da parentalidade, do pertencimento familiar e das relações afetivas familiares e sociais para além da garantia do melhor desfecho clínico/obstétrico.

Devemos lembrar *Maria Thereza Maldonado* (2000), que nos fala sobre a riqueza de cada história gestacional e a importância de costurar o que se passa no imaginário parental e o que se vive na realidade gestacional. Para tanto, a relação entre a equipe obstétrica e a família necessita que seus encontros sejam assíduos, por meio de uma agenda que possibilite a permanência dos mesmos profissionais a cada consulta. Não há como se construir uma história relacional em cuidados de saúde que não ofereçam esta continuidade. Essa é uma das considerações feitas por muitas mulheres em relação aos cuidados pré-natais.

Temos, portanto, que resgatar nos cuidados com a saúde perinatal o estabelecimento de segurança e confiança nas relações. Ter presente que aquela(e) que recebe o cuidado é impelido a uma disponibilidade para a apresentação de um corpo acompanhado por histórias particulares, privadas, no momento do cuidado. Lembrar, sempre, que se trata de um encontro de acolhimento. É imperativo que da parte de quem vai oferecer o cuidado haja sensibilidade e empatia para estas ocorrências. As equipes devem estar preparadas para este trabalho e precisam contar com o apoio de diferentes profissionais vinculados à área de saúde mental. Infelizmente, ainda é uma realidade bastante longínqua em nosso SUS a presença destes profissionais junto às equipes do pré-natal, do parto e do nascimento.

Ou seja, em nossas Unidades Básicas de Saúde, no programa de Estratégias de Cuidado à Família, devem existir equipes interprofissionais capacitadas para acompanharem as gestantes, seu companheiro ou companheira, sua família, em múltiplas áreas de cuidado. Esse trabalho ocorria por meio da Rede Cegonha. Trata-se do programa de atenção para com a gestante e sua família, no qual há, além das consultas do pré-natal, a realização de exames laboratoriais, de imagem, e grupos de discussão que propiciam informação e orientação. As gestantes eram convidadas a conhecer o hospital aonde iriam para o nascimento do bebê, contavam com ambulâncias para seu transporte e garantia do acompanhante no parto, além de ajudas práticas como enxoval e fraldas.

É fundamental presentificar estas condições, bem como sua interrupção por ocasião da predominância de políticas públicas com visão deturpada. Estas ocasionam vulnerabilidade nesse cuidado, em sua condução e proteção do momento do parto. Observamos em nossas atividades junto aos bebês o quanto o cuidado pré-natal ainda se encontra pouco presente nas histórias de vida das crianças e suas famílias, especialmente nas mais desfavorecidas do ponto de vista econômico e cultural. Isso aponta riscos para as ações de cuidados para com o bebê, sua mãe, seu pai e família, principalmente quando há a necessidade de cuidados intensivos neonatais.

A orientação para que se criem estratégias capazes de permitir e valorizar este cuidado tem envolvido cada vez mais a participação da figura paterna. Assim, o pré-natal do pai foi instituído pela Política Nacional de Atenção Integral à Saúde do Homem (PNAISH) em 2013, tendo o lema "Pai presente, cuidado e compromisso".

Além da preocupação com o fato de o homem acompanhar sua parceira nas consultas médicas periódicas, se estabeleceu um protocolo de avaliação com realização de exames de rotinas e testes rápidos para detecção de DST/aids, exames estes também realizados pela gestante. Ao mesmo tempo é proposta sua participação em atividades educativas nos serviços de saúde e preparação para o exercício da paternidade. O objetivo refere-se ao engajamento dos homens no acompanhamento da gestação, do parto de suas parceiras e nos cuidados da criança. Isso concorre para uma melhor qualidade de vida, vínculos afetivos saudáveis e uma maior participação da figura paterna nos cuidados com o bebê e futura criança. A construção do conceito de paternidade responsável exige uma desconstrução do modelo anterior (pai responsável=pai provedor), para uma visão moderna que ressalta o fenômeno na sua integralidade. Em maio de 2022 o pré-natal paterno passou a constar na caderneta da gestante. No entanto, trata-se de um programa que necessita divulgação e estímulo ao engajamento pois sabemos que não depende exclusivamente da decisão do homem e de sua companheira. É fundamental que diferentes setores da sociedade reconheçam o fator protetor deste programa junto às famílias e, especialmente, junto aos nossos recém-nascidos.

Tem sido observada a importância deste cuidado com os futuros pais especialmente na experiência de sua participação no nascimento do filho. Ao se sentiram bem preparados para o momento do nascimento mostram níveis de ansiedade mais baixos durante o período pós-parto inicial (McNab *et al.*, 2022). Já Eggermont *et al.*, 2017 lembram que o apoio aos pais durante a gestação pode diminuir o risco de parto prematuro e do nascimento de muito baixo peso, pois sua presença modera os efeitos do estresse materno crônico.

É mister que sinalizemos que os cuidados pré-natais envolvem a observação e diagnóstico de riscos gestacionais – seja da mulher, seja do feto – e favorece uma rede de cuidados necessários em consonância com as complicações clínicas observadas. Ou seja, diante de uma gestação que sugere intercorrências maternas como hipertensão e/ou diabetes ou intercorrência fetal com suspeita ou mesmo diagnóstico de malformações, restrição do crescimento gestacional, risco de parto prematuro, seu encaminhamento ao pré--natal de alto-risco permitirá a adequada avaliação e acompanhamento. Por conseguinte, temos aqui ações que propõem um cuidado para com aspectos fisiológicos gestacionais que preocupam neste momento, sem deixar de lado um atendimento que oferece a toda a família, e especialmente aos futuros pais, segurança e confiança.

Esse cuidado, preconizado pela AHRN-MC, faz parte do que se considera a primeira etapa desta atenção. Em outras palavras: o cuidado para com o bebê tem início junto as unidades básicas de saúde (UBS) durante o pré--natal e a indicação de cuidados especializados provoca a ativação de maior proximidade entre a equipe hospitalar e a equipe de cuidados na comunidade. Temos aqui grandes desafios pois trata-se de uma cultura de cuidado ainda pouco desenvolvida. Buscando melhorar os resultados no compartilhar tal atenção, a AHRN tem como prioridade retomar treinamentos na Atenção Básica de Saúde na tentativa de promover os cuidados mais indicados. Trata-se de um investimento importante pois futuramente, na alta do bebê, ele retorna aos cuidados das equipes das UBS, compartilhado inicialmente com o hospital e, quando indicado, junto às equipes de reabilitação.

Salientamos ainda a indicação de atenção e zelo para com as novas configurações familiares que se fazem presente em maior número em nossa sociedade. Da mesma forma que o companheiro da mãe recebe um lugar e atenção durante o pré-natal, a companheira materna deverá ter reservado este mesmo espaço para que seja possível sua inserção necessária e adequada na construção da parentalidade. Lembramos também das mulheres que se encontram sozinhas durante este processo e que devem ser orientadas a uma escolha quanto a um ou uma acompanhante tanto no pré-natal como no momento do parto/ nascimento.

A observação já nesse período da rede social de apoio dessas mulheres quando sozinhas ou mesmo junto às famílias é procedimento indicado e necessário pois, na ocorrência de situações de risco materno ou mesmo para o bebê, essa rede de suporte pode se tornar essencial para a saúde psíquica do núcleo familiar, para apoio social envolvendo acompanhamento, cuidado com os demais filhos, por exemplo. Podemos avaliar que essas pessoas, por não enfrentarem com igual intensidade os sentimentos próprios do puerpério ou mesmo de fracasso face a uma gestação diferente da idealizada, são as mais capacitadas a desempenhar funções de apoio e de estímulo à resiliência face às intercorrências neste período.

Ou seja, as redes sociais, por meio de sua proximidade e disponibilidade, facilitam a presença da empatia que gera apoio, companhia e escuta. Possibilitam os olhares objetivos e potencialmente geradores de ações práticas, diárias, para comporem com a mulher, ou mesmo com os pais, o enfrentamento de situações de risco que se apresentam. Para tal, é possível já no pré-natal – a partir da observação das histórias de cada mulher ou de cada família – valer-se de entrevistas ou técnicas como o Ecomapa ou Genograma (Brasil, 2017) para que se possa dispor destas informações, sempre que necessárias.

O parto/nascimento

Preparado para o momento do parto, quando a termo, existe um funcionamento psíquico que facilita a proximidade mãe-bebê a partir do parto. A preocupação materna-primária, ainda em construção (Winnicott, 1988), a transparência psíquica (Bydlowski, 2002) e a constelação da maternidade (Stern, 1997) irão permitir que aspectos regressivos maternos aproximem a mãe do funcionamento psíquico do RN, favorecendo um mecanismo empático que a aproxima da criança. Soma-se a isso um funcionamento específico de áreas cerebrais e endócrinas que irão ser submersas em hormônios como por exemplo, a oxitocina. Este, além de facilitar o contato e proximidade entre os pais e seu bebê, trabalha na diminuição de temores ou mesmo insegurança frente a chegada do bebê.

Temos claro assim que a presença do pai ou da companheira da mãe, no parto e nascimento é uma questão ética, uma indicação que qualifica o cuidado para com os bebês, em seu nascimento. E assim devem permanecer nas primeiras horas após o nascimento. Realizada a avaliação do recém-nascido junto ao corpo materno e havendo estabilidade clínica, ele permanecerá na pele a pele. E, dependendo de suas competências, pode ser facilitada a amamentação. Tudo com a menor interferência da equipe que observa e avalia trazendo segurança para esta família sob seus cuidados.

Para além de estratégias relativas à proximidade afetiva, é fundamental que as equipes entendam que ocorrem em conjunto processos hormonais que facilitam este desenvolvimento. Não se trata apenas de intervenções psicossociais para que os pais se sintam cuidados e apoiados. A oxitocina, que se presentifica no momento do parto em ambos os pais, proporciona interações calmantes e reconfortantes para com os bebês durante seus primeiros cuidados na vida. Portanto, o contato e proximidade física pais-bebê é fundamental no estabelecimento dos vínculos afiliativos que concorrem para o processo de interação social inicial colaborando positivamente na trajetória de desenvolvimento do bebê. A presença ou ausência dessas primeiras experiências de vida influencia resultados do neurodesenvolvimento infantil. Contribui para reforçar a capacidade sensorial do sistema auditivo e ativar áreas do cérebro envolvidas em produção de fala. Quando falamos do estabelecimento da fala, estamos nos referindo a todo processo que envolve o pensamento, o conhecer, a facilitação da exploração do mundo que esta futura criança irá realizar.

Sendo assim, o olhar humanizado da equipe de saúde no momento do parto, com valorização do cuidado paterno ou do/a acompanhante escolhido/a pela mãe, ajuda a despertar emoções, afetividade e leva a um maior envolvimento entre a família e o recém-nascido. No homem, favorece a reorganização da identidade psíquica paterna ao criar identificação com o seu filho e com sua mulher; uma vez que, nesse momento, deixa o lugar de coadjuvante e passa a assumir a função de protagonista no cuidado com o recém-nascido enquanto a mãe é cuidada após vivenciar a dor física do parto.

Em sua ausência ou impossibilidade, a pessoa selecionada pela mãe garante que neste momento ela tenha a possibilidade de realizar uma escolha de quem provavelmente vai lhe acompanhar no processo de construção da maternagem. Sua opção recebe da equipe de saúde o reconhecimento que ultrapassa a proposta de cuidado institucional, mostrando-se particular e pessoal. Facilita a construção da dita "maternagem ampliada" (Braga, 2001) que nada mais é do que aquela que é exercida por aqueles que são muito próximos aos pais dos bebês, como os avós, por exemplo.

Cuidados em torno do nascimento psíquico do bebê

Segundo revisão da Cochrane de 2016, o contato pele a pele "precoce" (entre 10 minutos e 24 horas após o nascimento) é capaz de favorecer a amamentação e ajudar na transição dos bebês para o mundo exterior (Moore *et al.*, 2016). A partir do contato com a pele materna, o RN é exposto a sensações novas, marcadas pela continuidade daquilo que lhe é "familiar". Assim ele experimenta a formação de uma pele psíquica que o protege e instrumentaliza em seus contatos com o mundo externo. Ou seja, ao receber o que Winnicott (1988) tão bem descreve como o *holding* – experiência corporal e emocional de ser segurado, amparado, de acordo com as suas necessidades iniciais, adquire capacidades que lhe provocam o sentimento de "ser". Isto o protege de um sem-número de invasões corporais e psíquicas, garantindo bons balizadores em sua saúde integral.

Portanto, a posição pele a pele – indicada para ser realizada o mais precocemente possível na sala de parto – mostra-se extremamente pertinente. Mais ainda no caso dos RNPT, em que o tempo de preparação para o nascimento não aconteceu. No entanto, são múltiplas as questões que se impõe para sua realização imediata. Vai depender das condições clínicas do bebê e de sua mãe, pois é preciso estabilidade clínica e psíquica antes de colocá-la em prática. A comunicação equipe/pais iniciada durante o pré-natal e o desenho do plano de parto compartilhado irão nortear a condução destes momentos. Ou, ainda, uma extrema sensibilidade torna-se indispensável para, em conjunto, decidir a adequação das propostas pensadas antes do momento do parto.

Não podemos esquecer que nesse momento poderão surgir intercorrências não pensadas ou previstas. Nem sempre ocorrem diagnósticos fetais precisos. Assim, pensamos na importância de que a equipe obstétrica e os pais tenham tido a possibilidade de contato anterior ao parto. Conhecerem-se e conversarem sobre o momento que juntos irão vivenciar poderá ser algo fundamental para a comunicação de informações diante de situações não desejadas durante o parto.

Importância do trabalho da equipe

André Bullinger (2017) em seu trabalho junto a recém-nascidos pré-termo comenta sobre a importância de oferecer um atendimento como contamos uma história, com um princípio, um fim e no meio termos presente a atenção compartilhada. Da mesma forma propõe a AHRN – MC que busca auxiliar os pais e o bebê a contar a história que juntos experimentam.

Para além de um trabalho envolvido com questões fisiológicas e clínicas, a comunicação e a interação entre os pais, o bebê, a equipe e o entorno devem ser estruturadas em pensamentos e verbalizações. Em comunicação, informação, por meio de uma equipe suficientemente "maleável" capaz de observar e encontrar as necessidades da mãe, do pai e do RN para além dos aspectos de uma rotina de cuidados perinatais (Golse,2002). Para esse autor, os encontros entre os parceiros – pais e equipe – provocados pelo nascimento de um bebê devem ser facilitados e capazes de garantir a relação e a proteção do bebê. É preciso uma participação próxima e delicada da equipe promovendo um espaço de respeito, de liberdade e de dignidade.

A proposta é de que haja *uma atenção pré natal e posteriormente puerperal qualificada e humanizada.* Que seja acolhedora e promova informações e orientações. E que seja pensado e discutido um plano de parto por meio do qual poderão ser visitados diferentes aspectos dos períodos pré e pós-natal, com ações que agreguem todos os níveis da atenção.

De volta aos RNPT, é importante lembrar que Budin, em 1907, falava que grande parte das mães abandonava seu bebê cujas necessidades acreditavam não ter condições de atender. De acordo com o autor, a vida dos bebês foi salva, mas às expensas da mãe. Daí ser tão importante, na AHRN-MC, que a equipe mostre à mãe que o bebê por ela imaginado e sonhado está ali, em potencial. Assim, ocorre a inclusão deste bebê na economia psíquica dos pais.

São, portanto, solicitações diferenciadas que colocamos para as equipes interprofissionais, nas unidades neonatais. Avaliamos que trazem exigências que ultrapassam o saber apenas acadêmico e o tradicional treinamento profissional. A proposta é que se pense num aprimoramento intersubjetivo a cada contato com o RNPT capaz de suscitar a avaliação de sua comunicação e de suas necessidades para além de resultados laboratoriais ou exames clínicos. Isto é fundamental quando pensamos em aspectos do desenvolvimento de habilidades sociais futuras. Ou seja, a cada encontro disponibilizado nos cuidados para com os bebês, o profissional cria, com ele, um espaço interativo, um espaço de narração e que é sempre específico, novo (Golse, 2002).

Temos claro que o cuidado para com os integrantes da equipe deva ser priorizado pelas gestões e coordenações institucionais. Para além de oferecer atenção, técnica e manejo, a equipe é convidada a facilitar o desenvolvimento do bebê/sujeito. E, assim, apoiar os pais a observarem o potencial de seus filhos o qual pode, até então, não estar revelado.

São muitas as tramas que surgem entre famílias e equipe. O cuidado para com os bebês exige que possamos avaliar e intervir, sempre que necessário, em uma busca incessante para que a saúde possa estar presente. Esse é um objetivo imenso a se buscar em um lugar onde cuidados intensivos se apresentam junto a quem acaba de nascer. Mas temos presente que somos sim agentes de saúde chamados para um cuidado ético, responsável e delicado em nossas funções.

Considerações finais

Em nosso dia a dia junto às equipes neonatais e suas provocações que emanam dos relatos de histórias que vivenciam em nosso país, pensamos na dinâmica que determina nosso lugar e nosso espaço nos cuidados públicos com nossos bebês no Brasil. Existem caminhos, percursos que vêm sendo tentados e que tem mostrado bons resultados. Transcendem o estabelecido por leis, estatutos e portarias ao serem provocados pelo que os estudos do mundo psíquico do bebê, as descobertas de sua sensorialidade – aliados aos processos afetivos e emocionais dos pais e da família – trazem de recursos para seus cuidados. É a integração entre esses diferentes saberes, reunidos ainda com questões fisiológicas, que vem auxiliando a pensar de maneira mais abrangente, e com maior sofisticação, em novos caminhos na proteção de nossos bebês.

Nesse trajeto, encontramos momentos difíceis, os quais puderam, e assim foram encarados, como espaços de potência, como espaço de vir a ser, como espaços que possibilitam a produção de novos sentidos, de coletividade, novos mecanismos de colagem. Colagem do que podemos realizar por meio do pertencimento junto as nossas equipes e por meio dos registros de experiências, às vezes primevas, de figuras de adultos que um dia nos cuidaram e passaram por nossos caminhos como avós, tios, pais, amigos...

Com isso, tem sido possível enxergar, com os olhos da alma bem abertos, a dimensão holística presente em cada gestação, parto e desenvolvimento das pequenas crianças que recebemos para cuidar. Perceber o mundo, o hospital e as vidas que lá passam, levando em consideração o saber fazer e o conhecimento produzido no nosso campo de trabalho. Eis a nossa oficina da vida, no *chão da fábrica do Método Canguru*. É aqui também que se dá nossa aprendizagem e nossas incursões sobre estratégias de cuidado, de avaliação de necessidades e possibilidades de intervenções na prática e na observação da vida, apoiadas no que grandes autores e pesquisadores nos apontam como significativo. Nesse processo, são eles – as famílias prematuras e seus bebês sujeitos, mestre e sujeitos de si mesmo – que se transformam em nossos professores.

Temos que ter coerência em nosso trabalho. Pensar nas variáveis *o lugar, o momento e a identidade na história de cada um desses bebês e suas famílias, na história de cada um compondo a história deste país*. Integrar a trama que conduz ao surgimento de uma criança que ultrapassa uma conjugalidade e determina o nascimento de uma nova família. O primeiro filho inaugura esta história e a chegada de outros constrói novas configurações.

No entanto, existem outras tramas a serem integradas aos cuidados precoces destas crianças que envolvem aspectos de seu neurodesenvolvimento. Precisamos estar atentos à saúde integral dos bebês. Para tal, não podemos prescindir da ideia de que existe um corpo em construção com uma imensa sofisticação. Aspectos motores e sensoriais, questões cognitivas devem estar presentes em nossas intervenções e cuidados. A audição, visão, tato, olfato, gustação, propriocepção exigem de nós a compreensão de suas funcionalidades e de seu momento evolutivo capacitando as aquisições do desenvolvimento em cada bebê. E há o doméstico, o social, a educação, as redes de apoio, a vida nas comunidades que também se integram a essas construções. Todas elas importam e devem ser pensadas e valorizadas. Caso contrário, estaríamos nos valendo de recortes aleatórios e equivocados. Seríamos reducionistas ao deixar de lado a fascinante complexidade que permeia estes momentos iniciais de vida.

No cuidado e atenção que ampara, que olha para o desenvolvimento humano, para o mundo psíquico e cognitivo, não podemos deixar nenhum fio escapar. O tear que utilizamos deve estar apto a absorver e unir todos os fios por meio do estudo, das observações e das discussões com as equipes que compõem esta trama.

Ítalo Calvino (1990) no livro "Seis propostas para o próximo milénio", capítulo "Multiplicidade", nos provoca:

> Quanto mais uma obra tende para a multiplicidade dos possíveis, mais se distancia daquele "unicum", que é o self de quem escreve, a sinceridade interior, a descoberta de sua própria verdade. Ao contrário respondo, quem somos nós, quem é cada um de nós senão uma combinatória de experiências, de informações, de leituras, de imaginações? Cada vida é uma enciclopédia, uma biblioteca, um inventário de objetos, uma amostragem de estilos, onde tudo pode ser continuamente remexido e reordenado de todas as maneiras possíveis (p. 140).

Essas palavras nos levam a avaliar a nossa experiência junto a estas crianças e a proposta de um trabalho que as encontra sempre como sujeitos. Com suas bagagens, com todo seu potencial de sementes restritos num corpo, circundado por uma pele, marcada por um momento evolutivo. E isso tudo será recebido por uma família que irá participar deste processo, remexendo e avaliando, reordenando e descobrindo a individualidade e a proposta de cada filho/ bebê. Ao seu lado, estaremos nós, os profissionais, olhos, ouvidos e mentes abertas ajudando e apoiando o percurso possível ou o escolhido com a certeza de que somos sempre mobilizados tanto em nossas dúvidas, quanto em nossas próprias verdades.

Figura 1: Davi (recém-nascido de Milla e Carlos) nasceu com 31 semanas de gestação

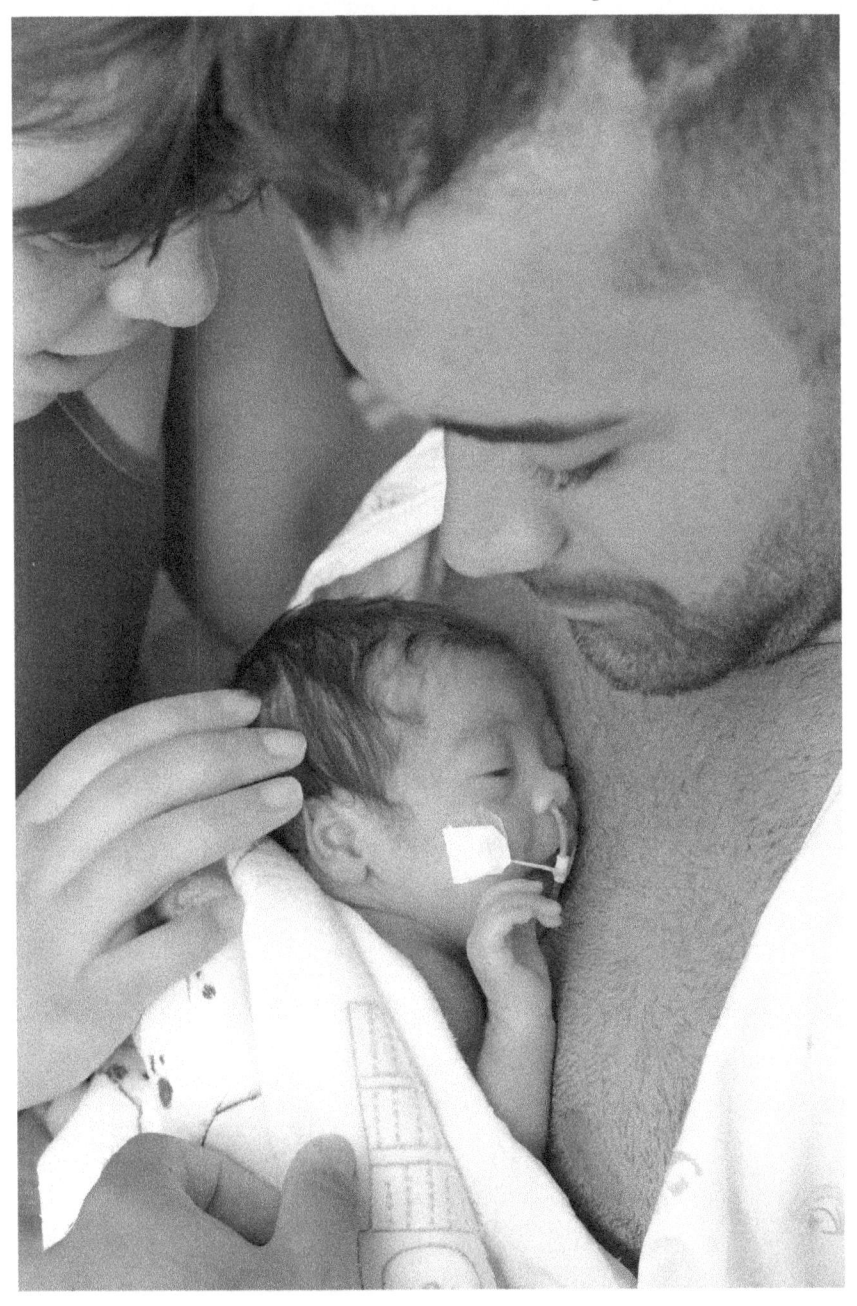

Fonte: arquivo pessoal de Gláucia Galvão (@glauciagalva).

REFERÊNCIAS

ADAMSON-MACEDO, E. N. Neonatal psychology: theories and practice. *Journal of Human Growth and Development*, v. 26, n. 2, p. 129-132, 2016.

AGMAN, M.; DRUON, C.; FRICHET, A. Intervenções psicológicas em neonatologia. In: WANDERLEY, D. B. (org.). *Agora eu era o rei*: os entraves da prematuridade. Salvador: Ágalma, 1999. p. 17-34.

BOUZADA VIANA, M. C. F. Aleitamento materno. In: LEÃO, E.; VASCONCELOS, M. C.; FERREIRA, A. R.; OLIVEIRA, B. M.; ALVES, C. R. L.; ALVIM, C. G. *Pediatria ambulatorial*. 6. ed. Belo Horizonte: Coopemed, 2022. Cap. 5. p. 81-90.

BRAGA, M. C. de A. *Redes sociais de suporte aos pais dos bebês internados na unidade de terapia intensiva neonatal*. 2006. 136 f. Dissertação (Mestrado em Saúde da Criança e da Mulher) – Instituto Fernandes Figueira, Fundação Oswaldo Cruz, Rio de Janeiro, 2006.

BRAGA, N. de A. *et al.* Maternagem ampliada a transgeracionalidade em UTI neonatal. *Pediatria Moderna*, São Paulo, v. XXXVII, n. 7, p. 312-7, jun. 2001.

BRASIL. [Constituição (1988)]. *Constituição da República Federativa do Brasil*. Diário Oficial da União, 05 out. 1988. p. 1.

BRASIL. Instituto Nacional de Saúde da Mulher, da Criança e Adolescente Fernandes Figueira (IFF). Fundação Oswaldo Cruz (Fiocruz). Ministério da Saúde (MS). Portal de Boas Práticas em Saúde da Mulher, da Criança e do Adolescente. Atenção à Criança. Esquema síntese da atenção à saúde da criança. Brasília: Ministério da Saúde, 2017a. Disponível em: https://portaldeboaspraticas.iff.fiocruz.br/atencao-a-crianca/. Acesso em: 20 jan. 2023.

BRASIL. *Lei nº 8.069, de 13 de julho de 1990*. Dispõe sobre o Estatuto da Criança e do Adolescente e dá outras providências. Diário Oficial da União, 16 jul. 1990. p. 13.563.

BRASIL. *Lei nº 13.257, de 8 de março de 2016*. Dispõe sobre as políticas públicas para a primeira infância e altera a Lei nº 8.069, de 13 de julho de 1990 (Estatuto da Criança e do Adolescente), o Decreto-Lei nº 3.689, de 3 de outubro de 1941 (Código de Processo Penal), a Consolidação das Leis do Trabalho (CLT), aprovada pelo Decreto-Lei nº 5.452, de 1º de maio de 1943, a Lei nº 11.770, de 9 de setembro de 2008, e a Lei nº 12.662, de 5 de junho de 2012. Disponível em: https://www.planalto.gov.br/ccivil_03/_ato2015-2018/2016/lei/l13257.htm. Acesso em: 25 maio. 2025.

BRASIL. Ministério da Saúde. Atenção humanizada ao recém-nascido: Método Canguru: manual técnico. 3 ed. Brasília: Ministério da Saúde, 2017b. Disponível em: http://bvsms.saude.gov.br/bvs/publicacoes/atencao_humanizada_metodo_canguru_manual_3ed.p df. Acesso em: 12 dez. 2022.

BRASIL. Ministério da Saúde. Política Nacional de Humanização: o que é, como implementar (uma síntese das diretrizes e dispositivos da PNH em perguntas e respostas). Brasília: Ministério da Saúde, 2010. Disponível em: https://www.redehumanizasus.net/sites/default/files/diretrizes_e_dispositivos_da_pnh1.pdf. Acesso em: 20 jan. 2023.

BUDIN, P. The Nursling – the feeding and hygiene of premature and fullterm infants, London, The Coxtan Publishing Company, 1907.

BULLINGER, A. *Le développement sensori-moteur de l'enfant et ses avatars*. Tome 1. Toulouse: Éditions Érès; 2017 (1er édition 2004).

BYDLOWSKI, M. O olhar interior da mulher grávida: Transparência psíquica e representação do objeto interno. *In*: CORRÊA FILHO, L.; CORRÊA GIRADE, M. H.; FRANÇA, P. (Org.). *Novos olhares sobre a gestação e a criança até 3 anos*: saúde perinatal, educação e desenvolvimento do bebê. Brasília: L.G.E., 2002.

CALVINO, I. *Seis propostas para o próximo milênio*: lições americanas. São Paulo: Companhia das Letras, 1990.

EGGERMONT, K.; BEECKMAN, D.; VAN HECKE, A.; DELBAERE, I.; VERHAEGHE, S. Needs of fathers during labour and childbirth: A cross-sectional study. Women and birth: *Journal of the Australian College of Midwives*, v. 30, n. 4, p. e188-e197, Aug. 2017.

GALVÃO, G. M. M.; COSTA, E. A.; BRITO JUNIOR, M. F. Vivência fotográfica da metodologia canguru: uma análise do impacto do contato pele a pele no nascimento psíquico dos bebês prematuros. *In*: PARLATO-OLIVEIRA, E.; TREVARTHEN, C. (org.). *Bebê, corpo e ação*: na relação intersubjetiva. 1. ed. São Paulo: Instituto Langage, 2021.

GOLSE, B. O que temos aprendido com os bebês. *In*: CORRÊA FILHO, L.; CORRÊA, M. E. G.; FRANÇA, P. S. (org.). *Novos olhares sobre a gestação e a criança até os 3 anos*. Brasília: L. G. E., 2002. 544 p.

HALS, H.; BRAZELTON, T. B. A new model of assessing the behavioral organization in preterm and fullterm infants: two case studies. *Journal of the American Academy of Child Psychiatry*, v. 20, n. 2, p. 239-263, 1981.

MALDONADO, M. T. *Psicologia da gravidez*. São Paulo: Saraiva, 2000.

MATHELIN, C. *O sorriso da Gioconda*: clínica psicanalítica com bebês prematuros. Rio de Janeiro: Companhia de Freud, 1999.

MOORE, E. R.; ANDERSON, G. C.; BERGMAN, N. Early skin-to-skin contact for mothers and their healthy newborn infants. *The Cochrane Database of Systematic Reviews*, v. 3, p. CD003519, Jul. 2007.

MCNAB, E.; HOLLINS MARTIN, C. J.; NORRIS, G. Factors that influence father's experiences of childbirth and their implications upon postnatal mental health: A narrative systematic review. *Nurse Education in Practice*, v. 65, p. 103460, nov. 2022.

MORSCH, D. S.; BRAGA, M. C. A. À procura de um encontro perdido: o papel da "preocupação médico-primária" em UTI Neonatal. *Revista Latino-Americana de Psicopatologia Fundamental*, v. 10, n. 4, p. 624-636, dez. 2007.

STERN, D. N. *A constelação da maternidade*: o panorama da psicoterapia pais/bebê. Porto Alegre: Artes Médicas, 1997.

TREVARTHEN, C.; AITKEN, K. J.; GRATIER, M. *O bebê nosso professor*. São Paulo: Instituto Langage, 2019. 96 p.

WHO – WORLD HEALTH ORGANIZATION. *WHO recommendations for care of the preterm or low birth weight infant*. Geneva: World Health Organization, 2022. Disponível em: https://apps.who.int/iris/rest/bitstreams/1474473/retrieve. Acesso em: 22 jan. 2023.

WINNICOTT, D.-W. *Os bebês e suas mães*. Tradução de J. L. Camargo. 4. ed. São Paulo: Martins Fontes, 2012. 98 p.

WINNICOTT, D.-W. *Textos selecionados da pediatria à psicanálise*. Rio de Janeiro: Francisco Alves, 1988. p .495.

SOBRE AS AUTORAS

Denise Streit Morsch

Psicóloga, doutora em Ciências (IFF/FIOCRUZ), consultora nacional da AHRN – Método Canguru, Ministério da Saúde.

Gláucia Maria Moreira Galvão

Médica, pediatra, neonatologista, fotógrafa, tutora estadual do Método Canguru (MG). Doutora em Saúde da Criança e do Adolescente pela Faculdade de Medicina da UFMG. Membro da Associação La Cause des Bébés e da The International Marcé Society for Perinatal Mental Health (grupo Brasil). Neonatologista da Fundação Hospitalar do Estado de Minas Gerais (1986-2020). Professora adjunta de Pediatria na Faculdade de Medicina da FAMINAS-BH.

Nina Almeida Braga

Socióloga e psicóloga. Pós-graduada em Antropologia Social (PPGAS – Museu Nacional/UFRJ). Mestre em Saúde da Criança e da Mulher (Instituto Fernandes Figueira/FIOCRUZ). Diretora do Instituto-E (uma OSCIP que promove o desenvolvimento humano cada vez mais sustentável).

Parte 3

A infância e o laço social

O BRINCAR COMO CONTEXTO DE ESCUTA DA SUBJETIVIDADE DA CRIANÇA

Regina Pedroza

Este capítulo tem como objetivo promover uma reflexão crítica acerca da questão da brincadeira no contexto da terapia infantil, a partir de relatos de estagiárias em uma escola clínica de uma Universidade Federal. Para tal, apresentaremos alguns pontos de nossa compreensão acerca da importância da brincadeira no desenvolvimento infantil em diálogo com autores da psicologia do desenvolvimento e da psicanálise e em seguida, passaremos a exibir relatos das estagiárias.

Dentro das teorias do desenvolvimento, pode-se observar que o brincar vem sendo cada vez mais valorizado como mediador do processo de aprendizagem humana. Historicamente, constata-se a ideia de que a brincadeira foi sempre considerada como um passatempo, um divertimento. Pesquisas na área evidenciam que o lúdico deixa de ser visto como perda de tempo e dispêndio de energia pelas crianças e passa a ser vista como um importante instrumento para desenvolver aspectos do desenvolvimento infantil e de aprendizagem. Assim, passa a ser utilizada dentro das escolas como forma de auxiliar na alfabetização e no ensino das disciplinas regulares de forma lúdica e didática. No entanto, além dessa possibilidade, mesmo na escola, a brincadeira também exerce um importante papel no desenvolvimento de recursos da personalidade (Pedroza, 2005). Desse modo, ela pode ser vista como um fim em si mesmo, e não somente como instrumento didático.

Por meio do lúdico, a criança aprende a se relacionar com o outro, enfrenta situações de prazer e desprazer e soluciona conflitos, o que propicia o desenvolvimento de habilidades que vão além daquelas estipuladas pelo currículo escolar. Sendo assim, a brincadeira pode proporcionar relações que desenvolvem a criatividade e a construção da autonomia. A autonomia é aqui entendida como a capacidade de se colocar frente ao outro, de constituir-se como um eu e permitir que o outro também se constitua a partir dessas interações. Questionamentos, reflexões e as possibilidades de agir no seu ambiente são algumas das características presentes no sujeito autônomo, que desenvolve sua subjetividade a partir dessa interação com o outro e dessa possibilidade de reelaboração constante.

Nesse sentido, podemos dizer que a brincadeira assume um papel essencial porque se constitui como produto e produtora de sentidos e significados na formação da subjetividade da criança. Os jogos e as brincadeiras representam uma fonte de conhecimento sobre o mundo e sobre si mesmo, contribuindo para o desenvolvimento de recursos cognitivos e afetivos que favorecem o raciocínio, tomada de decisões, solução de problemas e o desenvolvimento do potencial criativo. Tudo isso porque essa atividade proporciona momentos de descontração e de informalidade nas relações entre o adulto e as crianças. O jogo pode ser visto como uma forma básica da comunicação infantil a partir da qual as crianças inventam o mundo e elaboram os impactos exercidos pelos outros.

A partir dessas considerações, apresentaremos também a importância da brincadeira no contexto da clínica infantil e na formação de estagiárias no curso de Psicologia.

No livro clássico de Huizinga (1971), "Homo ludens", o autor descreve esse fenômeno como de natureza cultural e não biológico. No entanto, mostra que é um fato mais antigo que a cultura e se apresenta também nos outros animais com elementos similares essenciais do jogo humano. No jogo, a criança representa e sua representação, mais do que uma realidade falsa, é a realização de uma aparência. Ela joga e brinca dentro da mais perfeita seriedade, sabendo perfeitamente que o que está fazendo é um jogo.

Teóricos da psicologia do desenvolvimento como Wallon (1941) e Vygotsky (1990) nos auxiliam a formular uma compreensão da brincadeira como uma atividade que não apenas contribui para o desenvolvimento da criança, mas também como uma atividade que permite aos adultos conhecerem melhor as necessidades da criança. Funciona como uma possibilidade de aproximação, facilitando esse conhecimento sobre o outro. Isso porque, podemos dizer que a brincadeira ao possibilitar esse espaço de descontração, também ajuda a efetivar o diálogo e permite a formação de vínculos diferenciados entre os adultos e as crianças. Ela permite, ainda, retomar a espontaneidade, a intuição, a contemplação, a criatividade, a ousadia que são processos necessários que nos tornam mais humanos.

A brincadeira ao facilitar o preenchimento das necessidades da criança e ao permitir a sua compreensão, pode com seu valor como uma situação imaginária e que contém regras formais e informais de comportamento, ajudar as crianças a internalizarem as regras das relações interpessoais. Segundo esses autores, não existe brinquedo sem regras, mesmo que não sejam regras formais estabelecidas *a priori*. Nesse sentido, da mesma forma que o brinquedo contém regras, todo jogo com regras contém uma situação imaginária. A subordinação a uma regra ou a brincadeira de mudar as regras possibilita uma visão de que as coisas podem ser diferentes e passam a ser uma fonte de prazer, tornando-se um jogo.

Nesta perspectiva materialista histórico-dialética, o brinquedo não é simbolização, mas sim uma atividade da criança característica dessa fase da vida e acompanha o seu desenvolvimento, sendo transformado ao longo do tempo. Podemos destacar fases do jogo a partir das características que apresentam e que expressam ao longo do desenvolvimento humano. Em um primeiro momento são de tipo puramente funcional, são os movimentos mais simples à procura de efeitos como tocar objetos, produzir sons e ruídos, seguidos dos de ficção, os jogos de boneca, de carrinho, ou similares, que requerem uma atividade de interpretação mais complexa. Os jogos de aquisição que aparecem posteriormente são caracterizados pela percepção e compreensão das coisas, seres, imagens, enfim, do ambiente em volta da criança. Por último, os jogos de fabricação nos quais a criança transforma objetos, combinam-nos, cria novos, sendo que a aquisição e a ficção se fazem presentes.

O jogo pode parecer uma atividade que contraria o princípio do trabalho sério característico da fase adulta, que tem como finalidade um produto, de preferência de valor rentável. A brincadeira acaba por ser vista apenas como um momento de lazer. A criança desconhece a forma da atividade produtiva do adulto e o jogo assume o lugar primordial nas ações que realiza. No entanto, o jogo pode mobilizar uma grande quantidade de energia comparável a uma atividade obrigatória e, muitas vezes, apresenta dificuldades na sua execução e compreensão. Podemos citar o exemplo da brincadeira de construir uma torre pela dificuldade de colocar um bloco sobre o outro. E, ao mesmo tempo, essa brincadeira pode vir a ser justamente a de lidar com a dificuldade e destruir a torre para construir novamente. Nesse contexto, podemos observar que as regras estabelecidas para o jogo às vezes são mais excitantes do que a atividade do jogo mental ou físico em si. Nos jogos solitários, muitas vezes as crianças se impõem regras pelo prazer de trapaceá-las.

Quando uma atividade se torna útil e produtiva, significando um meio para se chegar a um fim, se descaracteriza essencialmente enquanto um jogo. Para esses autores, o jogo, portanto, envolve uma finalidade sem fim, ou seja, encontra em si mesmo o próprio motivo e finalidade para a ação de jogar. Nas diferentes etapas do desenvolvimento da criança, podemos evidenciar atividades explorativas nas quais a criança busca tirar proveito de todos os efeitos possíveis. Progressivamente, os jogos atestam o aparecimento das mais variadas funções e experiências, como as sensoriais, as de socialização, de memorização, de articulação e de enumeração.

Em relação ao adulto, os autores consideram que o jogo faz um movimento quase inverso, isto é, o adulto ao longo do tempo tende a um estado de desligamento das ações lúdicas, buscando suprir as necessidades produtivas de existência. O trabalho aparece como oposição ao lúdico. Talvez por essa razão o adulto experimente momentos repousantes ao lado da criança quando é possível e permitido realizar atividades descompromissadas com o trabalho sério. Por isso, o jogo em sua essência representa uma infração às tarefas práticas da existência, por outro lado, a criança não as ignora nem nega, mas as inclui como necessidades na ação lúdica.

Dessa maneira, observamos a dificuldade que o adulto encontra muitas vezes em conseguir brincar com as crianças. É como se ele não lembrasse mais da criança que foi um dia e o jogo passa a ser apenas o das regras, perdendo a espontaneidade e até mesmo a criatividade que encontramos mais facilmente nas crianças. No jogo, a criança pode reproduzir algumas experiências que acaba de ter, imita e repete impressões, percepções e emoções. No entanto, pela sua capacidade de criação, podem alternar o que observam e assim são capazes de transformar a realidade, não sendo apenas seres da reprodução.

O jogo, a brincadeira, por mais bem elaborados que possam ser não trazem por si só o lúdico, mas são as próprias crianças, durante a brincadeira, que transformam o momento em um momento lúdico, de fantasia e realidades criadas por elas. Acredita-se erroneamente que o conteúdo imaginário do brinquedo determina a brincadeira, quando, na verdade, acontece o contrário.

Em relação à psicanálise, podemos ressaltar as contribuições de Freud (1920) e autores como Winnicott (1975) e Dolto (1999) para o entendimento da importância da brincadeira no desenvolvimento da criança. Winnicott a partir dos seus estudos na clínica infantil defende a tese da necessidade de se estudar o brincar como um fenômeno que ocorre tanto com a criança como com o adulto nas suas formas diferenciadas. A brincadeira é universal e é própria da saúde, facilita o crescimento, desenvolve o potencial criativo e conduz aos relacionamentos grupais.

Nesse sentido, o autor entende o brincar como por si só uma terapia com possibilidade autocurativa. Quando as crianças sentem que os outros estão livres e também podem brincar, elas se sentem confiantes para brincar. Quando elas não são capazes de brincar, isso pode sinalizar que algo não está bem, fazendo-se necessário trazê-las para um estado em que possam brincar, pois esse é o seu natural.

Para Winnicott, a importância do brincar está na relação entre a realidade psíquica pessoal e a experiência de controle de objetos reais. Brincar é ter a capacidade de ser criativo e é somente sendo criativo que o indivíduo descobre o eu (*self*).

Dolto também admite o jogo como uma atividade comum a todos os animais e que todos os filhotes dos mamíferos parecem brincar assim como a criança humana, mas ressalta a diferença em relação à criatividade e variedade do jogo nessa atividade no humano. As atividades dos outros animais são estereotipadas, provocadas por uma necessidade de motricidade da espécie.

Essa autora descreve as diferentes etapas de desenvolvimento da criança em relação aos tipos de jogos de cada uma delas. O bebê apresenta um dos primeiros jogos de prazer junto ao adulto na brincadeira de esconder o rosto e mostrá-lo de novo. Ela faz referência ao jogo descrito por Freud do "Fort.

Da!" (Sumiu. Achou!), a partir do qual a criança se afirma como sujeito da continuidade de seu ser no mundo. Depois aparecem os jogos do perceber e do explorar. Em seguida, vem o jogo que envolve o ter e o guardar, no qual a criança enche cestos e malas e levam consigo a passear. Posteriormente aparecem os de construção.

Para Dolto, todo jogo é mediador de desejo, traz consigo uma satisfação e permite expressar seu desejo aos outros, em jogos compartilhados. Para a autora, o jogo sempre tem regras e quando as crianças brincam entre si, as regras que estabelecem às vezes são mais atraentes do que a atividade do jogo mental ou físico em questão. Algumas vezes, em seus jogos solitários, a criança se impõe regras como forma prazerosa.

Dolto ainda acrescenta os momentos aparentemente passivos da criança, vistos pelos adultos, na maioria das vezes, como momentos de perda de tempo que a criança não estaria fazendo nada. Ela alerta para a importância desses momentos, mostrando a capacidade inteligente das crianças em contemplar o mundo em sua volta, observando-o, meditando prazerosamente. Se um objeto, ou atividade, interessa à criança, é porque ela encontra um sentido fascinante e lúdico na contemplação, na manipulação desse objeto, e nos pensamentos que ele lhe sugere.

Outra autora, Roza (1999), também a partir da sua experiência na clínica infantil, mostrou como o brincar na perspectiva da psicanálise se torna muitas vezes o único veículo possível de expressão para as crianças. Como meio privilegiado de expressão e de apreensão da realidade, o brincar permite o acesso ao simbólico e aos processos de complexificação da vida. No seu trabalho, a autora busca um resgate da utilização do método lúdico na psicanálise de crianças e para isso lança mão de outros discursos, como o da filosofia, o da linguística e o da semiótica e defende o brincar como um conceito a partir do qual se processa a organização do sujeito, que desenvolve a linguagem e no qual se dá o aprendizado e o conhecimento do mundo. A criança se utiliza de uma linguagem que muitas vezes o adulto não entende. Na clínica é muito importante que a terapeuta esteja atenta para poder compreender essa linguagem. Por isso, a autora defende a brincadeira como possibilidade de aproximação do adulto à criança para que haja um melhor entendimento da sua fala.

De acordo com a apresentação desses autores e suas teorias tanto no que diz respeito à psicologia do desenvolvimento e à psicanálise, com suas experiências sobre a clínica infantil, passaremos aos relatos de estagiárias na clínica infantil, atuando em uma Clínica Escola, sobre suas angústias e aprendizagens em relação à brincadeira no espaço terapêutico, a partir das supervisões e relatórios sobre os atendimentos realizados em diferentes semestres. Nosso objetivo é mostrar como a brincadeira é importante para a clínica infantil e como essa atividade também é formadora da pessoa da profissional.

Muitos relatos faziam menção à dificuldade que sentiam da necessidade de integrar a teoria à prática, por acharem que o momento do estágio era o de colocar em prática tudo que deveriam ter aprendido ao longo do curso. A sensação era a de que não estavam devidamente preparadas para o atendimento infantil. Elas expressavam o nervosismo de nunca ter atendido antes e de imaginar como seria construir um lugar próprio no fazer psicológico, no lugar de terapeutas. Muitas vezes chegavam a dizer que seria muito difícil conversar com as crianças para entender seus sofrimentos, mostrando um desconhecimento da importância da brincadeira e de como essa atividade seria necessária na relação com as crianças no espaço terapêutico.

A insegurança maior se apresentava, portanto, em relação à brincadeira. As questões colocadas nas supervisões eram, na maioria das vezes, no sentido da dúvida de como brincar com as crianças: Como propor a brincadeira? Devemos deixar elas ganharem sempre nos jogos? Como dar o limite ao tempo da brincadeira? Parece que ficar só brincando, não é um trabalho.

Outras vezes, a dúvida aparecia quando a criança parecia não se engajar em um jogo. A tendência das estagiárias era de procurar criar sempre uma brincadeira que fizesse com que a criança mostrasse interesse, sem permitir o tempo para que ela pudesse fazer suas escolhas, serem responsáveis pelas próprias escolhas, tendo que lidar com as frustrações dessas escolhas. Isso evidenciava a postura do adulto de achar que ele é que tem que decidir sempre tudo pela criança, sem permitir que ela possa ir em busca dos seus desejos, mesmo que possa ser sofrido esse processo. Era difícil entender que o desprazer com uma brincadeira faz parte dessa atividade e permite à criança de encontrar suas respostas, ressignificando suas questões, suas angústias. A brincadeira na terapia permite entrar em contato com essas questões em um ambiente de acolhimento proporcionado pelo vínculo com a terapeuta.

As falas das estagiárias muitas vezes faziam uma comparação com o atendimento com o adulto. Muitas achavam que o adulto por se utilizar da linguagem como elas mesmas facilitava o entendimento do que queria expressar. Era preciso, nas supervisões, questionar justamente o que significava esse entendimento. Então falávamos sobre a necessidade da escuta flutuante daquilo que não era dito, não era observável.

Isso exigia uma reflexão sobre a função da brincadeira no espaço da clínica para entender que a fala da criança, na maioria das vezes, só é possível a partir da atividade do brincar. Como interpretar a transferência e a contratransferência nessa relação? Muitas vezes as dificuldades apareciam justamente por ter que dar conta dos conteúdos recalcados da infância da terapeuta, e não apenas à técnica do brincar. As dificuldades eram colocadas no sentido de achar que tinha que dar uma resposta imediata ao colocado pela criança, sempre no sentido de achar que o adulto sabe tudo sobre a criança.

Essas dúvidas geravam angústias também em relação a achar que era possível ter uma certeza nos efeitos terapêuticos que a brincadeira podia gerar. Mais uma vez, a comparação com a atitude do adulto que pode dizer se está se sentindo melhor ou não com a terapia. Era preciso refletir sobre como a criança se comportava, se queria ir à terapia, se brincava. E não esperar palavras de confirmação se estava gostando ou não da terapia.

Muitas estagiárias reconheciam a falta de conhecimento das necessidades de cada etapa do desenvolvimento da criança. Falavam muito da falta de disciplinas no curso sobre desenvolvimento infantil e a relação com a brincadeira. Por exemplo, a brincadeira em modificar as regras de um determinado jogo era muito difícil de ser aceita pela terapeuta. Era difícil de aceitar que a criança precisa construir um conhecimento do que são as regras. A aparente dificuldade de se concentrar em um jogo, deixava a dúvida se deviam insistir ou não para que chegasse ao fim para só então mudar o jogo.

Outro desafio no atendimento infantil diz respeito à relação com a mãe, pai ou responsável da criança. Em muitos casos, ficava difícil construir um vínculo com a criança devido às faltas às sessões, dificultando a conscientização da importância do processo terapêutico. Era preciso conversar com a mãe ou responsável, para entender o porquê das faltas. Em alguns casos, ficamos sabendo que a falta de dinheiro para as passagens de ônibus era o motivo da ausência. Em outros casos, o desafio era em poder escutar da mãe que a criança estava gostando da terapia porque brincava muito. A brincadeira não revelava um trabalho sério.

Além das reflexões sobre a importância da brincadeira como atividade necessária na terapia infantil, a Escola Clínica em questão trazia a necessidade de se pensar que muitas das crianças queriam estar naquele espaço porque podiam ter acesso a vários brinquedos que elas não tinham nas suas casas. Essas questões sociais precisavam ser levadas em consideração na relação teoria-prática no nosso contexto sociocultural.

Outra questão muito discutida nas supervisões se referia ao próprio curso de psicologia. A formação predominante é em uma psicologia do comportamento com poucas disciplinas voltadas para a clínica infantil, em que fosse possível um aprendizado da importância da brincadeira no desenvolvimento humano. Esse fato levava muitas vezes a uma atitude de buscar o controle da situação com as crianças e a falta desse controle gerava angústia. Aos poucos, as estagiárias reconheciam a importância da liberdade de se apropriar do espaço da terapia sem um controle da terapeuta.

A certeza da importância da brincadeira no trabalho da terapia infantil vinha quando as estagiárias relatavam no final do estágio o reconhecimento de que durante os atendimentos, por meio dos jogos, das conversas, dos "faz de conta", elas podiam dizer que tinham passado a compreender a importância da brincadeira, principalmente na possibilidade de ter construído um vínculo forte com a criança. Reconheciam que o espaço de terapia com a brincadeira podia ser importante para fortalecer recursos da criança para lidar com seus conflitos diários nos diferentes contextos da sua vida. Além disso, havia o aprendizado de como lidar com as angústias dos pais ou responsáveis, mostrando a importância da brincadeira como atividade necessária para a criança. Também era importante diferenciar a demanda dos pais da demanda da criança.

Muitas estagiárias relatavam ao final do estágio como aprender a brincar com as crianças tinha sido importante não apenas na sua formação profissional, mas também no pessoal, ajudando a tornar-se mais espontânea e até mesmo mais criativa, podendo se aproximar mais das crianças. Houve um aprendizado a respeito do espaço e tempo do outro, ficando menos ansiosa sobre com o que dizer, o que fazer, permitindo a escuta da fala das crianças, assim como do seu silêncio, sem a necessidade de estar comunicando, ensinando algo. Era importante a reflexão sobre a atuação terapêutica como educadora ou não.

As supervisões ajudavam a refletir sobre muitas questões, sem que pudéssemos responder a todas, mas problematizávamos e aos poucos as estagiárias encontravam suas respostas. Como ser imparcial com as crianças? Como transmitir uma postura de profunda segurança no que estou fazendo? Como buscar, comigo mesma, essa segurança? Como brincar sem ser educadora?

Aos poucos elas entendiam que a criança que quando chegava não conseguia brincar e, portanto, podia sinalizar que algo não estava bem, com a terapia ela começava a brincar, ora sozinha, ora com a terapeuta. O importante era se sentir acolhida e com liberdade de poder usar aquele espaço de maneira que realmente se sentisse assim.

Considerações finais

A possibilidade de utilizar o brincar como instrumento terapêutico permite um contato mais rico de experiências, além de considerar a capacidade plástica das crianças para lidar com certas adversidades. Dessa forma, poder trabalhar e utilizar o brincar como forma de escuta, visualizar as potencialidades da criança e adentrar no imaginário dela são aspectos que caracterizam a clínica infantil.

A brincadeira como espaço relacional e de desenvolvimento constitui um desafio porque requer o desenvolvimento da habilidade de brincar dos adultos. É preciso se colocar ao lado da criança para aprender com ela e assim poder ajudá-la a se conhecer e reconhecer suas potencialidades.

Em âmbito prático, as crianças na terapia têm que encontrar um espaço livre de brincadeira e que possam contar com a mediação da terapeuta. Ao longo dos processos relatados pelas estagiárias, observamos que as crianças, à medida que brincavam, começavam a tomar iniciativas, construíam regras e propunham novas atividades. A terapia permitia às crianças maior interação com a terapeuta, organização e autonomia, visto que participavam de grande parte das decisões, posicionando-se e sugerindo novas atividades ao longo do processo.

Juntamente a apresentação das teorias aqui brevemente discutidas e com os relatos das estagiárias, podemos afirmar que não se pode ignorar a contribuição das brincadeiras como forma da criança exprimir seus sentimentos de medo, às vezes até agressivos, que fazem parte da vida dos sujeitos. O brincar admite uma saída para o inconsciente, possibilitando que este se manifeste, não em sua totalidade, o que seria impossível, mas em um nível mais profundo.

Nesse sentido, consideramos que o brincar, como possibilidade de fala, permitindo o diálogo com respeito, e com as preocupações éticas da atuação clínica emerge como possibilidades criativas da expressão da criança.

Buscamos, por fim, a partir das contribuições da psicanálise e da psicologia do desenvolvimento, apresentar e problematizar questões da clínica infantil, refletindo criticamente sobre a importância da brincadeira nesse espaço terapêutico.

REFERÊNCIAS

DOLTO, F. *As etapas decisivas da infância*. São Paulo: Martins Fontes, 1999.

FREUD, S. Mas ala del principio del placer. *Obras Completas*. Vol. III. Madrid: Biblioteca Nueva, 1981.

HUIZINGA, J. *Homo ludens*: o jogo como elemento da cultura. São Paulo: Ed. da USP, 1971.

LARROSA, J. O enigma da infância em *Pedagogia profana*: danças, piruetas e mascaradas. Belo Horizonte: Autêntica, 2004.

PEDROZA, R. L. S. Aprendizagem e subjetividade: uma construção a partir do brincar. *Revista do Departamento de Psicologia – UFF*, 17, 2, 61-76, 2005.

ROZA, E. S. *Quando o brincar é dizer*: a experiência psicanalítica na infância. Rio de Janeiro: Contra Capa Livraria, 1999.

VYGOTSKY, L. S. *La imaginación y el arte en la infancia*. Madrid, Espanha: Ediciones Akal, 1990.

VYGOTSKY, L. S. *Formação social da mente*: o desenvolvimento dos processos psicológicos superiores(a). São Paulo: Martins Fontes, 1984.

WALLON, H. *L'évolution psychologique de l'enfant*. Paris: Armand Colin, 1941/1968.

WINNICOTT, D. W. *O brincar e a realidade*. Rio de Janeiro: Imago, 1975.

SOBRE A AUTORA

Regina Pedroza

Doutora em Psicologia pela Universidade de Brasília. Pós-doutora em Sciences de l'Education pela Universidade Paris V, René Descartes. Professora associada da Universidade de Brasília no Instituto de Psicologia.

2

A ESCOLA COMO ESPAÇO PRIVILEGIADO PARA O DESENVOLVIMENTO DA INFÂNCIA

Ticiane Silva Raymundo

Bruna Cristina Rodrigues Andrade

O presente texto foi construído num ambiente de interação e troca de conhecimentos a partir da interdisciplinaridade entre pedagogia, psicologia e psicanálise. O objetivo que se propõe é discorrer sobre o desenvolvimento humano, considerando as mudanças pós-período de pandemia e isolamento social.

A pandemia da COVID-19 provocou a necessidade de que muitos dos estudos sobre o desenvolvimento humano fossem revisitados. Isso porque, devido às restrições de convívio comunitário causadas pelo isolamento social, a relação idade x desenvolvimento (base das pesquisas desse campo de conhecimento), foi impactada pelas mudanças sociais vivenciadas nesse período. Dessa forma, teremos uma geração de bebês e crianças que vivenciaram o período de isolamento social e foram afetadas pelo afastamento das atividades escolares e do convívio social.

Esses efeitos serão percebidos tanto no processo de aprendizagem quanto no desenvolvimento. Diante disso, torna-se ainda mais importante a atenção ao trabalho desenvolvido nas escolas para, a partir da estimulação e intervenção profissional, apoiar as crianças na superação das lacunas que possam surgir no processo de desenvolvimento, aprendizagem e socialização.

A experiência das autoras em uma escola municipal de educação serviu como base para as reflexões apresentadas, pois ao retornar às atividades pedagógicas presenciais, percebemos que muitas crianças encontravam dificuldades na aquisição de habilidades básicas como por exemplo, a aprendizagem de segurar a mamadeira, alimentar-se sozinho, interação com outros bebês, aquisição da fala, controle dos esfíncteres, entre outros. Algumas habilidades que eram desenvolvidas a partir dos 6 meses ou um ano de idade, após a pandemia precisaram de mais tempo para serem conquistadas.

Não há mais como negar o quanto a interação social é importante para a aprendizagem. Sem o convívio diário com outras crianças, sem as trocas tão comuns que ocorrem nas salas de aula, nas praças ou nos encontros familiares, o desenvolvimento dos bebês e crianças ficou empobrecido, pois em casa não havia como reproduzir os estímulos existentes na comunidade e nas relações sociais.

Por vezes, as teorias do desenvolvimento podem ser compreendidas como um conjunto de modelos ou critérios para identificar um desenvolvimento normal ou patológico. Entretanto, essas informações devem ser melhor contextualizadas na fase pós-pandemia, pois as mudanças no processo de estimulação e socialização afetaram claramente o tempo de desenvolvimento de cada indivíduo, sem que esse fato signifique a presença de uma patologia ou transtorno de desenvolvimento.

Para a organização do presente estudo, vamos utilizar a teoria sobre o desenvolvimento emocional primitivo proposta por Winnicott, a fim de fazer uma interlocução com a emergência desse processo no espaço escolar.

Winnicott (1960) considera o desenvolvimento a partir de uma perspectiva relacional, destacando a importância dos primeiros cuidados ofertados ao bebê. O autor considera a mãe como este outro primordial que fará a função de devotar ao bebê um ambiente suficientemente bom e sensível às suas necessidades.

Por meio de um processo de identificação, a mãe poderá se adaptar ao bebê para que ele desenvolva uma relação de dependência absoluta na qual esteja assistido pelos cuidados maternos que são caracterizados pelo: *holding* (sustentação física e psíquica), *handling* (manipulação e cuidado ao corpo do bebê) e *apresentação dos objetos* (apresentação do mundo em pequenas doses) (Winnicott, 1973).

A mãe desempenhará o papel de ambiente facilitador para que o bebê se desenvolva e conquiste a integração da psique e soma. Uma vez que ela esteja adaptada, o bebê poderá funcionar de maneira onipotente, tendo a ilusão de que ele cria sua mãe e o mundo ao seu redor à medida em que tem suas necessidades satisfeitas, processo fundador da criatividade. Gradativamente, a mãe precisará produzir falhas que sejam necessárias e suportáveis para que o bebê possa se inscrever na realidade e entrar em contato com pequenas frustrações.

Tais aspectos teóricos são descritos, pois se tudo correr bem, o bebê poderá passar por um processo de constituição que lhe permitirá desenvolver seu potencial criativo, diferenciar-se do outro via a construção de uma identidade unitária, passar por uma separação subjetiva que difere o eu do não eu. Estima-se que tendo experiências de continuidade, ele desenvolverá o sentimento de existir e seguirá em busca de uma independência sempre relativa, pois existe uma civilização que prevê uma relação formada por grupos sociais interdependentes.

Discussão

Freud (1930/1988 *apud* Flach; Sordi, 2007) propõe que o papel da educação em certa medida é adequar o homem aos interesses da civilização, com a proposta de adaptá-lo à realidade externa e às normas construídas no âmbito social. Dentre as atribuições do ato de educar, estão implicados o ingresso à cultura e a relação com a lei que organiza a sociedade.

A escola, portanto, comparece como espaço privilegiado de subjetivação a partir do momento que apresenta uma realidade para além da dinâmica familiar. Esse espaço introduz a alteridade, o coletivo, produz o processo de individualização e separação entre o sujeito e seus cuidadores primordiais, inaugurando outras experiências externas. Esses aspectos ficaram fragilizados durante o período de isolamento social, responsável por demarcar um outro tempo à infância.

Nesses termos, a escola serve como um representante do "espaço potencial", termo desenvolvido por Winnicott (1967) para designar uma área que se situa entre o mundo interno do indivíduo e a realidade externa, fundamental para armar diálogos com a cultura, propiciar espaços de criação, dar vazão ao ato de brincar e compartilhar experiências. Essas operações são necessárias para pensar no resgate do desenvolvimento que no período pandêmico sofreu importantes atravessamentos.

Tomamos alguns marcos do desenvolvimento para analisar algumas atividades realizadas na escola. A primeira delas é a possibilidade de propiciar as identificações e as diferenças entre o eu e o não eu. Vamos ilustrar algumas das experiências vivenciadas por bebês, alunos do Berçário I, em uma escola da Rede Municipal de Ensino da Cidade de São Paulo. As atividades realizadas tinham como tema as Relações Étnico-raciais e a construção da identidade do bebê.

A importância de trabalhar relações étnico-raciais com os bebês e crianças reside no fato de que é nesse período da vida em que as pessoas começam a construir a sua autoimagem e a capacidade de acreditar no seu próprio potencial e competências. A formação da identidade da criança acontece por meio da socialização.

Portanto, a formação de adultos saudáveis no que diz respeito à sua identidade racial e à sua percepção sobre diferenças raciais é elemento importante no cuidado com a criança. É o momento em que começam a aprender a reconhecer a alteridade. Aqui é possível estabelecer um paralelo com os momentos de indiferenciação entre o bebê e o outro, no qual não é possível perceber a existência de diferentes etnias.

As atividades pedagógicas desenvolvidas, produzem oportunidades de vivências e interações com materiais, outros bebês, as professoras, e um ambiente rico de informações que se transformam em elementos para que haja apresentação da realidade e uma interação que possa sustentar um reconhecimento de si e do outro. É importante destacar que o racismo e as práticas discriminatórias são complexos, mas a partir de propostas pedagógicas inovadoras, as próximas gerações podem ser ensinadas e conscientizadas desde cedo, evitando que reproduzam padrões de preconceito racial presentes na estrutura da sociedade.

A família e a escola têm papel fundamental nesse processo de desenvolvimento. Nessas interações que se estabelecem nos primeiros espaços sociais, a criança constrói modelos de interação e inicia o processo identitário. Experiências limitadas podem reproduzir um distanciamento subjetivo que não considera as diferenças étnico-raciais como elementos formadores do "eu".

Por esses motivos, no currículo da Educação Infantil Paulistana, esse tema também está presente. As atividades pedagógicas que serão apresentadas a seguir buscam contemplar todas as etnias e culturas para as crianças, seja nas imagens, desenhos, histórias, contos, filmes, pois, infelizmente, no passado, muitas vezes eram apresentadas personagens de cor de pele branca, cabelos lisos e olhos claros.

Atividade 1: imagens do EU e do NÃO EU

Apresentamos uma atividade pedagógica na qual foram oferecidas diferentes imagens para que os bebês pudessem manusear e interagir. A atenção dada às páginas da revista demonstra como os elementos são percebidos e posteriormente escolhidos para compor um mural, enriquecendo as experiências vivenciadas. Esses elementos presentes na sala de aula, posicionadas considerando a baixa estatura dessa faixa etária, propiciam a exploração livre, apoiando o processo de identificação e de escolha. Nos momentos de brincadeira e exploração, as professoras interagem com esses materiais estimulando a comunicação dos bebês, nomeando as figuras e identificando as imagens que agradam/ desagradam a cada aluno.

Sobre isso, Sousa (2005) ressalta que

> [...] quando os textos, livros ou histórias se referem à pobreza, violência e outras mazelas sociais, geralmente, os negros aparecem nos personagens, nas ilustrações e no conteúdo do texto, não raro como protagonistas. [...] já nos livros de contos de fada, com príncipes, princesas e heróis, a presença negra é praticamente inexistente, predominando aí os personagens brancos, não raro, loiros. E isso não passa despercebido das crianças, sejam elas negras ou brancas (Sousa, 2005, p. 110).

Atividade 2: descobrindo o mundo por meio da brincadeira

Anteriormente, comentamos a importância da compreensão do EU e do NÃO EU. Quando o ambiente lúdico oferece uma variedade de elementos para as experimentações do bebê, enriquece também os traços mnemônicos construídos. Em um segundo momento, propusemos a exploração dos brinquedos. É muito importante oferecer uma diversidade de possibilidades no brincar, oferecendo materiais estruturados e não estruturados. Nesse exemplo de atividade, foram oferecidos brinquedos estruturados que ofereciam diferentes informações relacionados ao tema étnico-racial.

Atividade 3: hora da leitura

O trabalho pedagógico realizado na escola, conta ainda com o uso da contação de histórias. Mesmo tratando-se de bebês, são realizadas a interação com histórias e também a exploração do material.

O livro "Quero colo", de Barbieri e Vilela (2016), trata o tema da diversidade e dos vários tipos de colinho, colo que para os bebês é de grande importância para criação de vínculos de confiança. Na história, tem o colo do pai palhaço, do pai gorila, da avó, da mãe africana, da mulher indígena, do canguru e até dos esquimós.

> "Pra dormir, pra comer, pra confortar. É bom pra bicho, é bom pra gente, em qualquer parte do mundo", diz o livro.
> "Um colinho é sempre bom
> pra dormir
> pra comer
> pra passear...
> Gosto de colo quando estou triste
> ou no trabalho da mamãe

Um colinho também é maravilhoso
para perambular por aí"
(Barbieri; Vilela, 2016).

Quando estão no colo os bebês fazem suas primeiras descobertas e explorações sobre o mundo a sua volta, o livro traz uma reflexão sobre garantir esse lugar seguro de acolhida e cuidado para os bebês em seus primeiros anos de vida. Um reforço da importância da presença da família e da construção dos vínculos afetivos na primeira infância, pois é desta maneira que a criança constrói as suas bases emocionais que irão acompanhá-la pelo resto da vida. A presença de um ambiente acolhedor e facilitador, proporciona experiências importantes no processo de desenvolvimento.

O bebê e a criança devem ser vistos como sujeitos históricos e ativos na constituição de seus conhecimentos e que como um ser único, tem seu próprio jeito de conhecer e viver no mundo. Assim, destacam-se a importância da educação infantil em uma visão democrática, que busca romper com o processo histórico de exclusão de forma a promover práticas relativas à diversidade dos bebês e crianças em uma unidade escolar e de vincular a essas práticas as experiências, saberes e culturas infantis que os bebês e crianças já detêm referentes ao seu pertencimento cultural, ou seja, o currículo escolar deve estar articulado às práticas culturais dos diversos grupos sociais que existem na sociedade.

Considerações finais

A partir dessa atividade lúdica, que envolve bonecas, fotos e histórias, estima-se contribuir para o desenraizamento de práticas que não contribuem com a diversidade. Nesse sentido, propiciar o ato de pensar no brincar com bonecas, pode favorecer debates sobre a diversidade presente na sociedade e a importância na vida das pessoas. Ademais, estabelecer situações que desenvolvam a linguagem simbólica, facilitando a aprendizagem que favoreçam o pensar; estabelecendo uma conexão de diálogo entre a educação e as relações étnico-raciais, na formação do ser humano.

Nessa proposta, o bebê tem papel ativo na conquista de novas habilidades, valorizando as interações humanas e o desenvolvimento da espontaneidade. As perdas que ocorreram durante a pandemia não podem ser apagadas, entretanto há que se pensar que, as escolas e os profissionais devem estar preparados para oferecer um ambiente de acolhimento, com diversidade de recursos para que as crianças possam superar as marcas deixadas pelo período de isolamento.

A partir da construção de novos conhecimentos a respeito de como acontece o desenvolvimento dos bebês e crianças, as famílias e profissionais podem estar mais preparados para apoiar, estimular, incentivar o crescimento das novas gerações. Também entendemos que após a fase de isolamento social, as interações sociais presentes nas escolas, praças e espaços compartilhados serão mais valorizados, considerando que são a base em que se constroem as interações humanas e as novas formas de aprendizagens.

REFERÊNCIAS

BARBIERI, S.; VILELA, F. *Quero colo!*. São Paulo: Edições Sm, 2016.

FLACH, F.; SORDI, R. O. A educação infantil escolar como espaço de subjetivação. *Estilos Clin.* [online]. 2007, v.12, n.22, p. 80-99. ISSN 1415-7128.

SOUSA, F. M. N. Linguagens escolares e reprodução do preconceito. *In*: Secretaria de Educação Continuada, Alfabetização e Diversidade. Educação antirracista: caminhos abertos pela Lei nº 10.639/03. Brasília: Ministério da Educação, Secretaria de Educação Continuada, Alfabetização e Diversidade, 2005. Disponível em: https://educacao.sme.prefeitura.sp.gov.br/wp-content/uploads/2019/07/51927.pdf. Acesso em: 5 abr. 2025.

SÃO PAULO. Secretaria Municipal de Educação, Coordenadoria Pedagógica. *Currículo da Cidade*: Educação Infantil. São Paulo: SME/COPED, 2019.

WINNICOTT, D. *Da pediatria à psicanálise*. Rio de Janeiro: Ed. Imago, 2000.

WINNICOTT, D. *O brincar e a realidade*. Rio de Janeiro: Ed. Imago, 1975.

SOBRE AS AUTORAS

Bruna Cristina Rodrigues Andrade

Graduada em Pedagogia pela Universidade Nove de Julho, é professora na Rede Municipal de São Paulo. Desde 2012, vem atuando na área da educação. Atualmente, está expandindo seus horizontes acadêmicos e profissionais cursando Psicologia no sétimo semestre na Universidade da Cidade de São Paulo. Sua busca por aprimoramento contínuo reflete seu desejo de compreender ainda mais profundamente os processos de aprendizagem e desenvolvimento humano, com o objetivo de enriquecer sua prática pedagógica e contribuir ainda mais para a educação.

Ticiane Silva Raymundo

Psicóloga e pedagoga. Doutora em Educação e Saúde na Infância e na Adolescência (UNIFESP). Já atuou como professora na educação infantil e no ensino fundamental e como diretora de escola na rede pública. Atualmente, trabalha com a saúde do servidor público e leciona em curso superior – graduação em Psicologia.

Parte 4

Psicopatologia e clínica contemporânea da infância e da adolescência

1

O CRESCIMENTO DE DIAGNÓSTICOS PÓS-PANDÊMICOS

Renata Wirthmann

> *Amor para mim é exatamente isto. Ser capaz de permitir que aquele que eu amo exista como tal, como ele mesmo. E isto supõe mortes em mim. Se eu permito que o outro se expresse tal qual ele é, isso é o mais pleno amor. Dar liberdade dele existir do meu lado como ele é. Este é o tal amor incondicional. Isto é muito difícil, porém a experiência é interessante demais – os erros e os acertos. Amor é muito interessante, é o embate. Pode sofrer de tudo menos de tédio porque não há como ter tédio. Amor é muito divertido, é muito complicado.*
> (Adélia Prado)[6]

---

6   Fala de Adélia Prado durante o lançamento do livro "A Duração do Dia" (2011), na Livraria Cultura, em São Paulo.

O presente capítulo pretende debater acerca do aumento de diagnósticos e medicalização da infância e da adolescência após a pandemia. Para isso, percorreremos alguns pontos importantes para a sustentação da hipótese de que grande parte desses diagnósticos são precipitados, ou seja, potencialmente equivocados, levando a uma sensação de uma epidemia que não existe de fato, apenas aparece documentada em laudos.

Iniciaremos o percurso com uma leitura, a partir de Lacan, da pandemia como um atravessamento do real e o impacto desse real para as crianças. Para que se compreenda tal impacto, torna-se imprescindível a compreensão do que é um filho (bebê, criança ou adolescente), definição que pode variar conforme quem a define: para seus pais a criança é equivalente a uma falta; para a psicanálise lacaniana a criança é um sujeito atemporal a ser compreendida em tempos e não idades; para a sociedade capitalista a criança é um potencial adulto que deverá ser capaz de produzir e consumir.

Entre os diagnósticos que apresentam um crescimento expressivo, observamos, quando recortamos a análise para a infância e a adolescência, uma ênfase particular em três deles: o Transtorno do Espectro Autista (TEA), o Transtorno de Déficit de Atenção e Hiperatividade (TDAH) e o Transtorno Desafiador Opositivo (TOD). No presente capítulo, sustentamos a hipótese de que esse aumento nos diagnósticos pode ser compreendido como um efeito colateral da pandemia e das transformações culturais subsequentes, que incidem diretamente em cada um dos tempos do sujeito.

Sob essa perspectiva, propomos que os atuais tratamentos em saúde mental podem estar desconsiderando os impactos da pandemia e de mudanças significativas no cenário tecnológico como a introdução precoce de telas individuais também para crianças e nas formas de convivência, em que o espaço privado é cada vez mais valorizado em detrimento do espaço coletivo. Denunciamos, por meio deste capítulo, que tais mudanças da atualidade produzem efeitos nocivos sobre as crianças e os adolescentes e que, ao invés de promover uma revisão crítica desses aspectos da vida atual, tais efeitos estão sendo nomeados como transtornos próprios da infância e da adolescência, e não como expressões dos impasses e contradições do nosso tempo. Como consequência, observa-se uma crescente oferta de diagnósticos e medicalização, sem que se realize a necessária reavaliação crítica das condições sociais, culturais e tecnológicas que atravessam a subjetividade no nosso tempo.

Convido ao percurso deste capítulo que consiste, fundamentalmente, em um convite de recuarmos diante o impulso antecipado e irresponsável de patologização da infância e da adolescência.

O real da pandemia

A pandemia de COVID-19, doença causada pelo novo coronavírus (Sars-Cov-2) foi declarada pela Organização Mundial de Saúde (OMS) no dia 11 de março de 2020. No final do ano de 2022 a população mundial alcançou a marca inédita de 8 bilhões de habitantes no planeta. Nesse mesmo ano, segundo a OMS, completamos 650 milhões de pessoas contaminadas e 6,6 milhões de mortes pela COVID-19 no mundo durante toda a pandemia. Importante ressaltar que esses são os números oficiais, entretanto, segundo a própria OMS, estima-se que o verdadeiro impacto da pandemia terá sido duas ou três vezes maior do que os números mostram.

Esses números nos permitem constatar que a pandemia se mostrou devastadora em todo mundo, e ganhou marcas ainda mais desafiadoras em alguns países, incluindo o Brasil. Além do enfrentamento em relação ao vírus, tivemos enormes desafios ligados a outras questões como política, economia, educação, socialização, violência, vacinação dentre outros.

Do ponto de vista psicanalítico, a pandemia pode ser compreendida como o atravessamento do real. E, embora o real se imponha por si mesmo, os sujeitos frequentemente sustentam a ilusão de que podem controlá-lo ou dominá-lo. Isso ocorre porque o real costuma se apresentar velado por semblantes, por máscaras simbólicas que oferecem a falsa sensação de familiaridade "é apenas um vírus", "é uma gripezinha". Trata-se de uma operação que visa tamponar o desconforto diante daquilo que se impõe como imprevisível e sem lei. O mal-estar generalizado se expressava nas perguntas que atravessavam o discurso social: "Se já conhecemos tantos vírus e tantas gripes, por que este seria diferente? Por que este mataria mais do que os outros, dos quais já nos contaminamos e não morremos?"

Tais questionamentos evidenciam o atordoamento diante daquilo que Lacan (1975-1976, p. 133) define como o real: sem lei, imprevisível, não simbolizável e não organizado. É precisamente essa característica do real que choca, imobiliza e escapa à tentativa de enquadramento simbólico. Assim, constatamos que, a despeito da vontade do sujeito, a pandemia como manifestação do real impôs sua marca sobre nosso tempo, rotinas, obrigações e até mesmo desejos.

Entretanto, é importante ressaltar, a partir de Lacan (1974-1975, p. 51), que "o real não é tudo", o que implica reconhecer que a ciência, em suas intervenções, consegue arrancar alguns "pedacinhos desse real". Assim, embora o real se imponha como impossível de ser plenamente simbolizado, ele pode ser parcialmente abordado. Nesse sentido, a ciência opera buscando delimitar ao menos uma parte desse real, promovendo intervenções que permitam um certo manejo daquilo que, em sua totalidade, seria insuportável como as recomendações de distanciamento social, quarentena, uso de álcool 70%, higienização de superfícies, utilização de máscaras e, finalmente, a vacinação.

Essas intervenções, ainda que não eliminem o real, funcionam como barreiras simbólicas e imaginárias que filtram, ao menos parcialmente, o contato direto com o impossível de suportar. Permanecemos, assim, submetidos ao real, mas não inteiramente, uma vez que o enfrentamento absoluto de sua face nua seria insustentável para o sujeito. A partir de Freud (1930), compreendemos que o mal-estar ameaça o sujeito a partir de três direções: da natureza, como exemplificado pela irrupção do vírus SARS-CoV-2; da fragilidade do próprio corpo, exposto ao adoecimento e à morte pela COVID-19; e, de forma ainda mais potente, da cultura, por meio das imposições sociais, morais e institucionais que buscam reger a vida em comum. Contudo, esse afastamento do horror imediato não se dá sem consequências e instaura-se, como efeito, novas modalidades de mal-estar.

Retomando às consequências, tanto do atravessamento do real, quanto das intervenções da cultura sobre este, é imprescindível destacar que um dos grupos mais afetados pelas restrições impostas pela pandemia foi o das crianças e dos adolescentes. Durante o primeiro ano da pandemia, grande parte desse grupo experienciou a convivência presencial quase exclusiva com membros da própria família, restrita ao ambiente doméstico. O contato com o universo fora do circuito familiar, incluindo escola e amigos, migraram para o espaço virtual.

Podemos afirmar que a pandemia atuou como um potente catalisador de transformações nas formas de sociabilidade, especialmente no que concerne à mediação das relações pelos dispositivos tecnológicos. Se, antes da pandemia, a progressiva virtualização dos laços sociais já se apresentava como uma tendência da contemporaneidade, o cenário pandêmico intensificou e antecipou esse processo de forma abrupta e generalizada, impondo a virtualização como principal via de contato.

Essa transição para o digital não ocorreu sem custos subjetivos: as relações passaram a se dar majoritariamente através de imagens e discursos mediados por telas, favorecendo formas de laço social marcadas por uma lógica de imediatismo, superficialidade e esvaziamento da presença simbólica do Outro. Além disso, o aumento expressivo do tempo de exposição às telas, sobretudo entre crianças e adolescentes, implicou uma reconfiguração precoce e radical dos modos de entrada na linguagem e na cultura, deslocando o espaço da alteridade concreta para o universo das redes sociais e das interações digitais.

Trata-se de uma dimensão imprevista e, em grande medida, ainda não suficientemente elaborada no plano simbólico, cujas consequências para a infância, a adolescência e mesmo para a organização dos vínculos adultos pretendemos analisar neste trabalho. Tal análise se faz urgente diante da constatação de que, mesmo com o arrefecimento das medidas de isolamento, muitos dos hábitos instaurados nesse período permanecem, indicando uma possível transformação estrutural nos modos de sociabilidade contemporâneos.

Diante dessas transformações, algumas questões se tornam fundamentais para a compreensão dos efeitos subjetivos da pandemia nas crianças e adolescentes: De que modo a longa permanência no ambiente doméstico repercute na relação do sujeito com o próprio corpo, considerando os efeitos sobre a experiência corporal, a motricidade e o gozo? Ainda, é necessário interrogar: quais as consequências da imersão precoce e prolongada de crianças e adolescentes no universo das telas, especialmente no que diz respeito à substituição das experiências presenciais por vínculos mediados tecnologicamente? Quais os efeitos da virtualização das relações? E, a partir dessas experiências, que mudanças começam a se delinear nos discursos do saber médico e da educação sobre a infância, suas necessidades e modos de intervenção?

Essas perguntas orientam a reflexão proposta neste trabalho, na medida em que evidenciam a urgência de se pensar, a partir da psicanálise, os desdobramentos subjetivos das transformações culturais intensificadas pela pandemia.

A criança na contemporaneidade

O que é a infância? O que é a criança? Segundo a psicanalista argentina Alba Flesler (2012), a criança, para um pai ou uma mãe, é equivalente a uma falta; em outros termos, nenhuma criança chega a existir no mundo se não for convocada a partir da falta de alguém. Pode até nascer biologicamente, mas para ocupar o lugar simbólico de criança, é necessário que seja nomeada a partir do desejo do Outro primordial. Uma vez desejada, a criança estará inscrita no campo do Outro, que vai lhe atribuir, não só um lugar no laço social, como expectativas e fantasias. Por isso, desde muito cedo, a criança será convocada a ocupar o lugar de objeto preenchedor da falta que sustentou seu próprio advento.

Essa articulação entre falta e existência confere à criança um lugar privilegiado na clínica: o de ser o sintoma dos pais. Nesse sentido, Lacan (1969, p. 369) afirma que "o sintoma da criança acha-se em condição de responder ao que existe de sintomático na estrutura família". Na escuta dos pais, na clínica com crianças e adolescentes, é possível perceber que os próprios pais, de forma inconsciente, localizam seus sintomas nos filhos. Ao queixarem-se das dificuldades apresentadas pelas crianças, queixam-se, na verdade, de aspectos de si mesmos, ainda que de forma inconsciente e deslocada.

Na prática clínica, portanto, quando uma criança chega ao consultório, ela traz, em um primeiro, notícias do sintoma familiar e do lugar que ocupa na relação com os pais. Apenas em um segundo momento, quando a clínica avança no manejo da transferência e na escuta das formações do inconsciente da criança, é que será possível encontrá-la como sujeito.

Isso equivale a dizer que a criança chega à clínica como um filho, ou seja, pelo mal-estar que provoca em seus pais e instituições. Ainda que o sintoma da criança funcione como uma resposta ao que há de sintomático na estrutura familiar, os pais demonstram-se, com frequência, incapazes de reconhecer tais sintomas como próprios. Contudo, são plenamente capazes de se incomodar, observar e denunciar essas manifestações nos filhos, delegando à criança a expressão visível daquilo que, em si mesmos, permanece recalcado ou não elaborado. Por isso Freud nos apontou que os pais não procuram análise para um filho para se questionarem acerca do sintoma de seus filhos, mas que "um casal de pais deseja que se cure o filho nervoso e desobediente. Para eles, um filho saudável é aquele que não lhes cria problemas e que pode lhes dar alegrias" (1920/2011, p. 119).

Se, para os pais, a criança é equivalente a uma falta convocada a preencher um vazio estrutural inscrito no campo do desejo , para o analista, a pergunta que se impõe é: quem é a criança? Ou, mais radicalmente, a criança existe para o analista? Na perspectiva lacaniana, a criança, como objeto da clínica, não existe como tal. O objeto da clínica é o sujeito e este é atemporal, por isso podemos afirmar que a psicanálise não atende a idades cronológicas da criança e do adolescente, e sim aos tempos do sujeito.

A prática analítica exige, portanto, lidar com três perspectivas distintas acerca da infância:

Primeiramente, a criança para os pais, lugar simbólico de uma falta, investida de expectativas, fantasias e demandas inconscientes, muitas vezes convocada como objeto causa de desejo ou como sintoma parental. Em segundo lugar, a criança para o psicanalista, como sujeito em seus tempos iniciais que transcende lógica cronológica, ainda que esse sujeito se manifeste através das formações próprias da infância: o brincar, o corpo sintomático, a fala fragmentada ou o silêncio carregado de sentido. Por fim, a criança para a cultura, marcada pelas concepções contemporâneas de infância, pelas políticas públicas, pelos discursos pedagógicos e médicos que tentam definir o que uma criança deve ser, saber ou sentir em determinados momentos de sua vida.

O trabalho do analista, nesse contexto, é operar entre esses três registros: escutando a criança como sintoma na cena familiar, reconhecendo-a como sujeito do inconsciente além das determinações etárias, e interrogando criticamente os discursos da cultura que tentam fixá-la em categorias rígidas de normalidade ou patologia.

E, afinal, o que se pode pensar sobre a infância na contemporaneidade? Existe uma infância idealizada, uma infância esperada ou considerada "normal"? E, nesse caso, qual seria o parâmetro que define essa suposta normalidade? No livro: *Psicanálise e Psiquiatria com crianças: Desenvolvimento ou estrutura*, Oscar Cirino (2001) discute as expectativas que marcam a infância no século XXI, revelando que a preocupação com as crianças está, muitas vezes, menos vinculada à consideração sobre quem elas são no presente e mais relacionada ao potencial que representam como futuros adultos. O olhar dirigido à infância é atravessado por uma lógica utilitarista, voltada à preparação da criança para se tornar um adulto funcional, produtivo e adaptado às exigências da sociedade contemporânea.

> Todos os que trabalham com crianças são cotidianamente confrontados com questões relacionadas ao desenvolvimento, à evolução e à história. Quanto tempo devo deixar o bebê mamar? Por que ele ainda não engatinha? Será que não está demorando a falar? É normal ela continuar se masturbando? Essa irritação vai passar? Esse sintoma, é estrutural ou passageiro? (Cirino, 2001, p.15).

Nessa perspectiva, a infância é constantemente vigiada e monitorada: observa-se sua maturação neurológica, seu desenvolvimento sensório-motor, seus hábitos alimentares e de higiene, sua capacidade cognitiva e seus processos de adaptação ao ambiente escolar e social. Em suma, a criança é menos reconhecida como sujeito de desejo e mais compreendida como um projeto de futuro, um investimento da cultura que busca, desde muito cedo, garantir a conformidade de seu percurso com os ideais de normalização, eficiência e produtividade impostos pela sociedade atual.

Essa parece ser a função social atribuída à criança na contemporaneidade: a de uma infância voltada à adaptação e à preparação de um futuro adulto funcional, conformado aos ideais normativos de uma sociedade marcada pelo produtivismo e pela eficiência. Nesse contexto, psicologia, medicina e educação correm o risco de passar a operar de forma cada vez mais articulada, porém com um preocupante objetivo em comum: produzir "futuros adultos convenientes às instituições", moldados aos valores dominantes da cultura em que se inserem.

Como afirma Guy Clastres (1991, p. 137-138), "o projeto é claro: trata-se de harmonizar a criança para preparar o adulto, a fim de moldá-lo aos ideais da burguesia em ascensão". Ainda segundo o autor, "a promoção do significante 'educação' faz aparecer o [significante] da criança", subordinando-a, desde o início, a criança às exigências de normatividade e moralidade impostas pelos discursos institucionais.

Diante desse cenário, cabe perguntar: as transformações do século XXI estariam apenas promovendo mudanças no estatuto da infância ou estariam, de fato, conduzindo ao seu desaparecimento singular? Por ora, mesmo que não possamos afirmar o desaparecimento da infância, parece evidente que estamos assistindo ao seu progressivo adoecimento, marcado por excessos de expectativas, diagnósticos, intervenções normativas e medicalização.

Pensar o Sujeito em Tempos

Os tempos do Sujeito para a Psicanálise do nascimento até a conclusão da infância

Para a psicanálise, a criança é pensada como Sujeito atemporal ou Sujeito do Inconsciente e, portanto, não se busca atender a criança e suas idades cronológicas, mas sim o Sujeito e seus tempos. Embora a clínica psicanalítica com crianças receba aquele que, de início, é apresentado como "a criança" que nos chega a partir da queixa dos pais, o trabalho do analista consiste em orientar-se para o Sujeito e localizá-lo em seus próprios tempos, a partir de suas manifestações, para que este Sujeito possa, no percurso da análise, construir seu próprio sintoma e sua própria demanda de tratamento, e não apenas responder ao sintoma familiar e à demanda parental.

Uma criança, para um analista, é um sujeito que não fala do mesmo modo que os pacientes neuróticos adultos, mas fala. E essa fala que se expressa por meio de palavras, jogos, desenhos, silêncios e movimentos corporais é considerada uma manifestação do inconsciente, desde que o analista se disponha a escutá-la e interpretá-la, afinal, para a psicanálise "o sujeito nunca é mais do que suposto" (Fink, 1998, p. 55). Por não poderem ser abordadas do mesmo modo que os adultos, se elaborou uma técnica específica para a clínica com crianças o brincar , sem que isso altere a premissa fundamental: o fato de que o objeto da psicanálise de crianças não é a criança, assim como o objeto da psicanálise com adultos não é o adulto. O objeto da psicanálise é, sempre, o Sujeito, ou seja, o inconsciente, atemporal e estruturado como linguagem.

Para Lacan, o Sujeito não nasce nem se desenvolve biologicamente: o Sujeito se constitui no campo da linguagem. O sujeito é um efeito de linguagem. Se o Sujeito é constituído, é precisamente porque não é inato; não se nasce Sujeito, nasce-se apenas, como diz Lacan *libra de carne*.

A psicanálise concebe o Sujeito a partir de uma raiz social, pois só é possível a constituição subjetiva no laço com o Outro, mediada pela presença da família ou de seus substitutos sociais e jurídicos (como as instituições). Alba Flesler (2012) formula isso de um modo preciso ao afirmar que viver não é o mesmo que existir: nenhuma criança chega ao mundo se não fizer falta a alguém. A criança condensa, para quem deseja, uma expectativa que exige satisfação e que convida o sujeito a ocupar muito cedo o lugar de objeto preenchedor da falta.

Muito antes do nascimento do bebê muito antes de esse pequeno ser humano surgir no cenário do mundo com a possibilidade de vir a ser um Sujeito , o espaço simbólico necessário para esse advento já está previamente estruturado, constituído e ordenado pela cultura, pela sociedade, pela família e, sobretudo, pela linguagem. É essa linguagem, com toda a complexidade de seus significantes, que já se encontra inteiramente disposta, à espera da *libra de carne*, pronta para inscrever aquele que nasce no campo do desejo e da falta, condição fundamental para a emergência do Sujeito.

Avancemos agora para a discussão sobre os tempos do Sujeito. Qual a relevância de abordar essa questão? Uma de suas funções fundamentais é evidenciar a transitoriedade própria da noção de Sujeito na psicanálise. O Sujeito, como afirma Fink (1998, p. 62), "não é algo ou alguém que possua algum tipo de existência permanente". Afirmar que o Sujeito não é permanente ou constante significa reconhecer que ele se manifesta apenas no instante da enunciação, no momento em que fala, e, imediatamente, já não está mais ali. O Sujeito se apresenta como um ponto de emergência efêmero no discurso, sempre em deslocamento, efeito da articulação significante, e jamais uma entidade fixa ou plenamente capturável.

Essa concepção desloca a ideia de um sujeito substancial ou essencial e reafirma seu caráter estruturalmente descontínuo, marcado pelo tempo lógico e pelas operações da linguagem, no qual o sujeito é, antes de tudo, um efeito do significante, como nos versos do Manoel de Barros, recortados do *Livro sobre nada*, nos qual podemos ver o que significa dizer que o sujeito é o furo de um discurso:

> As palavras me escondem sem cuidado.
>
> *
>
> Aonde eu não estou as palavras me acham.
>
> *
>
> Do lugar onde estou já fui embora.
> (Barros, 1997, p. 67 - 71)

Podemos afirmar, portanto, que o sujeito lacaniano é dividido, transitório e, sobretudo, um sujeito do discurso, um sujeito falante. Ao falar, o sujeito assume a responsabilidade pelo que é dito e, consequentemente, pela posição subjetiva que ocupa no ato da enunciação. É por isso que, na clínica, se convida o sujeito a falar, pois é na fala que ele se apresenta. Mesmo com crianças, incluindo aquelas nos seus tempos mais iniciais ou com crianças não verbais, esse convite à fala permanece vigente. Compreende-se, nesse contexto, que cabe ao analista oferecer as condições necessárias para que a fala em seu sentido ampliado possa emergir.

Essa escuta qualificada não se restringe à palavra falada, mas se estende às diversas formas de expressão possíveis do sujeito: o brincar, o gesto, o olhar, o silêncio, a produção de imagens e movimentos corporais. Tais manifestações são reconhecidas como modos legítimos de enunciação do inconsciente, na medida em que o analista está disposto a interpretá-las como forma de discurso, sustentando a presença de um sujeito, mesmo quando este ainda não dispõe plenamente da linguagem verbal.

Mas, embora ele seja um sujeito tão evanescente ou de vida efêmera quanto aquelas interrupções conhecidas como lapsos de língua e atos falhos, esse sujeito especificamente lacaniano não é tanto uma interrupção, mas o ato de assumir isso, no sentido francês do termo *assomption*, isto é, uma aceitação de responsabilidade por aquilo que interrompe, assumir a responsabilidade (Fink, 1998, p. 69).

Esse sujeito, se transitório, precisa ser pensado em tempos. Alba Flesler propôs, a partir de Lacan no escrito *O tempo lógico e a asserção de certeza antecipada* de 1971, uma organização do nascimento até a conclusão da infância em seis tempos, apontando o predomínio dos registros do Real, Simbólico e Imaginário em cada um deles. Se pensarmos especificamente na clínica com crianças constatamos que pensar o sujeito em tempos não permitirá ao analista a ilusão de padronizar ou adestrar a infância ou a adolescência e exigirá, do analista que pretende praticar a psicanálise com crianças, o esforço de entrar em contato com a singularidade do sujeito, de acordo com as especificidades de cada um dos seus tempos.

O primeiro tempo, nomeado como "Ser ou não Ser o Falo", corresponde ao primeiro encontro do bebê com o Outro logo após o nascimento da *libra de carne*. Esse tempo é marcado pelo predomínio do registro Imaginário. Nesse momento inaugural, o Outro geralmente encarnado pela mãe ou por quem exerça a função materna propõe algo ao bebê, atribuindo-lhe um lugar no campo do desejo. O bebê, por sua vez, responde *sim* e, em consequência desse *sim*, ele se aliena na proposta do Outro, de tal modo que podemos afirmar que neste momento o seu corpo e suas manifestações não lhe são próprias ainda. Assim, o bebê, neste primeiro tempo, encontra-se inteiramente capturado no campo do Outro e determinados por ele. Assujeitado ao Outro, o bebê ainda não existe como sujeito propriamente dito, mas como objeto que ocupa um lugar na economia do desejo materno.

O segundo tempo, nomeado como "Primeiro despertar sexual" ou "Instante de olhar", tem a predominância do registro Real e é, na verdade, um instante: pontual e surpreendente. Lacan explica que nesse instante de olhar a criança se surpreende com a percepção que o Outro primordial, o

Outro materno, possui uma falta e isso leva a criança a uma descoberta, no sentido mais significante da palavra descoberta, no sentido de tirar o que se cobre, o que se esconde, o que resulta no fato de que a ilusão fica descoberta, a ilusão não se sustenta. A ilusão, no primeiro tempo, era mantida pela garantia de que a resposta do sujeito ao Outro seria sempre sim. Nesse segundo tempo, em que a ilusão descoberta a resposta pode ser outra, ou seja, a criança não tem mais a garantia de poder ser o falo da mãe, nesse momento ela descobre que a mãe pode ter outros interesses que não somente ela.

O terceiro tempo, nomeado como "Ser ou Ter o Falo", tem a predominância do registro imaginário novamente, como o primeiro tempo, justamente porque remete, retroativamente ao primeiro tempo. Se no primeiro tempo o sujeito disse *sim* à proposta advinda do Outro, agora ele deve responder *não* e permitir que a separação se opere. "Alienação e separação são dois tempos do sujeito, tempos em que o sujeito se efetua como resposta" (Flesler, 2012, p.74). A operação de alienação e separação exigirá uma modificação pois a ilusão do primeiro tempo não sustenta mais a relação do sujeito com o Outro. A separação envolve o confronto do sujeito alienado com o Outro não mais como linguagem, mas como desejo. A criança quer saber se é desejada/amada por seus pais e, para isso, é fundamental que o Outro materno se mostre incompleto e alterne presença e ausência. Esse movimento será interpretado pelo sujeito fazendo deste um sujeito desejante.

O quarto tempo, nomeado como "Período de Latência" ou "Tempo de Compreender" tem a predominância do registro simbólico pela primeira vez. Quando o sujeito conseguir suportar a ideia de que o Outro é, na verdade, um sujeito desejante e que ele próprio também é um sujeito dividido se dará o início do longo período de latência, no qual a criança vai buscar entender o mundo ao seu redor para poder localizar seu lugar.

A criança compreende o que é indecifrável no discurso dos pais. (...) A criança tenta ler entre as linhas para decifrar o porquê: Ela diz X, mas por que ela está me dizendo isso? O que quer de mim? O que deseja em geral?

Os porquês intermináveis das crianças não são, na opinião de Lacan, o sinal de uma curiosidade insaciável com relação ao funcionamento das coisas mas mostram uma preocupação com o lugar em que elas se encaixam, que posição ocupam, que importância têm para os pais. As crianças estão preocupadas em assegurar um lugar para si mesmas (Fink, 1998, p. 77).

O quinto tempo, nomeado como "Segundo Despertar Sexual" ou "Início do Drama Puberal", tem o predomínio do registro Real, como foi o primeiro despertar. Mais uma vez percebemos um movimento de retroação em que algo que se iniciou no primeiro despertar se suspendeu durante o período de latência e agora encontra a oportunidade de retornar. Esse tempo é, também, marcado por se configurar como um instante, como foi o primeiro despertar. Se o primeiro despertar inaugurou uma abertura para a construção de um saber sobre seu corpo e suas manifestações não mais alienado ou assujeitado ao Outro, nesse segundo despertar encontraremos o "ressurgimento do empuxo pulsional que visa uma nova forma integradora de modalidades inovadoras no desejo, no gozo e no amor" (Flesler, 2012, p.78). Nesse segundo despertar, o corpo e suas manifestações que foram percebidos no primeiro despertar, agora terá seus poros reabertos, após uma certa suspensão ocorrida na latência.

Finalmente o sexto tempo do Sujeito, nomeado como "Momento de Concluir" ou "Precipitado Fantasístico". Este, diferente de todos os anteriores, é marcado pelos três registros: Real, Simbólico e Imaginário (RSI). Trata-se da conclusão da infância. Esse processo não é fácil ou rápido, mas inscreverá as principais marcas sobre as quais o sujeito vai sustentar uma vida inteira, pois nesse tempo o sujeito deverá concluir a fantasia que vai orientar seu desejo e seu acesso ao gozo para além do âmbito familiar.

Tendo compreendido o percurso que vai do nascimento à conclusão da infância, incluindo a constituição do sujeito como ato de resposta à língua que advém do Outro, podemos agora avançar para a análise de como esses tempos subjetivos sofreram o impacto da pandemia e pós-pandemia. A pandemia teria permitido que tais tempos se cumprissem em sua lógica própria?

Os tempos do Sujeito em tempos de Pandemia e Pós-Pandemia

Um bom ponto de partida acessível e compartilhado por muitos para pensar os impactos da pandemia sobre crianças e adolescentes está nas manchetes de jornais, postagens em redes sociais, vídeos no TikTok e na infinidade de memes que abordaram, de forma crítica ou bem-humorada, as mudanças abruptas sofridas por esse grupo etário durante o curto intervalo das restrições sanitárias. Muito mudou, e muito se acelerou. Pais e educadores passaram a relatar que seus filhos pareciam desnorteados, desbussolados, frequentemente sem referências claras de rotina, convivência e expectativas.

Esses sinais de que "algo não vai bem" se manifestam cotidianamente nas queixas que chegam aos consultórios, às creches e às escolas. Não se trata apenas de uma impressão difusa: houve, de fato, uma transformação significativa, e seus efeitos recaíram de forma especialmente intensa sobre crianças e adolescentes. É necessário, portanto, interrogar quais foram esses impactos e como eles se articulam com os tempos do sujeito, conforme formulados pela psicanálise.

Buscando essas informações que atravessam as várias experiências e podem ser rapidamente buscadas num clique da internet, vamos começar pelo bebê, ou, em termos dos tempos do sujeito, vamos apontar para os três primeiros tempos que, conforme descritos acima, fazem referência à criança, desde o nascimento até a entrada no mundo simbólico. No caso dos bebês nascidos entre 2019 e 2021, os chamados *coronials*, nome geracional cunhado para marcar esse período, observamos uma série de inquietações por parte dos pais. Muitos, inclusive, que já tinham filhos anteriores à pandemia, passaram a comparar o desenvolvimento das crianças nascidas no pós-pandemia com aqueles nascidos em contextos anteriores, notando diferenças significativas no comportamento, na linguagem, na socialização e até mesmo na motricidade.

As marcas desse impacto aparecem já na gestação. Estar grávida durante uma pandemia viral é, por si só, uma experiência angustiante. Já havíamos testemunhado esse fenômeno durante o surto de Zika vírus no Brasil assistimos novamente o pavor das gestantes na pandemia da COVID-19 de que o vírus afetasse o bebê, sobretudo no que diz respeito ao desenvolvimento cerebral, atravessou intensamente o discurso materno. Só mais tarde, e após mais de um ano de angústia generalizada, a ciência pôde atestar que não havia correlação direta entre o vírus e déficits neurológicos congênitos, mas o efeito subjetivo da angústia já havia se instalado.

Após a gestação, o nascimento e uma nova inquietação: o risco de contaminação de um recém-nascido. Estabeleceu-se um novo contrato social da pandemia: anunciar o nascimento pelas redes sociais, mas deixar claro que não haveria visitas. O que historicamente sempre foi um momento de encontro e celebração em família e com a comunidade, passou a ser substituído por isolamento quase absoluto. Muitas delas optaram por não contar com a ajuda de profissionais como babás, faxineiras ou cuidadoras nem de parentes próximos, por receio do contágio.

Assistimos, assim, ao confinamento de inúmeros bebês em casas habitadas apenas por uma ou duas pessoas, geralmente os próprios pais. As mães, sobretudo, vivenciaram um isolamento profundo, sobrecarregadas com tarefas para as quais, em condições não pandêmicas, contariam com apoio coletivo. Como diz o provérbio popular, "é preciso uma aldeia para educar uma criança", mas, subitamente, as mães tornaram-se a aldeia inteira para seus filhos, enfrentando sozinhas uma tarefa que deveria ser comunitária.

Retomando a tarefa de pensar os impactos da pandemia sobre a infância e a adolescência partindo do princípio psicanalítico de que esses sujeitos não devem ser abordados segundo faixas etárias cronológicas, mas a partir dos tempos do sujeito propomos, na sequência, revisitar cada um desses tempos, agora interrogando como a pandemia interferiu em seus acontecimentos constitutivos. O objetivo é compreender de que modo os efeitos da pandemia especialmente o isolamento, a perda dos marcos coletivos e a intensificação do uso de telas afetaram as operações subjetivas fundamentais que sustentam o sujeito na infância e na adolescência.

O primeiro tempo, denominado "Ser ou Não Ser o Falo", é de extrema importância para que a *libra de carne* recém-nascida possa vir a se constituir como sujeito. Para isso, é fundamental que o Outro materno ou quem exerça essa função ofereça seus objetos pulsionais, por meio do olhar, da voz e do corpo. É nessa operação que o bebê, ao se assujeitar ao Outro, adquire um primeiro sentido, sendo introduzido no mundo como sujeito na linguagem. Isso significa que, nesse tempo inaugural, tanto o Outro quanto a criança aceitam escutar as necessidades como algo que pode ser representado por palavras e antecipado pelo desejo: "você quer mamar, bebê?", "mamãe vai te dar mamar". Por meio dessas antecipações, o Outro atribui significação às manifestações do bebê e o introduz no campo do desejo e da linguagem. Esse momento de sujeição ao Outro é necessário para que o infans possa advir como sujeito e, futuramente, esteja em condição de responder sim ou não ao que o Outro virá a propor nos tempos seguintes.

Contudo, durante a pandemia, esse tempo inaugural foi profundamente afetado pelo medo da contaminação. O temor de transmitir o vírus ao bebê impôs restrições inéditas ao contato corporal direto, elemento fundamental nesse tempo do sujeito. O simples ato de amamentar passou a ser atravessado pela angústia: o receio de respirar próximo ao rosto do bebê durante a amamentação, o medo de um contato que, paradoxalmente, é o que funda a presença do Outro para o bebê.

Práticas corriqueiras tornaram-se rituais ansiosos de prevenção: ao retornar da rua, antes de atender ao choro do bebê, era necessário trocar toda a roupa, higienizar objetos e, muitas vezes, tomar banho, retardando a resposta imediata às suas demandas. Justamente em um tempo em que o corpo do bebê precisa da proximidade do olhar, da voz sussurrada a poucos centímetros de distância e do contato físico constante, instaurou-se um regime de distanciamento e assepsia que impôs limites à oferta dos objetos pulsionais.

A esses fatores somou-se ainda a ausência de apoio de pessoas externas, tanto nos cuidados diretos com o bebê quanto nas tarefas domésticas, devido ao receio de contágio. Assim, a oferta dos objetos pulsionais, nesse primeiro tempo, ocorreu atravessada por um misto de amor e temor, o que tornou a entrega desses objetos ao recém-nascido uma experiência frequentemente angustiante e exaustiva para o Outro materno. Essa condição não apenas alterou as formas de presença do Outro, mas também inscreveu, de maneira precoce, marcas de angústia no laço fundante entre o bebê e o campo do Outro, o que potencialmente terá repercussões nos tempos subjetivos seguintes.

O segundo tempo, denominado "Primeiro Despertar Sexual" ou "Instante de Olhar", é marcado pela descoberta, por parte da criança, da falta no Outro materno. Para que essa operação se realize, é necessário que o Outro materno introduza a alternância de sua presença e ausência. A mãe, que até então oferecia seus objetos pulsionais de forma constante, passa agora a alternar suas respostas: ora a criança chora e ela comparece; ora a criança chora e ela não vem. Ora é a mãe quem atende, ora é uma outra pessoa que ocupa essa função. Esse movimento de alternância do Outro materno leva a um importante despertar da criança e consolida esse segundo tempo do sujeito. Trata-se de uma experiência breve, mas decisiva, que introduz a criança na lógica da falta e do desejo do Outro.

Entretanto, durante a pandemia, esse processo foi profundamente comprometido. As condições de confinamento e o distanciamento social dificultaram ou mesmo impossibilitaram a alternância pois, em muitos casos, por causa do distanciamento social, o bebê passava horas e, por vezes, dias, exclusivamente com a mãe e num espaço confinado e pequeno.

Esse segundo tempo, que Lacan descreve como um "breve e rápido instante de ver", é um momento estrutural crucial para o sujeito. A impossibilidade ou a precariedade desse acontecimento, durante o período pandêmico e a extensão desse novo modo de funcionamento na pós-pandemia, tem produzido efeitos subjetivos importantes como aumento das queixas relacionadas à ansiedade de separação, intolerância à frustração e dificuldades de socialização.

O terceiro tempo, "Ser ou Ter o Falo", marca o sujeito como desejante. Para que essa operação se realize, é necessário que os pais ou aqueles que ocupam a função parental ofereçam à criança a antecipação e a nomeação de seu lugar como sujeito de desejo, e não mais como ser o falo. Esse movimento permite que o sujeito possa vir a ter o falo, em vez de permanecer alienado ao desejo de ser aquilo que completaria o Outro materno.

Nesse tempo, é fundamental que haja uma reorientação e uma redistribuição do gozo, aceitando que a criança também participe da partilha. O Outro materno, por sua vez, precisa mostrar sua incompletude, sua falibilidade e sua própria falta, para que a operação de separação se concretize e o sujeito possa vir a se reconhecer como sujeito castrado, barrado, marcado pela falta, diante de um Outro que é, igualmente, um sujeito desejante e não um Outro absoluto e completo.

Retomando a problemática da pandemia, é importante destacar que, quando as coisas não vão bem para os pais, é de se esperar que não venham a se constituir de forma tranquila para os filhos, afinal, como descreveu a psicanalista argentina Alba Flesler (2012, p. 15): "A criança é o sintoma dos pais. Os pais localizam, na criança, sintomas que, por serem seus também, aparecem amplificados no filho." Temos, nesse contexto, uma geração de bebês *coronials* que nasceram sob uma insígnia impossível: *Ele não pode adoecer* e essa determinação se estendeu para além da covid e se tornou: *esse bebê não pode chorar*, ou, ainda, à *este bebê não pode faltar nada* e, finalmente, *eu, mãe, não posso faltar a este bebê*. Mas existe sujeito sem falta?

Diante da falta, os pais passaram a relatar bebês assustados, que choravam intensamente ao se deparar com pessoas novas, incluindo avós e outros parentes próximos. Eles, por vezes, apresentam maior agitação e dificuldades de regulação dos ritmos de sono e alimentação um resultado possível, entre outros fatores, da restrição de atividades físicas e experiências sensoriais, já que, durante o confinamento, as oportunidades de gastar energia ao longo do dia foram severamente limitadas. Mesmo com os esforços criativos dos pais, uma ou duas pessoas não substituem a complexidade e a diversidade das relações oferecidas por uma comunidade. Privados do convívio com a creche, com familiares e com outras figuras de cuidado, muitos bebês tiveram, como principal fonte de estímulo e distração, a televisão, o tablet e o celular.

As telas impõem uma perigosa ilusão de completude, funcionando como objetos que parecem satisfazer plenamente as necessidades da criança de forma imediata e sem conflitos. Diante da tela, a criança é capturada por um fluxo incessante de imagens, sons e estímulos que operam como uma saturação do campo do Outro, silenciando a falta e impedindo a emergência do desejo. Por isso, a presença da tela acaba por "dar menos trabalho" aos pais no curto prazo, uma vez que a criança, hipnotizada por esse excesso de estímulos, não demanda, não questiona e não insiste. No entanto, esse aparente alívio parental cobra um alto preço subjetivo: ao evitar o confronto com a falta, impede-se a manifestação do sujeito como desejante. A experiência da incompletude é o que introduz a criança na lógica da linguagem e a conduz ao campo do Outro como um espaço de enigma e de troca simbólica. Sem essa experiência, a separação necessária para que o sujeito possa deixar a posição de objeto alienado e ocupar um lugar próprio na cadeia significante pode vir a não se realizar.

Mais preocupante é que essa configuração, instaurada durante a pandemia, não se dissolveu com o retorno à normalidade sanitária. Ao contrário, manteve-se e, em muitos casos, intensificou-se no pós-pandemia, consolidando-se como um novo modo de manejo da infância, profundamente enraizado nos hábitos familiares e nas práticas educativas cotidianas. Mesmo após o fim das restrições, as telas permanecem ocupando um lugar central na rotina dos bebês e das crianças pequenas, operando não apenas como dispositivos de entretenimento, mas, sobretudo, como mediadores predominantes da relação da criança com o mundo.

Cada vez mais, as telas são utilizadas como recurso preferencial para a regulação do comportamento infantil e para o manejo das exigências parentais. Diante da dificuldade dos adultos em sustentar a falta, a frustração e os limites que são fundamentais para o sujeito , as telas aparecem como a solução mais rápida e eficaz para pacificar o mal-estar, silenciar a demanda e oferecer uma satisfação imediata, mas acaba resulta em uma experiência profundamente alienante para a criança.

Nesse contexto, a criança se vê mantida numa posição de gozo saturado, privada da experiência da espera, da falta e, portanto, do desejo. E, sem a travessia da falta, como essa criança poderá realizar a separação estruturante, para, futuramente, vir a ser capaz de articular demandas próprias e sustentar a diferença frente ao Outro?

O risco que se desenha, então, é o de uma infância colonizada pela lógica da completude imaginária, na qual o excesso da ilusão de completude e a ausência de falta comprometem profundamente a subjetividade. É justamente a partir dessas constatações que seguimos a análise dos tempos do sujeito, para observar de que modo o impacto das mudanças culturais impostas pela pandemia e sustentadas posteriormente tem produzido consequências significativas, cujos efeitos na criança tendem a se manifestar de forma ainda mais evidente nos próximos tempos do sujeito.

O quarto tempo, "Período de Latência ou Tempo de Compreender", é marcado pelo predomínio do registro simbólico, pois é nesse momento que a criança pode, finalmente, fazer uso da linguagem na sua relação com o mundo. No tempo de compreender, observamos uma transformação significativa no brincar da criança: ela passa a se interessar mais por jogos estruturados, evidenciando interesse pelas regras e pelo ordenamento das experiências: "Trata-se da busca de regras para mensurar e dar certa ordem legítima ao gozo" (Flesler, 2012, p. 77).

Esse é o tempo do sujeito no qual se tornam mais evidentes as marcas de todos os tempos anteriores devido ao esforço da criança em localizar seu lugar do mundo através de suas perguntas e investigações. Contudo, ao analisarmos os impactos da pandemia e pós pandemia sobre esse tempo subjetivo, constatamos que muitas crianças, justamente nesse momento em que deveriam estar plenamente imersas no universo simbólico, apresentaram atrasos significativos no desenvolvimento da linguagem. A pergunta que frequentemente chega ao clínico é direta: *Por que ela não fala?*

Analisando os impactos da pandemia sobre este tempo do sujeito, para que o predomínio simbólico pudesse ocorrer de forma adequada, seria necessário que a criança tivesse sido mergulhada, desde o nascimento, em um universo de linguagem rico e diversificado, repleto de diferentes sons, vozes, olhares e presenças, permitindo-lhe capturar e articular uma ampla gama de significantes para vir a fazer uso deles durante a latência.

Entretanto, durante a pandemia, as condições que possibilitariam essa imersão simbólica foram profundamente comprometidas. A suspensão das aulas presenciais, o fechamento de espaços públicos como parquinhos, cinemas, praças e centros culturais, bem como a drástica redução de encontros sociais, privaram as crianças de interlocutores fundamentais para o exercício da palavra e da troca simbólica. Somou-se a isso a introdução precoce e intensa no universo das telas, no qual a criança foi colocada predominantemente na posição de receptora passiva de conteúdos, em vez de ocupar o lugar de quem oferece saberes, formula perguntas e participa de trocas discursivas.

O resultado foi o inevitável recuo da fala em inúmeras crianças, que, sem as condições necessárias para assumir uma posição ativa na linguagem, tiveram o processo de simbolização comprometido.

Além dos prejuízos no campo da linguagem oral, este longo período também deixou marcas profundas em outra dimensão fundamental desse tempo do sujeito: a entrada no campo da leitura e da escrita. O processo de alfabetização, que é uma das principais vias de acesso ao universo simbólico mais elaborado, sofreu prejuízos severos, e muitas crianças vêm apresentando grandes dificuldades para recuperar tais perdas. Assim como a fala, a escrita e a leitura são modos de inscrição do sujeito no laço social e na cultura. O atraso ou a fragilização desses processos indica não apenas uma dificuldade escolar, mas, sobretudo, um entrave simbólico com repercussões diretas, por exemplo, na inserção social da criança.

Esses efeitos, que já se manifestam de forma evidente na clínica psicanalítica e nos contextos educacionais, demandam uma reflexão cuidadosa nas famílias e profissionais de saúde adaptacionistas.

Dando continuidade à investigação sobre os impactos do distanciamento social e de outras condições impostas pela pandemia sobre as crianças, voltamo-nos agora para um grupo particularmente afetado: as crianças que atingiram a idade escolar durante a pandemia, ou seja, aquelas que, nos anos de 2020 e 2021, encontravam-se na faixa etária entre 4 e 8 anos. São crianças em fase de alfabetização. Fase de confirmação do mundo simbólico, a apropriação das letras e dos textos. Esse processo extremamente importante, que ficou restrito ao desafio de alfabetizar através de uma tela e a convivência, quase exclusiva com os pais e parentes mais próximos, sem a importante abertura para os novos grupos sociais que costumam se formar na escola e em outras atividades extracurriculares.

Temos assistido, desde a pandemia, a um aumento nas queixas escolares, sobretudo relacionadas ao processo de alfabetização e de adaptação às escolas. Esses entraves têm levado a um número crescente de encaminhamentos clínicos, com queixas que, a princípio, são apresentadas como sintomas da criança: dificuldades de concentração, inquietação motora, recusa ou desinteresse pela leitura e escrita, ansiedade frente ao grupo. Esses sintomas, longe de serem apenas expressões de dificuldades individuais, devem ser compreendidos como efeitos de um contexto social e histórico marcado pela precarização das condições simbólicas de entrada no mundo da linguagem, cujas consequências já se manifestam de forma evidente no campo educacional e clínico.

O quinto tempo, denominado por Lacan como "Início do Drama Puberal" *ou* "Segundo Despertar Sexual", caracteriza-se por uma reabertura dramática e abrupta da sexualidade, impondo ao sujeito uma experiência intensa e, muitas vezes, desestabilizadora, que exige atenção e delicadeza por parte do Outro. Nesse momento, é fundamental orientar os pais e cuidadores para que não banalizem nem desconsiderem a brutalidade subjetiva desse segundo despertar, evitando ridicularizar ou rivalizar com as manifestações que emergem nesse período tão sensível.

É importante refletir sobre como esse tempo subjetivo, já profundamente impactado pela pandemia, continua a produzir efeitos no cenário pós-pandêmico, especialmente no que diz respeito à relação dos adolescentes com o próprio corpo, que permaneceu isolado, recluso em seu quarto. Durante o confinamento, muitos permaneceram isolados em seus quartos, frequentemente com a câmera do computador ou do celular coberta por adesivos durante as aulas on-line, numa tentativa inconsciente de ocultar a própria imagem ainda estranha, desconhecida e enigmática para si do olhar do Outro. Esse corpo, recolhido e distante de experiências concretas com a alteridade, ficou imerso por longas e intermináveis horas no universo dos jogos online, refugiado em um espaço virtual que, embora saturado de imagens e interações digitais, carece da presença efetiva dos corpos reais.

Mesmo após o fim das restrições sanitárias, observa-se que esse hábito de reclusão e apagamento da própria presença persiste, com muitos adolescentes mantendo-se isolados em ambientes virtuais, imersos por longas e intermináveis horas no universo dos jogos online, redes sociais e conteúdos audiovisuais, refugiados em um espaço virtual saturado de imagens e interações digitais, mas que carece da presença efetiva dos corpos reais e da experiência concreta da alteridade.

Devemos nos perguntar: como se dá hoje a redescoberta do corpo e da sexualidade após o período em um contexto no qual a presença física continua sendo evitada ou substituída pela mediação tecnológica? Como elaborar o despertar sexual de forma solitária, restrito a experiências virtuais através de telas, dentro do próprio quarto?

Essa permanência da reclusão e da mediação digital, mesmo no contexto atual, indica que a pandemia instaurou novos modos de estar no mundo. Trata-se de um fenômeno que demanda atenção clínica e social, pois suas repercussões na sexualidade, na identidade corporal e na inserção no laço social continuam se fazendo sentir de forma cada vez mais evidente na clínica contemporânea.

E, finalmente, chegamos ao último tempo, denominado por Lacan como *Conclusão da Infância* ou *Precipitado Fantasístico*, correspondente ao que tradicionalmente chamamos de adolescência. Trata-se de um momento estruturante marcado pela desejada conquista da autonomia, que, no entanto, foi profundamente atravessado pelas restrições impostas pela pandemia. A vivência desse tempo ocorreu sob condições adversas: sem poder sair de casa, diante da angústia das escolhas profissionais, e enfrentando o desafio das grandes provas de passagem, como vestibulares e exames, sem a experiência presencial das aulas e dos próprios exames.

Considerando os impactos da pandemia sobre os sujeitos que atravessavam essa difícil tarefa de conclusão da infância, é fundamental destacar que, nesse tempo, a presença e a persistência dos pais permanecem é de extrema importância. A proximidade dos pais é indispensável, sobretudo para que o adolescente possa, paradoxalmente, realizar sua função de separação em relação a eles. A adolescência é o tempo no qual o sujeito se vê confrontado com duas grandes tarefas estruturantes: a primeira um longo trabalho de elaboração das escolhas e a segunda tarefa um longo trabalho de elaboração da falta do Outro.

Aprofundando a primeira tarefa, que é um longo trabalho de elaboração de escolhas, precisamos falar da importância dos pais não desistirem de desempenhar sua função de pais. Muitas vezes, na clínica com adolescentes, temos que chamar os pais a não desistir da tarefa de permanecer sendo pai daquele filho adolescente. Apesar de todos esses desafios é importante que os pais não se separem dos filhos antes que os filhos possam, eles mesmos, executar essa importante separação dos pais sem haver, portanto, a inversão dos papéis. Quando os papéis se invertem, e os pais se separam do adolescente e não o adolescente se separa dos pais, este adolescente se vê abandonado e passa a lutar desesperadamente para chamar a atenção daqueles que o abandonaram.

Uma importante observação que temos visto na clínica hoje é que os pais estão extremamente abalados e duvidam de suas próprias capacidades como pais e, portanto, se veem com uma enorme dificuldade de transmitir a seus filhos uma forma de barrá-los, mesmo sabendo que é imprescindível fazer tal barra. Por que isso? Temos percebido pais que tem medo de perder o amor de seus filhos e, diante desse risco, recolhem suas barras (castração, frustração e privação). Outra enorme dificuldade da contemporaneidade pode ser atribuída ao mergulho nas telas e o isolamento nos quartos. Temos uma geração de zumbis digitais que recolhem seus corpos do convívio físico e mergulham no universo virtual dos jogos e redes sociais. Nesse mergulho, os pais tem, regularmente, ficado completamente de fora, não participando nem dos limites da intensidade desse mergulho, tanto que vemos jovens substituírem as escolas e universidades pelas telas em jornadas intermináveis de horas, dias e semanas. Esse mergulho se intensificou radicalmente com a pandemia.

Para a psicanálise os pais devem ser falhos (castrados), mas não inconsistentes. E o adolescente é sempre um transgressor. Ou seja, para haver uma confirmação da separação é preciso que efetivamente o Outro possa ser dialetizado, relativizado, no sentido de lhe ser impossível uma onipotência que impediria ao sujeito fazer o que quer que fosse escapando à sua presença.

Essa transgressão do adolescente parece apontar para uma importante questão: quem sou eu? "Quem sou eu?" O sujeito adolescente se vê levado a construir suas próprias referências. A adolescência exige do sujeito pagar o preço da separação dos pais assumindo que só é possível contar com o Outro no nível simbólico. Nesse sentido, é fundamental que esse Outro se apresente. Podemos constatar que entregar os filhos às telas tem sido apontado como uma das mais graves formas de negligência na contemporaneidade. Para que o sujeito consiga concluir a infância e construa suas próprias referências é fundamental que as referências dos seus Outros da infância ajudem esse sujeito a não ser devorado pelas telas. Eis um grande desafio da contemporaneidade. Eis o nosso mais atual gigante devorador.

Considerações finais

A análise dos impactos da pandemia e do contexto pós-pandêmico sobre a infância evidencia um fenômeno complexo e preocupante: a consolidação de uma nova lógica de manejo da infância, fortemente marcada pela antecipação diagnóstica, pela medicalização precoce e pela centralidade das telas no cotidiano infantil.

Embora as restrições sanitárias tenham sido suspensas, as práticas instauradas durante o confinamento não apenas se mantiveram, como se naturalizaram. O isolamento, a imersão nas tecnologias e a busca por soluções rápidas para regular o comportamento das crianças tornaram-se estratégias recorrentes na atualidade. Esse contexto não pode ser ignorado ao se analisar o aumento expressivo de diagnósticos no campo da infância, especialmente aqueles relacionados ao Transtorno do Espectro Autista (TEA), Transtorno de Oposição e desafiador (TOD) e ao Transtorno de Déficit de Atenção e Hiperatividade (TDAH).

Muitos desses diagnósticos, embora se inscrevam sobre a criança, dizem, em grande parte, mais sobre o nosso tempo do que sobre a criança singularmente. Nossa sociedade projeta, portanto, seus ideais coletivos sobre as crianças e os adolescentes, investindo neles expectativas que, ao serem inevitavelmente frustradas, retornam sob a forma de rótulos: inquietos, desatentos, desobedientes, entre outros. À medida que a criança não cumpre essas exigências idealizadas, os primeiros diagnósticos e classificações começam a se inscrever em sua história subjetiva.

Outro fator que se impôs de forma avassaladora durante a pandemia e que, lamentavelmente, se manteve e se consolidou no período pós-pandêmico é o uso excessivo de telas. O que inicialmente surgiu como uma medida emergencial para lidar com o confinamento transformou-se em um novo modelo de gestão da infância, no qual as telas ocupam o centro da vida das crianças, substituindo a presença efetiva do Outro e mediando suas experiências com o mundo.

Todas essas telas olham para essa infância, cuidam e instalam nela uma dependência de um gozo imediato. Essas telas, portanto, não apenas "cuidam" da infância, mas instauram uma lógica de dependência ao gozo imediato, promovendo a ilusão de completude e silenciando a experiência fundamental da falta, essencial para advir o sujeito desejante. Mesmo com a retomada das atividades presenciais, muitos pais e instituições mantêm a centralidade das telas como recurso de regulação na vida dos seus filhos e na convivência familiar.

A criança, reduzida a objeto das idealizações parentais e dos imperativos culturais, carrega um peso insustentável, e as consequências já se fazem notar: assistimos a um crescimento exponencial de diagnósticos precoces e à intensificação da medicalização da infância, muitas vezes sem que se leve em conta o contexto em que vivemos e as aceleradas mudanças culturais que se estabeleceram desde a pandemia. Esses elementos levam a psicanálise a apontar para a necessidade de proteger as crianças do delírio de diagnósticos e medicalização da sociedade atual.

Reitera-se, nesse cenário, a importância da perspectiva psicanalítica, que adota uma visão integral, ética e cuidadosa do sujeito, ao reconhecer que não existe um modelo de normalidade a ser seguido. "O homem normal é uma ficção estatística que constrói um ser abstrato, que supostamente se desenvolve em etapas predefinidas, das quais nenhuma teria como falta – graças ao que estaria isento de angústias e de sintomas. Ninguém jamais o encontrou" (Maleval, 2017, p. 86). A especificidade da psicanalítica consiste, portanto, em escutar o sujeito por considerar que ele detém um saber sobre seu próprio modo de funcionamento. Como afirma Maleval (2017), "ninguém melhor do que o próprio sujeito saberia ensinar aos clínicos a respeito do seu funcionamento."

Durante o confinamento, muitas crianças passaram meses privadas de experiências sociais fundamentais e no lugar dessas vivências foram introduzidas as telas: televisão, tablet e celular. Mesmo com a reabertura das instituições e a retomada da vida social após o fim da pandemia, o que se observa é que muitos dos hábitos instaurados durante o período pandêmico se mantiveram sem a devida revisão crítica: crianças pequenas seguem passando horas diante das telas, com pouca exposição ao convívio social direto ou a movimentação do corpo.

Importante lembrar que, mesmo antes da pandemia, a recomendação de todos os profissionais que trabalham com crianças é que crianças pequenas fiquem afastadas das telas para evitar danos ao seu desenvolvimento psicomotor, à aprendizagem, vínculos afetivos e interação social. Tais recomendações foram ignoradas e hoje assistimos a algumas sequelas disso, como: atrasos de fala, atrasos motores e dificuldade de socialização dessas crianças.

Consideramos que este é um dos fatores para o aumento de diagnósticos que temos assistido desde 2020, ou seja, desde a pandemia.

Diante desse cenário, é fundamental lançar um alerta: temos observado, em todas as faixas etárias, um aumento expressivo nos diagnósticos, e é preciso tratar esse fenômeno com cautela. Partimos da hipótese de que muitos dos sintomas observados atualmente são respostas subjetivas a uma experiência social extrema, marcada pelo isolamento, pelo excesso de telas e pela perda de referências simbólicas.

Perguntamos, então: não seria mais prudente adotar uma postura de observação, orientação e intervenções não medicamentosas antes de recorrer à patologização e à medicalização? Em vez de precipitar diagnósticos, não seria mais ético possibilitar à criança um tempo de reintegração ao mundo social, de experimentação simbólica e afetiva, antes de concluir pela existência de um transtorno?

Ao invés de tal cautela, temos assistindo assustados ao aumento da medicalização das crianças e recomendamos uma pausa e convidamos a retomar a proposta de tempo lógico em Lacan, lembrando que toda conclusão deve ser precedida pelo instante de ver, pelo tempo de compreender e, somente depois, pelo momento de concluir.

O tempo lógico de Lacan é de extrema importância e também precisa ser praticado pelos psiquiatras infantis e neuropediatras. Esses profissionais estão saltando rápido demais para o momento de concluir, muitas vezes sem nunca atender diretamente a criança, apenas pela demanda e desespero dos pais. Vale recordar a teoria: o instante de olhar é o primeiro tempo do sujeito e é um tempo que tem, como principal característica, a antecipação. O segundo tempo é de elaboração, que exige uma retroação para construir tal elaboração. Muito importante retroagir antes de concluir. Eis o meu pedido aos profissionais que trabalham com crianças: lembrem-se da pandemia como um acelerador de importantes mudanças na cultura, nas tecnologias e nas formas de cuidar e se relacionar com as crianças e adolescentes.

O que temos que elaborar antes de concluir? Que nem tudo o que acontece na infância deve ser imediatamente patologizado! Antes de rotular, diagnosticar e medicar é urgente devolver à criança e ao adolescente a possibilidade de viver o que lhe foi negado: o encontro com o Outro, a experiência da diferença, a imersão no mundo da cultura e da linguagem. Somente assim poderemos, de fato, sustentar uma escuta ética, responsável e comprometida com a verdadeira clínica do sujeito

REFERÊNCIAS

ALBERTI, Sonia. *O adolescente e o Outro*. Rio de Janeiro: Zahar, 2010.

AMERICAN PSYCHIATRIC ASSOCIATION (APA). Manual diagnóstico e estatístico de transtornos mentais: DSM-5. 5. ed. Porto Alegre: Artmed, 2014.

ARIÈS, Philippe. *História social da criança e da família*. Tradução de Dora Flaksman. 2. ed. Rio de Janeiro: Zahar, 2019.

BARROS, Manoel de. *Livro sobre Nada*. Rio de Janeiro: Record, 1997.

BARROSO, Suzana F. *As psicoses na infância: o corpo sem a ajuda de um discurso estabelecido*. Belo Horizonte: Scriptum, 2014.

BLIKSTEIN, Flávia. *Destinos de crianças: estudo sobre as internações de crianças e adolescentes em Hospital Público Psiquiátrico*. 2012. Dissertação (Mestrado em Psicologia Social) – Pontifícia Universidade Católica de São Paulo, São Paulo, 2012.

CALLIGARIS, Contardo. *A adolescência*. São Paulo: Publifolha, 2000.

CASTRO, Lúcia R. (Org.). *Infância e adolescência na cultura do consumo*. Rio de Janeiro: Nau Editora, 1999.

CIRINO, O. *Psicanálise e psiquiatria com crianças: desenvolvimento ou estrutura*. Belo Horizonte: Autêntica, 2001.

CLASTRES, Guy. A criança no adulto. *In*: MILLER, Judith (Org.). *A criança no discurso analítico*. Tradução de Dulce Estrada. Rio de Janeiro: Jorge Zahar, 1991. p. 136-140.

FLESLER, Alba. *A psicanálise de crianças e o lugar dos pais*. Rio de Janeiro: Zahar, 2012.

FLESLER, Alba. *A criança em análise e as intervenções do analista*. Porto Alegre: Editora Discurso, 2022.

FINK, Bruce. *O sujeito lacaniano: entre a linguagem e o gozo*. Rio de Janeiro: Zahar, 1998.

FREUD, Sigmund. *Inibição, sintoma e angústia* (1926). São Paulo: Companhia das Letras, 2014. (Obras completas, v. 17).

FREUD, Sigmund. O início do tratamento (Novas recomendações sobre a técnica da psicanálise I) (1913). *In*: FREUD, Sigmund. *Artigos sobre a técnica* [1913-1916]. Rio de Janeiro: Companhia das Letras, 2019. (Obras completas, v. 10).

FREUD, Sigmund. O mal-estar na civilização (1930). *In*: FREUD, Sigmund. *Obras completas*. Volume 18: *O mal-estar na civilização, novas conferências introdutórias à psicanálise e outros textos*. Tradução de Paulo César de Souza. São Paulo: Companhia das Letras, 2016. p. 13-122.

FREUD, Sigmund. Sobre a psicogênese de um caso de homossexualidade feminina (1920). *In*: FREUD, Sigmund. *Psicologia das massas e análise do eu e outros textos* (1920-1923). São Paulo: Companhia das Letras, 2011. (Obras completas, v. 15).

GRANDIN, Temple. *O cérebro autista*. Rio de Janeiro: Record, 2016.

LACAN, Jacques. *As formações do inconsciente* (1957-1958). Rio de Janeiro: Jorge Zahar, 1999. (O seminário, 5).

LACAN, Jacques. *De um Outro ao outro* (1968-1969). Rio de Janeiro: Jorge Zahar, 2008. (O seminário, 16).

LACAN, Jacques. De uma questão preliminar a todo tratamento possível da psicose. *In*: *Escritos*. Rio de Janeiro: Jorge Zahar, 1998. p. 537-590.

LACAN, Jacques. Nota Italiana. *In*: *Outros escritos*. Rio de Janeiro: Jorge Zahar, 2003.

LACAN, Jacques. Nota sobre a criança (1969). *In*: *Outros escritos*. Rio de Janeiro: Jorge Zahar, 2003. p. 369-370.

LACAN, Jacques. *O Seminário, livro 22: R. S. I.* (1974-1975). Tradução não publicada.

LACAN, Jacques. *O Seminário, livro 23: O sinthoma* (1975-1976). Rio de Janeiro: Jorge Zahar, 2006.

LAURENT, Éric. *A batalha do autismo: da clínica à política*. Rio de Janeiro: Zahar, 2014.

LAURENT, Éric. A crise do controle da infância. *In*: OTONI, F.; SANTIAGO, A. L. (Orgs.). *Crianças falam e têm o que dizer: experiências do CIEN no Brasil*. Belo Horizonte: Scriptum, 2013. p. 42.

MACHADO, Ondina Maria Rodrigues. *A clínica do sinthoma e o sujeito contemporâneo*. 2005. Tese (Doutorado em Teoria Psicanalítica) – Universidade Federal do Rio de Janeiro, Rio de Janeiro, 2005.

MALEVAL, Jean-Claude. *O autista e a sua voz*. São Paulo: Blucher, 2017.

MALEVAL, Jean-Claude. Por que a hipótese de uma estrutura autística? *Opção Lacaniana online*, nova série, ano 6, n. 18, nov. 2015.

NEVES, Brenda Rodrigues da Costa. *Os autismos na clínica nodal*. 2018. Tese (Doutorado em Psicologia) – Universidade Federal de Minas Gerais, Belo Horizonte, 2018.

PRIORE, Mary del (Org.). *História da criança no Brasil*. São Paulo: Contexto, 2018.

SANTANA, Vera Lúcia Veiga. Por que a psicanálise, hoje? *Opção Lacaniana online*, nova série, ano 2, n. 6, nov. 2011. ISSN 2177-2673. Disponível em: http://www.opcaolacaniana.com.br/pdf/numero_6/Por_que_a_psicanalise_hoje.pdf. Acesso em: 12 maio 2025.

SOARES, Natália Fernandes. Direitos da criança: utopia ou realidade? *In*: PINTO, Manuel; SARMENTO, Manuel Jacinto (Orgs.). *As crianças: contextos e identidades*. Braga: Universidade do Minho, 1997.

SOBRE A AUTORA

Renata Wirthmann

Psicanalista e professora associada do curso de Psicologia da Universidade Federal de Catalão (UFCAT). Escreve livros infanto-juvenis e foi contemplada com a bolsa FUNARTE de criação literária em 2009 e uma menção honrosa no I Concurso Nacional de Literatura Infantil e Juvenil promovido pela Companhia Editora de Pernambuco em 2010. Possui pós-doutorado em Teoria Psicanalítica na Universidade Federal do Rio de Janeiro (UFRJ), doutorado em Psicologia Clínica e Cultura pela Universidade de Brasília (UnB) e mestrado em Psicologia pela UnB. Suas principais linhas de pesquisa são estudos psicanalíticos da psicose, autismo, infância e adolescência.

2

AMPLIFICAÇÃO DO DIAGNÓSTICO DE AUTISMO NOS TEMPOS PÓS-PANDEMIA: ENTRE O CUIDADO E A PATOLOGIZAÇÃO

Kelly Cristina Brandão da Silva

Introdução

Inicialmente, cabe a discussão acerca da expressão "pós-pandemia". Em janeiro de 2023, após três anos desde a eclosão do surto da COVID-19, a Organização Mundial da Saúde (OMS) anuncia que a crise continua sendo uma emergência global e que ainda não é o momento de declarar o fim da pandemia (WHO, 2023). No contexto brasileiro, de acordo com dados do Ministério da Saúde (BRASIL, 2023), o país acumula 36,9 milhões de casos confirmados da doença e 697,6 mil mortes.

Ainda não é possível afirmar que vivemos um período de pós-pandemia, pois isso depende de uma avaliação global da OMS, a qual inclui o diagnóstico acerca de números de casos, sazonalidade dos surtos, taxas de vacinação, disponibilidade de tratamentos eficazes e a transmissibilidade das novas variantes da COVID-19.

Não obstante, graças aos efeitos da vacinação, no Brasil, atualmente já não há políticas de distanciamento social, o que implica diretamente no pleno funcionamento dos diferentes serviços de saúde, assim como das instituições escolares.

Diante dessa perspectiva, após o período mais crítico da pandemia, já é possível analisar alguns efeitos, na população infantil, da exigência de distanciamento social, assim como do fechamento das escolas, durante um longo tempo. Não obstante, nota-se que discutir sobre a infância, no Brasil, é fundamentalmente tratar sobre diversidade e desigualdade. Dessa forma, a fim de evitar a produção de generalizações universalistas a respeito dos efeitos pandêmicos em crianças, este trabalho parte do pressuposto de que distintas realidades, atravessadas por diferentes marcadores sociais, produzem cenários plurais e formas diversas de enfrentamento diante da pandemia.

Vale destacar que a discussão sobre crianças nos obriga, necessariamente, a considerar aquelas e aqueles que cuidam desses sujeitos. As funções parentais, tão essenciais ao filhote humano em seu processo de constituição psíquica, têm centralidade no arcabouço teórico psicanalítico. Conceitos como alienação, separação, função materna, função paterna, estádio do espelho, complexo de Édipo, entre outros, não podem ser analisados de forma descontextualizada, fora do laço social predominante, a cada época e em cada território.

Em face do exposto, analisar os efeitos pandêmicos pressupõe descolonizar noções hegemônicas e tratar de vulnerabilidades, desigualdade e produção do cuidado, considerando a dimensão sociopolítica do sofrimento, conceito muito bem elaborado pela psicanalista Miriam Debieux Rosa

(2016; 2017). Destarte, este trabalho objetiva refletir criticamente a respeito da amplificação do diagnóstico de autismo na atualidade. Discute-se o saber psiquiátrico hegemônico, em especial o diagnóstico de Transtorno do Espectro Autista, e coloca-se em relevo a seguinte problematização: como propiciar acolhimento de crianças com sofrimento psíquico e, de forma concomitante, práticas de cuidado despatologizantes?

O aumento de quadros autísticos e a supremacia do diagnóstico de TEA

A partir da experiência como supervisora de estágio, na área de psicologia, do Grupo de Avaliação e Prevenção na Área das Alterações de Desenvolvimento e da Linguagem (GAPAL), um ambulatório da Faculdade de Ciências Médicas da UNICAMP, que atende crianças de 0 a 4 anos com queixas de atraso de fala e dificuldades de interação, percebe-se um aumento considerável, com a pandemia de COVID-19, de crianças que apresentam sinais de fechamento autístico.

Pouco demandam do outro, não falam e apresentam embaraços na instituição escolar. O referido ambulatório é coordenado por três supervisoras, nas áreas de psicologia, fonoaudiologia e pedagogia, e é um campo de estágio obrigatório dos alunos do curso de Fonoaudiologia da mesma instituição.

Chamam a atenção os corpos errantes dessas crianças: corpos que esbarram, corpos a esmo, corpos falados, corpos indóceis e indisciplinados. Corpos que renunciam à normatização e à disciplina. Quando esperamos a retribuição do nosso olhar, de um sorriso ou de uma palavra – tão ordinários no laço neurótico – nos surpreendemos com formas extraordinárias de se expressar, dizer e colocar o corpo em cena.

Esses corpos, tão precocemente idiossincráticos, impõem questionamentos e angústia aos pais. A experiência clínica de atendimento dessas crianças com sinais de fechamento autístico tem revelado uma dificuldade cada vez mais frequente das famílias em narrar a própria história e a história da criança, seus sintomas e sofrimento. A princípio, parece possível a esses pais apenas repetir, de forma ecolálica, a classificação diagnóstica que foi atribuída por um terceiro, do campo médico, ou procurar o serviço na expectativa de que um especialista nomeie o que acontece com o filho. Observa-se uma aparente incapacidade de narrar e supor uma história sobre os sintomas da criança, o que determina pouca aposta em um saber próprio, um saber parental.

A maioria dessas crianças já chega capturada apressadamente pelo diagnóstico hegemônico do TEA – transtorno do espectro autista, produzido pelo discurso da ciência, tal como elaborado por Lacan (1969-1970/1992).

Lacan conferia ao discurso universitário o estatuto de *discurso da ciência*. Seria próprio da ciência, nessa perspectiva discursiva, tomar o sujeito enquanto objeto de conhecimento. Por isso, Lacan nomeia o *outro* do discurso universitário de "*a* estudante". Fundamentalmente um objeto, construído a partir dos enunciados do saber acumulado. Afinal, como bem assinala Quinet (2006, p. 20) "Trata-se de objetivar, objetalizar para aplicar o saber".

Lacan (1969-1970/1992, p. 109) indaga-se: "Será bom, será ruim esse discurso? Eu o etiqueto intencionalmente de universitário, porque, de certa forma, é o discurso universitário que mostra por onde ele pode pecar, mas também, em sua disposição fundamental, é o que mostra onde o discurso da ciência se alicerça".

A respeito do lugar de objeto conferido ao *outro* nesse discurso, Lacan (1969-1970/1992, p. 111, grifos do autor) cria o neologismo "astudado": "O estudante se sente *astudado*. É *astudado* porque, como todo trabalhador – situem-se nas outras pequenas ordens –, ele tem que produzir alguma coisa". Esse lugar de objeto faz do *a* estudante um mero porta-voz que reproduzirá os enunciados construídos sobre ele, o que fatalmente gera um mal-estar, já apontado por Lacan: "O mal-estar dos astudados, entretanto, não deixa de ter relação com o seguinte – apesar de tudo, solicita-se que eles constituam o sujeito da ciência com sua própria pele" (*ibidem*).

Se o *a* estudante silencia e quem fala em seu nome é o saber cristalizado, que visa à universalidade e à univocidade, o que esse discurso quer produzir é um sujeito em conformidade com o saber teórico, escravizado e, segundo Jorge (1988, p. 146), "radicalmente dissociado dos significantes primordiais de sua própria história".

Justamente essa questão interessa à presente discussão concernente ao diagnóstico hegemônico de Transtorno do Espectro Autista. Para o discurso da ciência, o autista não tem história, tampouco filiação. Os pais, submetidos a esse discurso, muitas vezes repetem os enunciados pasteurizados e generalistas que pretendem explicar tudo sobre o comportamento, a linguagem e os sintomas da criança. É importante ainda sublinhar que esse diagnóstico é referendado por profissionais que representam uma verdade científica, entendida pelos pais, frequentemente, como indiscutíveis.

Dessa forma, há um declínio da experiência narrativa, tal como sublinha o filósofo Walter Benjamin (1994), e os pais normalmente emudecem diante das dificuldades no laço com o filho, como se fosse impossível oferecer-lhe um lugar na filiação, a partir de uma tradição familiar. Cabe também salientar que, atualmente, o diagnóstico de TEA vem acompanhado de uma série de encaminhamentos, como um *combo do autismo*, o que se traduz na prescrição de inúmeros atendimentos, em diversas especialidades, sem tempo para a produção de uma significação familiar.

O discurso da ciência, entendido, tal como Lacan, a partir do discurso do universitário, exclui o desejo de saber, visto que há uma exigência de que se saiba tudo. Certamente ocorre uma tirania do saber, em que se prioriza a completude, de forma cristalizada. Souza (2003, p. 125, grifos do autor) enfatiza: "como um *Saber* organizado, ele passa a desempenhar uma condição conservadora e capaz de fazer obstáculo até mesmo à *produção* de novos significantes".

Conforme apontado em outro trabalho (Silva, 2016, p. 92), "Nesse discurso parece só haver espaço para a confirmação dos saberes acumulados, o que efetivamente dificulta (e até mesmo impossibilita) a criação de algo novo". Clavreul (1983, p. 171) esclarece essa dimensão paralisante (e totalitária) desse discurso: "O saber constituído constitui obstáculo à tomada em consideração do que não se inscreve nesse saber. Ele compõe a tela que cativa e captura o olhar sobre os fatos constituídos por ele, mas com a exclusão dos outros fatos que aí não se inscrevem".

É possível acolher o sofrimento sem patologizar?

Marçon e Andrade (2022), ao problematizarem o diagnóstico psiquiátrico hegemônico, o qual tem transformado a infância em um lócus privilegiado de governo da conduta e intervenção sobre risco e desempenho, enfatizam que a classificação diagnóstica referendada pelos critérios anunciados pelo DSM é destituída de contexto sociocultural.

Ao pensarmos na clínica com crianças que apresentam impasses graves na constituição psíquica, o discurso da ciência pode produzir efeitos nefastos nos pais e dificultar a circulação de elementos significantes que compõem a trama familiar, o que pode obstaculizar ainda mais o processo de constituição psíquica. Diante da perspectiva de que tornar-se humano é um processo que ocorrerá, obrigatoriamente a partir da presença e dos cuidados de outros humanos, já que, ao nascer, nossa imaturidade biológica nos impõe essa condição, argumenta-se que a estruturação de um sujeito somente se efetivará no encontro com seus cuidadores.

Neste trabalho, pretende-se sublinhar a desnaturalização do desenvolvimento infantil, já que a linguagem, na qual o bebê está imerso antes mesmo de nascer, por meio das expectativas parentais, explicita a complexidade da constituição do psiquismo, o qual só pode se efetivar na relação com o outro. Cabe enfatizar que o ser humano é, fundamentalmente, um ser de relação e, desse modo, o eu se constitui a partir da relação com o Outro Primordial. Esse Outro é, na tradição da psicanálise lacaniana, uma presença real que responde a uma função simbólica. Dessa forma, o bebê humano precisa de um olhar que o confirme, que lhe dê uma identidade e lhe diga quem é, viabilizando, assim, o seu ingresso no universo simbólico.

Essa referida desnaturalização implica conceber o desenvolvimento de um bebê a partir da inclusão de seus cuidadores, os quais, por meio dos cuidados básicos de alimentação e higiene, introduzem o pequeno ser na linguagem e na cultura. Esses cuidadores, ao exercerem as funções materna e paterna, produzirão marcas no corpo biológico do pequeno ser, transformando-o em um corpo erógeno e simbólico. Por função materna, entende-se a inscrição do bebê em um universo de linguagem, fornecendo-lhe subsídios para que construa uma base psíquica que norteará as demais aquisições do processo de desenvolvimento. Para construir o seu espaço e o seu corpo, o pequeno ser deverá identificar-se inicialmente com a imagem especular transmitida por seus cuidadores (Silva, 2019).

Para Freud (1925/1980), aquele que exerce a função materna, ao acolher o grito do bebê, o faz por ter o desejo de que o recém-nascido sobreviva, sendo capaz não só de cuidar de suas necessidades orgânicas, como também de fazer um investimento de amor, estabelecendo, assim, o que Lacan (1995) denominou de relação primordial. Cabe sublinhar que ninguém nasce com um instinto materno (Badinter, 1985), o que significa que a função materna somente pode ser desenvolvida por meio de um processo de construção. De acordo com Licht (2006, p. 69), "É necessário que exista na mãe uma falta de tal natureza que só um filho preencha, sendo necessário seu desejo para que o bebê se transforme em sujeito".

Numa atitude antecipatória, a mãe, os cuidadores ou aquela figura que exerce a função materna, atribui às manifestações do bebê, "características que ainda não estão ali" (Alencar, 2011. p. 50), mas que auxiliarão o pequeno a construir o "eu" como instância psíquica, assim como uma imagem corporal unificada. A este desejo que antecipa o bebê, concedendo-lhe sua identidade, Winnicott intitula de a "loucura necessária das mães" (Winnicott, 2000). O adulto-cuidador, ao nomear as manifestações do bebê, outorgando adjetivos a seus comportamentos, como o "garoto esperto", "dorminhoco", "observador", lhe concede o estatuto de sujeito. A partir disso, o bebê deixa a condição de filhote humano e adentra na linguagem e no mundo simbólico.

A participação ativa do bebê influencia sobremaneira o investimento libidinal dos cuidadores, o qual pode ser verificado nas interações pais-bebê, por meio do olhar, da voz e do toque. Dessa forma, o cuidador que exerce a função materna tira o bebê do lugar de puro organismo e o eleva à categoria simbólica, na medida em que o coloca como interlocutor, tornando-o um parceiro comunicativo (Silva, 2019).

Outro aspecto importante nas interações pais-bebê se refere ao brincar, ou seja, aos jogos produzidos na relação entre o bebê e seus cuidadores, nos quais esses personagens transitam incessantemente pela posição de objeto e sujeito. É importante sublinhar que o brincar, antes de ser uma produção autônoma da criança, se constitui nas primeiras relações pais-bebê. A psicanalista Julieta Jerusalinsky (2014) nomeia essas primeiras manifestações do brincar como "jogos constituintes do sujeito". De acordo com a autora, a partir de uma ilusão antecipadora, o cuidador supõe nas produções vocálicas e corporais do bebê uma intenção que o convoca a brincar, além de cuidar e alimentar.

Cabe salientar que o bebê somente se engaja na brincadeira se esta for convidativa. Brincadeiras prazerosas que extrapolam a pura satisfação das necessidades. Esses jogos constituintes são os precursores do brincar simbólico, do faz de conta e dos jogos de regras (Fonseca, 2018). Dito de outra forma, a não instalação, no laço pais-bebê, dos jogos constituintes do sujeito, poderá dificultar a construção das formas mais sofisticadas do brincar infantil, o que pode ser observado em crianças com traços autísticos.

Na contramão de uma visão patologizante da infância, a proposta psicanalítica com crianças que apresentam fechamento autístico salienta que um diagnóstico definitivo e determinista não é desejável. Afinal, a infância é um tempo privilegiado de inscrições, as quais, somente a posteriori, serão significadas e ressignificadas. É importante também ressaltar, a partir da psicanálise, o caráter não decidido das psicopatologias da infância. Sustentar um diagnóstico fechado não só contraria o estado de inacabamento próprio da infância, como ainda pode imprimir à direção do tratamento condições contrárias àquelas necessárias para o surgimento do sujeito.

Em tempos de epidemia de autismo, a partir da abrangência dos critérios diagnósticos proposta no DSM-V (APA, 2013), uma das primeiras preocupações, em relação à escuta dos cuidadores, é a desconstrução de diagnósticos generalistas, em prol da construção de uma narrativa familiar que potencialize os traços idiossincráticos de cada criança.

A direção ética de um trabalho com os cuidadores, tão submetidos a diagnósticos totalitários, é a abertura para aquilo que escapa à classificação. É a aposta em uma construção autoral, ancorada em uma tradição familiar. É, aos poucos, sustentar junto a eles a possibilidade da criança, antes de ser autista – filha do discurso da ciência – ser reconhecida como filha deles, com traços, gostos e corpos familiares, com nome e sobrenome próprios, não anônimos.

Premissas teóricas para um trabalho psicanalítico

A constituição psíquica não está garantida por condições naturais, visto que depende do estabelecimento de um laço simbólico em que estão implicados o desejo e as expectativas parentais e as aptidões do bebê ao nascer (Silva, 2019). Essa falta de garantia evidencia-se no encontro com uma criança com traços autistas. Aquilo que parece pretensamente natural e ordinário, torna-se uma tarefa laboriosa e extraordinária no tratamento dessas crianças.

Diante dessa perspectiva, um trabalho psicanalítico com crianças que apresentam fechamento autístico põe em relevo, em um tempo distendido, uma série de operações imprescindíveis à constituição do psiquismo e à aquisição de linguagem.

A partir da compreensão de que a linguagem é estruturante, ou seja, está na base da constituição psíquica do sujeito, Lemos (1997; 2000; 2001; 2002) afirma que a aquisição de linguagem remete ao processo de subjetivação humana. Nessa perspectiva, a referida autora estabelece uma intrínseca relação entre o processo de aquisição de linguagem da criança e sua captura pelo funcionamento da língua em que é significada. É importante ressaltar, como bem explicitam Nogueira e Silva (2022), que tal captura implica na presença de um outro, o qual comparece como instância representativa da língua.

Goldgrub (2008) salienta que o processo de aquisição de linguagem não se trata de aprendizagem, mas sim de identificação àquele que veicula o funcionamento da língua. Desse modo, o ingresso no universo linguístico não é tomado como um procedimento de assimilação de informações, já que o encontro do bebê com a linguagem ocorre por meio do outro que o enlaça à ordem simbólica, à ordem da linguagem.

Verly e Freire (2015) salientam que a constituição da criança como falante está articulada à sua antecipação pelo discurso do outro. É a partir dessa suposição que o outro (mãe ou cuidador) interpreta os primeiros sinais (vocais ou não) do bebê e atende suas demandas. Ao considerar que o sujeito é constituído pela linguagem e na relação com o outro, destaca-se que a fala, apesar de ser um ato individual, é sempre endereçada. Essa premissa é extremamente relevante no trabalho com crianças com traços autistas. A suposição de sujeito é imprescindível, justamente diante de uma criança que apresenta um fechamento tão sistemático ao outro.

Diante da evitação ativa de uma criança com traços autísticos, Crespin (2010, p. 163) propõe que, inicialmente, "trata-se de ir ao encontro da criança utilizando o registro sensorial que a criança por si mesma privilegia: deambulação, manipulações de objetos, tapinhas ou gritos". A partir disso, faz-se necessário introduzir-se nesse espaço, ou seja, "forçar nossa entrada enquanto companheiro de brincadeiras, aceitando a atividade da criança *como se ela nos fosse dirigida*" (Crespin, 2010, p. 163, grifos meus).

Todavia, conforme propõe Ribeiro (2005), o autismo é uma resposta singular do sujeito ao que se articula no campo do Outro; uma resposta que se estrutura por uma recusa a alienar-se na linguagem. Dessa forma, devemos estar cientes e advertidos diante da enorme dificuldade em "forçar nossa entrada". O risco, nesse caso, é de aparecer para o sujeito como um Outro sem sentido, excessivo e intrusivo (Badaró; Calzavara, 2021).

A fim de minimizar esse risco, é importante introduzir-se de forma prazerosa na sessão. E por que essa dimensão é importante? Justamente porque se pressupõe, a partir das contribuições de Laznik (2004; 2010), que a posição autista implica entraves no circuito pulsional, o que gera uma série de impasses para o sujeito no laço social.

A referida autora destaca a importância dos três tempos do circuito pulsional, descritos inicialmente por Freud (1925/1980), no processo de alienação do sujeito ao Outro. Condição essa imprescindível para a entrada no sujeito no campo desejante. É importante ainda salientar que dois componentes fundamentais irão influenciar no estabelecimento do circuito pulsional completo, quais sejam, o olhar e a voz. Num primeiro tempo, denominado ativo, o bebê busca o objeto oral (seio ou mamadeira). No segundo tempo, trata-se da instalação da capacidade autoerótica. O terceiro tempo, considerado pela autora como determinante, é denominado de satisfação pulsional. Nesse tempo, a criança se assujeita a um outro. É o momento em que o bebê coloca o pé ou a mão na boca da mãe, por exemplo, aguardando que ela finja comê-lo, antecipando a satisfação da mãe. Isso indica que o bebê buscava justamente fisgar o gozo desse Outro materno.

De acordo com Jerusalinsky (2014), o cuidador supõe que o bebê não está interessado apenas na satisfação de suas necessidades, como a alimentação, mas também deseja brincar. As "mordidinhas", os "gracejos", as "gargalhadas", e as manifestações do bebê, devotadas a este Outro, surgem como a principal maneira de seus laços serem estreitados. Se correspondido, inicia-se o enlace ao circuito pulsional com o cuidador.

Pode-se dizer que este terceiro tempo do circuito pulsional está ausente nas crianças com traços autistas. E como bem assinala Crespin (2010, p. 61), a articulação pulsional tem um papel civilizador, "em sua dimensão de transmissão, pois ela organiza o corpo e seu funcionamento, o comportamento e as representações do sujeito, em outras palavras, sua entrada no mundo simbólico e relacional".

Cabe ainda sublinhar que, de acordo com Laznik (2004), independentemente da causa da não instauração do terceiro tempo do circuito pulsional, ele poderá se (re)estabelecer, caso haja uma certa contribuição libidinal por parte do psicanalista e, principalmente, se ocorrer antes dos três anos.

Exatamente por isso a dimensão prazerosa tem que ser considerada na condução do tratamento. Em termos conceituais, seria a tentativa de articular o terceiro tempo do circuito pulsional. Um tempo que se apresenta espontaneamente em outras crianças, as quais buscam desde muito cedo perscrutar o que causa o desejo do Outro. Nessa busca enigmática, o pequeno *infans* constrói sua subjetividade, a partir da identificação e da imitação.

No caso de crianças com impasses na constituição psíquica, invertemos essa lógica e, como bem aponta Crespin (2010, p. 163), "O terapeuta fará à criança o que a criança faz a si mesma, introduzindo aí seu júbilo: ele mostrará à criança a que ponto ele está feliz de provocar-lhe esta satisfação que ele se provoca sozinho". A partir da fortuita instalação de certo interesse por parte da criança, mesmo que entremeada de momentos de evitação ativa, "a criança vai se achar tomada em um circuito que a partir de então inclui o Outro, seu júbilo e seu desejo, pois o terapeuta pode parar de fazer-lhe sua estimulação, para perguntar se ela a quer de novo" (Crespin, 2010, p. 163).

Pandemia e seus possíveis efeitos no processo de constituição psíquica

Discutir os efeitos do contexto pandêmico em crianças, no Brasil, é considerar, como bem enfatiza Rosa (2016; 2017), a dimensão sociopolítica do sofrimento. A partir de uma psicanálise que se deixe afetar pela dimensão coletiva do sofrimento, é imprescindível colocar em debate a cena social, o campo do Outro.

Uma psicanálise assim implicada busca analisar o sofrimento produzido pela posição sociopolítica do sujeito, o que deveria incluir questões de raça, gênero, classe e tantas outras, em uma perspectiva interseccional. Rosa (2016) desenvolve uma proposta metodológica, segundo a qual, não é possível desvincular o sujeito dos laços sociais que o engendram.

Canavêz (2020), de forma contundente, alerta acerca da possibilidade da teorização psicanalítica individualizar as questões clínicas, o que, de forma contraditória poderia aproximar a psicanálise do neoliberalismo. A autora salienta que, muitas vezes, para os analistas, o analisando "figura como o único responsável por uma complexa sobredeterminação de forças, indicando uma ênfase na leitura individualizante dos fenômenos clínicos" (Canavêz, 2020, p. 92-93).

Visibilizar temas como raça, gênero e classe social, na clínica psicanalítica, pode ser uma compreensão possível para a alardeada afirmativa lacaniana, qual seja, "Deve renunciar à prática da psicanálise todo analista que não conseguir alcançar em seu horizonte a subjetividade de sua época" (Lacan, 1998, p. 321). Longe de ser atemporal e universal, a psicanálise que o presente trabalho aposta é justamente aquela que não recua diante dos impasses que a conjuntura social – sempre histórica e territorializada – impõe.

No contexto pandêmico, discutir sobre crianças com impasses no processo de constituição psíquica significa levar em consideração os cuidadores, que, no exercício das funções parentais, de caráter estrutural, a partir da perspectiva psicanalítica, sofreram de forma diferenciada, a depender da raça, classe e gênero. A parentalidade, então, não pode ser entendida a partir de um discurso universalizante.

> O modelo estrutural edípico – lido equivocadamente na chave imaginária pai-mãe-bebê reais – acabou por chancelar a família burguesa enquanto estrutura que garantiria a saúde mental da prole. Se a psicanálise foi usada como munição para um modelo claramente ideológico de parentalidade, isso se deve a uma combinação complexa de condições oferecidas pelo capitalismo, pela necessidade de reproduzir normas sociais hegemônicas, mas também pela ferida narcísica que o romance familiar busca tamponar na forma do mito parental (Iaconelli, 2020, p. 12).

Desse modo, entende-se parentalidade, a partir das reflexões de Teperman, Garrafa e Iaconelli (2020), como a produção de discursos e também as condições oferecidas pela geração anterior para que uma nova geração se constitua subjetivamente, em época determinada, o que implica considerar o plano singular dos sujeitos que se incumbem dessa tarefa e o campo social que os enlaça.

Normalmente, os papéis hegemônicos de mãe e pai respondem ao nosso período histórico e reproduzem o modelo burguês, cis, patriarcal, branco e heterossexual. Tal modelo invisibiliza inúmeras situações, tais como: as mães solo negras abaixo da linha da pobreza; o trabalho feminino doméstico e reprodutivo desvalorizado; o impacto desigual na carreira acadêmica de mães e pais etc.

As funções parentais, essenciais para a constituição de um sujeito, responsáveis pela inscrição de um ser pulsional na cultura, pressupõem um reconhecimento social. Como discuto em outro trabalho (Silva, 2019, p. 151), "Tornar-se humano é um processo que ocorre obrigatoriamente a partir da presença e dos cuidados de outros humanos, já que, ao nascer, nossa imaturidade biológica nos impõe essa condição". Enfatizar esses aspectos estruturais não implica negligenciar outros, extremamente relevantes, sem os quais as funções parentais correm o risco de não se efetivar. Questões como acesso a direitos básicos, como moradia, trabalho e renda impactam no exercício dessas funções estruturantes.

Especificamente a respeito da desnaturalização da construção da função materna, Iaconelli (2015) evidencia a necessidade de um tripé, qual seja, a libidinização do bebê, o reconhecimento no laço social e a assunção do desejo. De acordo com a autora, essas três condições têm que ser minimamente garantidas. Dito de outro modo, não há constituição psíquica sem as trocas corporais mãe-bebê, assim como não é possível que uma mãe garanta essa função sem um mínimo de reconhecimento social, tanto do entorno familiar quanto da sociedade, relativo ao estatuto de sujeito do seu bebê e à sua capacidade de ser mãe.

Como exercer as funções parentais sem a garantia de direitos básicos? É bom lembrar que a crise econômica agravada pela pandemia, em um mundo globalizado, colocou o Brasil novamente no chamado "Mapa da Fome", de acordo com um relatório produzido por cinco agências da Organização das Nações Unidas (ONU), quais sejam, a Organização das Nações Unidas para a Alimentação e a Agricultura (FAO), o Fundo Internacional para o Desenvolvimento Agrícola (FIDA), o Fundo das Nações Unidas para a Infância (UNICEF), o Programa Mundial de Alimentos da ONU (WFP) e a Organização Mundial da Saúde (OMS) (FAO; FIDA; UNICEF; WFP; OMS, 2022).

Dados do referido relatório mostram que o número de pessoas com algum tipo de insegurança alimentar foi de 61,3 milhões, entre 2019 e 2021. Praticamente, três em cada dez habitantes do Brasil. A prevalência de insegurança alimentar grave aumentou de 3,9 milhões, entre 2014 e 2016, para 15,4 milhões, entre 2019 e 2021. Isso revela uma piora alarmante da fome no Brasil.

Ainda de acordo com o relatório, *insegurança alimentar moderada* significa que as pessoas não têm certeza sobre a capacidade de conseguir comida e, em algum momento, têm que reduzir a qualidade e quantidade de alimentos. Já a *insegurança grave* refere-se às pessoas que ficam sem comida e passam fome, por um dia ou mais (FAO; FIDA; UNICEF; WFP; OMS, 2022).

Quais os impactos psíquicos desse cenário? Discutir esses indicadores socioeconômicos nos ajuda, como pretendia Lacan, a alcançar a subjetividade de nossa época? Como manter o rigor teórico da psicanálise, sem desconsiderar os territórios onde vivem as crianças e adolescentes brasileiras e brasileiros, múltiplos, plurais, em condições de vida tão desiguais?! Questões que exigem um árduo trabalho, na fronteira entre o estrutural e o conjuntural. Entre o singular e o coletivo. Entre sujeito e o campo do Outro.

Refletir sobre os limites e as (im)possibilidades de uma psicanálise à altura do nosso tempo implica visibilizar os periferizados, os racializados, todas, todos e todes. Tarefa sempre não toda, porque sempre fica um resto, que não cessa de não se ins(es)crever.

Algumas (in)conclusões: chamado aos psicanalistas do Sul Global

O trabalho psicanalítico com crianças que apresentam fechamento autístico aposta na voz e no olhar como objetos pulsionais, sendo que no início de cada tratamento é necessário sustentar a interpretação dos gestos e vocalizações das crianças como atos endereçados, com intencionalidade. Essa suposição de sujeito é um pressuposto inerente ao trabalho.

A busca pelo prazer compartilhado, a partir da utilização de uma fala dirigida às crianças com propriedades prosódicas características do manhês, assim como a construção de brincadeiras conjuntas, semelhantes aos jogos constituintes do sujeito, são recursos terapêuticos importantes nesse processo.

Apesar das ressalvas em relação aos diagnósticos apressados e deterministas, algumas questões devem ser aprofundadas: os efeitos do distanciamento social, na pandemia, explicariam o aumento de crianças com sinais de fechamento autístico? Haveria mudanças no laço social contemporâneo, as quais impactam de diferentes formas as dinâmicas familiares e escolares, que colocariam mais entraves no processo de constituição psíquica? Como o arcabouço teórico psicanalítico pode auxiliar nessa discussão, dando voz e legitimidade às queixas familiares e escolares, contudo sem corroborar com o discurso organicista do TEA?

Freud, em seu tempo e no seu território, desvelou os efeitos do patriarcado na condição sintomática da histeria. Às mulheres vienenses (mas não só), destinadas a casar e ter filhos, restava a rebeldia da histeria. Cabe a nós, psicanalistas do sul global, caso estejamos à altura do nosso tempo e do nosso território tão plural quanto desigual, investigar os múltiplos impactos psíquicos da pandemia, a partir de uma perspectiva sociopolítica do sofrimento.

Retomando o alerta de Lacan, de que deveríamos renunciar ao ofício de psicanalistas, caso não alcançássemos a subjetividade da nossa época, termino este trabalho com um chamado aos colegas que, como eu, também consideram o Brasil – com sua estrutura econômica e social marcadas pela imensa desigualdade – parte do Sul Global. Conceito que tem apontado o traço comum daqueles países que têm uma história caracterizada pelo colonialismo e neocolonialismo. Como provocação final, fica a questão: como a psicanálise, nascida no Norte Global, pode se reinventar em território brasileiro, levando em consideração nossos indicadores sociais relativos a moradia, alimentação, escolaridade, renda e emprego?

REFERÊNCIAS

ALENCAR, R. Brincando com bebês. *In*: NOGUEIRA, F. *et al*. *Entre o singular e o coletivo*: o acolhimento de bebês em abrigos. São Paulo: Instituto Fazendo História, 2011. p. 47-66.

APA – AMERICAN PSYCHIATRIC ASSOCIATION. *Diagnostic and Statistical Manual of Mental Disorder*, 5th. Edition. (DSM-V). Arlington, VA: American Psychiatric Association, 2013.

BADARÓ, S. A. F.; CALZAVARA, M. G. P. O uso de robôs como mediadores na prática clínica psicanalítica com crianças autistas. *Revista Estilos da Clínica*, v. 26, n. 3, p. 566-583, 2021.

BADINTER, E. *Um amor conquistado*: o mito do amor materno. Rio de Janeiro, Nova Fronteira, 1985.

BENJAMIN, W. *Magia e técnica, arte e política*: ensaios sobre literatura e história da cultura. Tradução de Sérgio Paulo Rouanet. Prefácio: Jeanne Marie Gagnebin. (Obras escolhidas; v.1). 7. ed. São Paulo: Brasiliense, 1994.

BRASIL. Ministério da Saúde. *Informes diários Covid-19*. Brasília, 2013. Disponível em: https://www.gov.br/saude/pt-br/coronavirus/informes-diarios-covid-19. Acesso em: 9 fev. 2023.

CANAVÊZ, F. Raça, gênero e classe social na clínica psicanalítica. *Tempo psicanal.*, Rio de Janeiro, v. 52, n. 2, p. 79-102, dez. 2020.

CLAVREUL, J. *A ordem médica*: poder e impotência do discurso médico. Tradução de Colégio Freudiano do Rio de Janeiro – Jorge Gabriel Noujaim, Marco Antonio Coutinho Jorge, Potiguara Mendes da Silveira Jr. São Paulo: Brasiliense, 1983.

CRESPIN, G. C. Discussão da evolução de uma síndrome autística tratada em termos de estruturação psíquica e de acesso à complexidade. *Psicol. Argum.*, v. 28, n. 61, p. 159- 166 abr./jun. Curitiba, 2010.

FAO; FIDA; UNICEF; WFP; OMS. *The State of Food Security and Nutrition in the World 2022*. Roma, Itália: FAO/ FIDA/ UNICEF/ PAM/ WHO, 2022.

FONSECA, P. F. O laço educador-bebê se tece no enodamento entre cuidar, educar e brincar. *Educação & Realidade*, v. 43, p. 1555-1568, 2018.

FREUD, S. Uma nota sobre o bloco mágico. *In*: FREUD, S. *Edição standard brasileira das obras psicológicas completas de Sigmund Freud*. Rio de Janeiro: Imago, 1980. Original de 1925.

GOLDGRUB, F. W. *A máquina do fantasma*: aquisição de linguagem & constituição do sujeito. 2. ed. revista e ampliada. São Paulo: Samizdat, 2008.

IACONELLI, V. Sobre as origens: muito além da mãe. *In*: TEPERMAN, D.; GARRAFA, T.; IACONELLI, V. *Parentalidade*. São Paulo: Autêntica, 2020. p. 11-20.

JERUSALINSKY, J. A *criação da criança*: brincar, gozo e fala entre a mãe e o bebê. 2ª Reimpressão. Salvador: Ágalma, 2014.

JORGE, M. A. C. *Sexo e discurso em Freud e Lacan*. Rio de Janeiro: Zahar, 1988.

LACAN, J. *O Seminário – livro 17*: o avesso da psicanálise. Rio de Janeiro: Jorge Zahar, 1992. Original de 1969/1970.

LACAN, J. *O seminário – livro 11*: os quatro conceitos fundamentais da psicanálise. Rio de Janeiro: Zahar, 1995.

LACAN, J. *Escritos*. Rio de Janeiro: Jorge Zahar, 1998.

LAZNIK, M.-C. *A voz da sereia*: o autismo e os impasses na constituição do sujeito. Salvador: Ágalma, 2004.

LAZNIK, M.-C. Godente ma non troppo: o mínimo de gozo do outro necessário para a constituição do sujeito. *Psicol. Argum.* Abr./jun., v. 28, n. 61, p. 135-145. Curitiba, 2010

LEMOS, C. T. G. de. *Processos metafóricos e metonímicos*: seu estatuto descritivo e explicativo na aquisição da língua materna. Trabalho apresentado no The Trend Lectures and Workshop on Metaphorand Analogy, Trento, Itália, 1997.

LEMOS, C. T. G. de. Questioning the notion of development: the case of language acquisition. *Culture & Psychology*, 6, n° 2, p. 169-182, 2000.

LEMOS, C. T. G. de. Sobre fragmentos e holófrases. *Anais do III Colóquio do LEPSI* – Laboratório de Estudos e Pesquisas Psicanalíticas e Educacionais sobre a Infância – USP, São Paulo, 2001.

LEMOS, C. T. G. de. Das vicissitudes da fala da criança e de sua investigação. *Cadernos de Estudos Linguísticos*, 42, Campinas, p. 41-69, 2002.

LICHT, R. W. Na sala de espera esperando o Outro: uma interlocução entre as pesquisas neurológicas e a psicanálise. *In*: BERNARDINO, L. M. F. (org.). *O que a psicanálise pode ensinar sobre a criança, sujeito em constituição*. São Paulo: Escuta, 2006. p. 67-80.

MARÇON, L.; ANDRADE, H. S. de. O diagnóstico psiquiátrico e desafios para outra biopolítica da infância. *Estudos de Sociologia*, Araraquara, v. 27, n. esp.2, p. e022024, 2022. DOI: 10.52780/res.v27iesp.2.16823. Disponível em: https://periodicos.fclar.unesp.br/estudos/article/view/16823. Acesso em: 7 fev. 2023.

NOGUEIRA, A. L.; SILVA, K. C. B. da. Aquisição de linguagem a exceder a fala: gestos de bebês e função interpretativa do cuidador. *DELTA: Documentação de Estudos em Linguística Teórica e Aplicada*, v. 38, n. 2, p. 1-26, 2022.

QUINET, A. *Psicose e laço social*. Rio de Janeiro: Zahar, 2006.

RIBEIRO, J. *A criança autista em trabalho*. Rio de Janeiro: 7 Letras, 2005

ROSA, M. D. *A clínica psicanalítica em face da dimensão sociopolítica do sofrimento*. São Paulo: Escuta/FAPESP, 2016.

ROSA, M. D. A psicanálise lacaniana e a dimensão sociopolítica do sofrimento. *Cult–Revista Brasileira de Cultura*, v. 20, n. 8, p. 22-24, 2017.

SILVA, K. C. B. da. *Educação Inclusiva: para todos ou para cada um? Alguns paradoxos (in)convenientes*. São Paulo: Editora Escuta/FAPESP, 2016.

SILVA, K. C. B. da. O que uma mãe pode nos ensinar sobre função materna? Da face inexpressiva à construção do corpo erógeno. *In*: OLIVEIRA, E. P.; SZEJER, M. *O bebê e os desafios da cultura*. São Paulo: Langage, 2019.

SOUZA, A. *Os discursos na psicanálise*. Rio de Janeiro: Companhia de Freud, 2003.

TEPERMAN, D.; GARRAFA, T.; IACONELLI, V. *Parentalidade*. São Paulo: Autêntica, 2020. p. 11-20.

VERLY, F. R. E; FREIRE, R. M. A. de C. Indicadores clínicos de risco para a constituição do sujeito falante. *Rev. CEFAC*. Maio-Jun, v. 17, n.3, p. 766-774, 2015.

WINNICOTT, D. W. *Da pediatria à psicanálise*: obras escolhidas. Rio de Janeiro: Imago, 2000.

WHO – WORLD HEALTH ORGANIZATION. *Statement on the fourteenth meeting of the International Health Regulations (2005) Emergency Committee regarding the coronavirus disease (COVID-19) pandemic*. WHO, 2023. Disponível em: https://www.who.int/news/item/30-01-2023-statement-on-the-fourteenth-meeting-of-the-international-health-regulations-(2005)-emergency-committee-regarding-the-coronavirus-disease-(covid-19)-pandemic. Acesso em: 2 jan. 2023.

SOBRE A AUTORA

Kelly Cristina Brandão da Silva

Psicanalista e doutora em Educação pela Faculdade de Educação da USP. Docente do Departamento de Desenvolvimento Humano e Reabilitação, da Faculdade de Ciências Médicas da Unicamp. Orientadora de pós-graduação no Programa "Saúde, Interdisciplinaridade e Reabilitação" (FCM/UNICAMP). Autora do livro "Educação inclusiva: para todos ou para cada um? Alguns paradoxos (in)convenientes" (Escuta/FAPESP). Finalista do Prêmio Jabuti/2017.

3
ATOS NO CORPO E ADOLESCÊNCIA CONTEMPORÂNEA

Juliana Falcão

Charles Lang

Considerações prévias

Desde a invenção da psicanálise, o corpo sempre esteve no centro das discussões e da investigação da etiologia dos sintomas. Em um de seus textos mais importantes, "O mal-estar na cultura" (2010/1930), Freud adverte que o corpo – vulnerável, condenado à decadência, às doenças e à dissolução – é uma das três grandes fontes de sofrimento para os seres humanos.

A humanidade, há muito tempo, é fascinada – desde a mitologia até o teatro – pelas transformações do corpo, sejam elas definitivas ou passageiras. Na mitologia grega temos as quimeras, seres monstruosos com características de vários animais diferentes, geralmente uma cabeça de leão ou de touro, uma cauda de serpente e o corpo de cabra. Nas peças de teatro, veste-se, traveste-se e fala-se de outra maneira, encenando um personagem. A imagem corporal provoca diversas reações.

Hoje as quimeras são os organismos que possuem células de diferentes genomas em seu corpo e que podem ser conseguidas por meio da engenharia genética, quando células de diferentes organismos são combinadas para formar um novo organismo, ou por meio de processos naturais, como a fusão de dois embriões diferentes. As quimeras também podem ser criadas pelo transplante de tecidos de um organismo para outro, como no caso de pacientes que recebem transplantes de órgãos.

Alguns analistas como Contardo Calligaris (1996) ensinaram que, em termos de compreensão da cultura, devemos prestar atenção ao que se passa nos países mais avançados no projeto moderno e Ocidental. Até o final da Segunda Guerra Mundial, o grande avatar era a França, mas isso se deslocou para os Estados Unidos, que hoje nos dá uma prévia do que vem pela frente. Países em que as culturas são mais frágeis, ou estão mais fragilizadas, são os primeiros a serem afetados, ou mesmo devastados, por estes avatares.

A hipótese de trabalho que nos guiou neste texto é de que os países que têm identidades culturais frágeis – ou que por alguma razão tiveram esta identidade afetada ou destruída – são os mais atingidos pela globalização e difusão dos valores norte americanos e neoliberais no planeta. Em se tratando da clínica psicanalítica, os sujeitos exemplares para entendermos estas mudanças são os sujeitos logo afetados por elas e pelo que se torna moda – os sujeitos adolescentes.

"Years and years"

Em maio de 2019, pouco menos de um ano antes do início da pandemia de COVID-19, começou a ser transmitida na BBC One no Reino Unido a minissérie de televisão "Years and years". Dividida em seis partes, a série foi produzida pela BBC e pela HBO, e pode ser vista, no Brasil, pelos assinantes do HBO Max. O drama parte do ano 2019 e segue a família Lyons em Londres e Manchester, por mais de 15 anos de mudanças políticas, econômicos e tecnológicas, criticando o presente e projetando um futuro pior, marcado pelo rebaixamento intelectual coletivo, *fake news*, reformas trabalhistas e perda das garantias, desemprego/subemprego, quebra dos bancos, problemas com imigrantes e a ascensão da extrema direita ao poder.

Sublinhemos que as séries e minisséries ocupam o lugar que antes era ocupado pelas novelas televisivas e que as novelas televisivas ocuparam o lugar dos livros de contos e romances. Portanto, há uma transposição de registros, do texto escrito para as histórias narradas pelo desfile de cenas/imagens, com a trilha sonora ao fundo. No primeiro episódio, Daniel vai se casar com Ralph – um casamento *gay*. Rosie está procurando um novo parceiro, e Edith continua envolvida em outra causa humanitária. Stephen e Celeste (um casal heterossexual) se preocupam com suas filhas. À noite, antes de dormir, Stephen conversa com a esposa a respeito da filha Bethany. Algo no comportamento da adolescente preocupa, e a mãe decide vasculhar o histórico de pesquisa da filha na *internet*, contra a vontade do pai. A lista de termos pesquisados é longa: *"help for trans"*, *"living as trans"*, *"trans hope"*, *"trans for teens"*, *"what is trans"*. Eles estão estarrecidos. Mas *ela* vai ficar bem. Ou *ele* vai ficar bem. Eles vão ficar bem. Os pais brincam com a angústia e conseguem rir.

Na manhã seguinte os pais se reúnem com a filha ao redor da mesa na cozinha, e é a filha quem começa a conversa.

— Só quero que vocês saibam que eu amo vocês, mamãe e papai.

— Eu sei querida — responde a mãe.

— Eu acho que tenho me sentido desconfortável por muito tempo.

— Nós sabemos.

— Eu acho, desde que nasci, que este corpo não é meu.

— Tudo bem mesmo, querida. — Os pais mostram-se receptivos e acolhedores.

— Eu tenho lido muito — prossegue Bethany — e acho que sou trans.

— Minha querida, tudo bem, meu amor. Tudo bem, mesmo.

— Nós aceitamos, aceitamos totalmente. Sei que somos um pouco lentos e meio velhos. Vai ser meio confuso para nós, podemos não acertar às vezes, mas nós amamos você...

Bethany está confusa com a reação dos pais.

A mãe faz um corte, depois de dizer que sempre vão amar a filha.

— Mas não precisa ter tanta pressa. Temos muito tempo para conversar sobre isso.

O pai modera:

— E se acabarmos tendo um filho adorável em vez de uma filha adorável, vamos ficar felizes.

É a vez de Bethany reagir:

— Não, eu não sou transexual.

Agora são os pais que estão confusos:

— Não é essa a palavra?

— Mas você disse "trans".

— Como chamamos você?

— Não sou transexual. Sou transumana.

— Certo, ficam mudando as palavras. Não sei a diferença.

— Não quero trocar o sexo.

O pai é politicamente correto:

— Não, claro, dizemos "gênero" agora, desculpe.

— Eu disse que me sinto desconfortável com o meu corpo. Quero me livrar dele. Desta coisa. Dos braços e das pernas, de cada pedacinho. Eu não quero ser carne. Desculpem, mas vou fugir dessa coisa e me tornar digital. Dizem que em breve haverá clínicas na Suíça onde você vai, assina um papel, eles pegam o seu cérebro e fazem download dele na nuvem.

— E o seu corpo?

— Ele é reciclado. Na terra.

Bethany quer a imortalidade, viver para sempre como informação.

— Isso é ser transumano, mãe. Não masculino ou feminino. Melhor. Aonde eu vou não há vida ou morte. Só dados. Eu vou virar dados.

O termo "transformista" (considerado em desuso e mesmo pejorativo) referia-se, geralmente, a homens que se vestiam de mulher ou *drag queens*. Vestiam-se com uma estética que remete ao sexo oposto. As crianças gostam de vestir-se de personagens de desenhos animados ou de heróis ou celebridades do esporte. Os brinquedos infantis Transformers (hoje também franquia cinematográfica) trabalham a ideia de robôs humanoides capazes de se converterem em carros ou animais. Assim, a plasticidade do corpo provoca o fascínio, ao mesmo tempo em que produz tanto angústia quanto prazer.

O prefixo latim *trans* tem como significados possíveis: além de, para além de, em troca de, através. Na cena citada, do seriado "Years and Years", o que estava em questão para a adolescente Bethany não era algo que estava para além do sexual, como achavam seus pais. Era algo que estava para além do humano, em seu sentido concreto, corporal. O que existe para além do corpo humano e que deixaria o humano para trás?

David Le Breton, antropólogo francês, afirma que a condição humana *é* corporal. "O corpo não é, portanto, uma matéria passiva, submetida ao controle da vontade, obstáculo à comunicação, mas, por seus mecanismos próprios, é de imediato uma inteligência do mundo" (Le Breton, 2013, p. 190). Bethany fala sobre a possibilidade de fazer um *upload* de seu cérebro na nuvem, termo utilizado para remeter a um lugar que na verdade não está em lugar (concreto) algum. A imagem da nuvem remete ao etéreo, ao imaterial, ao incorpóreo. A nuvem, enquanto elemento da natureza, facilmente se dissipa no ar e some. Já a nuvem (*cloud*), na linguagem da tecnologia, promete a eternidade, não perder dados, informações. É um não lugar em que, supostamente, nada pode se perder, nada pode degradar ou sumir.

Na clínica psicanalítica, como a conhecemos, e mesmo quando se utiliza de um meio virtual, como o que se popularizou a partir do #fiqueemcasa na pandemia, o que escutamos é um discurso. No entanto, um discurso só pode ser proferido por meio e a partir de um corpo falante. É preciso boca, língua, dentes, pulmões, garganta e voz. É preciso a materialidade do suporte corporal para que palavras sejam proferidas e escutadas. Os atos no corpo, por vezes, são recursos para um sujeito que, em um dado momento, não alcança as palavras necessárias para dizer. Atos realizados no corpo capturam o olhar do outro, desde os atos mais discretos até os mais extravagantes.

Adolescência como tempo de criar um corpo próprio

A adolescência é a fase em que se está medindo tanto o desenvolvimento corporal quanto, e em especial, a extensão do efeito que o próprio corpo provoca no outro. É a fase em que se iniciam as intervenções chamativas como os cabelos coloridos, roupas que deixam o corpo à mostra, piercings e tatuagens. Alguns adolescentes, inclusive, adotam uma estética que prima pela morbidez e pelo trabalho com elementos simbólicos. É possível mostrar e falar disso, sem intervenções mais definitivas.

Um corte, em contrapartida, é algo que pode mudar definitivamente o tecido da pele. Mesmo após a cicatrização, resta uma marca, um traço. O que é diferente de descolorir ou pintar os cabelos, ou de vestir e retirar certos tipos de roupas. A adolescência é a fase em que começamos a circular pelo mundo sem a companhia necessária dos pais. Às vezes, os pais ainda fazem a função de apontar ao adolescente que ele está sendo olhado, quando este não percebe. "Viu que aquele menino/aquela menina não tira os olhos de você? Não percebeu?".

Circular pela cidade sem a companhia dos pais implica perceber, por conta própria, o quão adequado ou inadequado se é, perceber se a presença é notada ou se passa despercebida, ou mesmo como se tornar visível/invisível. Com frequência, os adolescentes têm a sensação de que todo mundo está olhando para eles. Esse exercício ativo/passivo do olhar é posto em xeque na adolescência, talvez muito mais do que em qualquer outra fase da vida, ao sair do olhar vigilante dos pais, como era na infância.

> Mais do que nunca, é a fase do mimetismo, ou seja, de pura construção de uma imagem próxima da que representa o ideal. A aposta da criança é elaborar uma espécie de fantasia, vesti-la e observar no olhar dos outros o efeito dessa performance [...] ao atuar, faz-se algo para produzir um efeito no outro (grito para que me mandes calar, por exemplo), mas há uma vulnerabilidade própria de quem não está sendo dono das próprias fronteiras (Corso; Corso, 2018, p. 44).

Um dos maiores desafios dos pais de adolescentes é encontrar a medida entre até onde deixar esse corpo (que está crescendo e mudando) livre e até onde restringi-lo, controlá-lo. É certo que algum controle é necessário para construir as bordas e os limites de um corpo que (na melhor das hipóteses) tudo quer conhecer, experimentar e explorar. Por outro lado, controle demais por parte dos pais pode fazer com que o adolescente não confie na sua própria capacidade de interpretar os riscos, de estabelecer limites consigo e com os outros.

Entendemos que alguns sintomas que aparecem na adolescência podem responder à impotência frente ao controle dos pais e, consequentemente, à necessidade de sentir que podem controlar ao menos algumas coisas (como a quantidade de comida que ingerem – nas anorexias, e a resistência à dor – nas automutilações).

Segundo Jucá e Vorcaro (2018), os atos na adolescência podem ser lidos como *um apelo diante dos impasses* que o adolescente vivencia na busca de novas formas de se inscrever no campo social. Esses impasses são evidenciados nos discursos dos adolescentes que escutamos na clínica. O mal-estar, com frequência, se revela nas situações em que não consegue se situar no lugar no qual os adultos o colocam ou que o adolescente supõe ser colocado. Os jovens costumam relatar situações em que os adultos os repreendem por estarem agindo como crianças e, ao mesmo tempo, por quererem ser independentes. Talvez esta seja uma das formas de melhor definir-se a adolescência: um tempo em que *não se pode* mais ser criança e ainda não se *é* adulto. O que, nas palavras de uma adolescente revoltada com a sua condição, pode sair assim: "tenho os deveres dos adultos e os direitos das crianças".

Outro impasse que permeia a adolescência se refere às convocações da sexualidade. Passado o período de latência, o sujeito que entra na puberdade precisa enfrentar um reencontro com a sexualidade, um segundo tempo. Se no primeiro tempo tem-se a resolução do complexo de Édipo e a entrada na latência, no segundo tempo a sexualidade tem que ser rearranjada diante da convocação do outro, a se posicionar enquanto homem ou mulher (ou mesmo enquanto assexuado, ou não binário, pois ainda assim utiliza-se de categorias, de palavras, para se definir estas posições). Alguns adolescentes, frente à dificuldade de se posicionar subjetivamente, podem recorrer aos atos no corpo, marcando-o.

Alguns autores na psicanálise consideram que a automutilação, especialmente quando realizada na adolescência, pode ser uma forma de atuação, como as passagens ao ato ou *acting out*. Lacan diferencia o *acting out* da passagem ao ato em seu Seminário 10, sobre a angústia. Neste, ele retoma o texto de Freud intitulado "A jovem homossexual", para falar de duas situações em que a paciente freudiana agiu de maneira "dramática", porém com características diferentes. Ao minuciar esse caso, Lacan conclui que o *acting out* é a mostração, a mostragem, velada.

Assim, o *acting out* põe em cena algo que não pode ser dito, podendo apenas ser mostrado. Lacan (2005/1962-1963) acrescenta, ainda, que "o *acting out* clama pela interpretação" (p. 140). Logo, dirige-se ao Outro, e, quando se está em análise, dirige-se ao analista. O *acting out* pode ser tomado, então, como um apelo, um pedido de socorro. Lacan inclusive faz uma distinção entre o *acting out* e o sintoma, dizendo que o sintoma é gozo e, assim, não pede por interpretação. Já o *acting out* clama por uma interpretação. Põe-se algo em cena para que seja interpretado.

Na passagem ao ato, entretanto, não há um apelo dirigido ao Outro, o sujeito se precipita fora da cena, deixa-se cair. Lacan (2005/1962-1963) diz que "O momento da passagem ao ato é o do embaraço maior do sujeito, com o acréscimo comportamental da emoção como distúrbio do movimento. É então que, do lugar em que se encontra, ele se precipita e despenca fora da cena" (p. 129). O *acting out* mostra, encena, enquanto a passagem ao ato faz o sujeito desvanecer, restando apenas como objeto – resto, dejeto. Entendemos que mesmo tentativas de suicídio podem ser tomadas como *acting out* ou passagem ao ato, a depender do endereçamento (ou não) que se faz. Outra possibilidade é que as passagens ao ato podem ser precedidas de um ou mais *acting outs*.

Enquanto as intervenções e modificações na estética corporal fazem parte da adolescência "normal", temos nos deparado também com atos no corpo que ultrapassam o limiar e se configuram como uma possível psicopatologia ou sintoma. Temos como exemplos, além das automutilações, as tentativas de suicídio, os transtornos alimentares e os transtornos dismórficos corporais. Mais recentemente, temos ouvido na clínica adolescentes que chegam a verbalizar o anelo por hormonização/cirurgia que viabilize uma condição transexual.

Na contemporaneidade, elementos que eram considerados imutáveis e íntimos, como os órgãos genitais (identificando o gênero) passam a também serem postos à prova e à discussão. O destino genital não é mais tomado como um destino imutável, que situaria o sujeito em uma ordem sexuada binária (feminino/masculino, homem/mulher, pênis/vagina), mas transita no discurso com novas referências "não binárias", categoria que passa a comportar um sem-número de possibilidades. Inclusive temos visto um contínuo acréscimo de letras na sigla anteriormente conhecida como GLS, depois como LGBT, depois como LGBTQIA+. Em uma busca rápida na *internet*, no ano de 2023, encontramos LGBTQQICAPF2K+.

Uma pergunta dirigida aos profissionais que trabalham com a adolescência é: quando é necessária uma avaliação ou uma intervenção? Quando é importante algum tipo de tratamento psíquico?

Uma das grandes balizas para responder a esta pergunta diz respeito à presença (ou não) de um sofrimento para o sujeito. O que este sujeito verbaliza é de fato uma posição diante do desejo ou é uma forma de dar conta dos imperativos do mercado neoliberal que se manifestam como imperativos super egóicos? Está na base da psicanálise – se a psicanálise não é considerada como um fim em si mesma, mas um meio para – que uma análise se justifica na medida em que alguém busca desvencilhar-se de algum sofrimento. Mesmo os manuais de diagnóstico e estatística, como o DSM-5, concordam com isso. Por exemplo, dentre todos os critérios diagnósticos para os transtornos mais diversos, repete-se o mesmo: "A perturbação causa sofrimento clinicamente significativo ou prejuízo no funcionamento social, acadêmico, profissional ou em outras áreas importantes da vida do indivíduo".

Em se tratando de adolescentes, precisamos compreender que esse sofrimento também reverbera na família, que é geralmente quem procura o tratamento, quem contacta psicólogos, psicanalistas e psiquiatras. No entanto, essa linha é tênue, pois os objetivos de um tratamento psicanalítico não são, necessariamente, adequar e conformar o paciente a uma "normalidade" ou apenas aplacar a angústia dos pais diante de um funcionamento não convencional.

Nessa medida, corpo e contexto nunca estão dissociados. Aliás, por meio do que se passa no corpo, na imagem do que é ser humano em determinada época, pode-se compreender o que se passa na cultura de determinado lugar e período, nos costumes, nos discursos que circulam, nas imagens que se produzem e que se veiculam. Mas o ideal de beleza muda, as referências simbólicas mudam. Hoje vemos propagandas que exibem corpos que em outra época eram considerados obesos, homens com cabelos e unhas pintadas, maquiados (houve dia em que este território era exclusivo das mulheres). Temos visto modelos e artistas com aparência andrógina ou não binária nos catálogos de moda e nas séries de televisão. Para os migrantes, aqueles que contam o tempo de hoje e o comparam com o de antigamente, o contemporâneo pode ser estranho. Mas para os nativos, aqueles que nasceram neste tempo, as coisas parecem ter sido sempre assim e não há o que estranhar. "Tá de boa", diria o adolescente.

Os casos de automutilação – pessoas que se machucam, deliberadamente, por meio de cortes, queimaduras etc. – são os exemplos mais chamativos de atos no corpo. Esse sintoma tem chegado, com frequência ascendente, aos consultórios dos psicólogos, psicanalistas e psiquiatras, assim como aos serviços públicos de saúde mental. Há 15 anos, se buscássemos referências bibliográficas sobre o assunto, encontraríamos principalmente livros e artigos em inglês. A produção acadêmica brasileira era escassa e não se ouvia muito falar de casos de pessoas que se machucavam chegando aos consultórios e hospitais. Contudo, ao consultar estas fontes em inglês, como em Favazza (1996), em Turner (2002) e Strong (1998), é possível perceber o quanto a automutilação já era uma questão alarmante no campo da saúde mental nos Estados Unidos.

Ao longo dos últimos anos presenciamos, no Brasil, casos de automutilação não somente aparecendo com uma velocidade cada vez maior, mas principalmente sendo tomados seriamente em questão – tanto por profissionais psi, quanto por pais e educadores. Acreditamos que a larga utilização das redes sociais, pelos adolescentes, contribuiu para a disseminação dessa prática, já que hoje os usuários podem se conectar em tempo real com pessoas de qualquer parte do mundo. Com o fácil acesso dos jovens à *internet* por meio dos smartphones (que estão sempre com eles, como uma extensão do corpo), as comunidades virtuais favorecem também esse efeito de contágio.

Observamos cenários graves de "desafios" propostos a crianças e adolescentes na *internet*, nos quais se incentivava que se machucassem ou chegassem ao extremo do suicídio. Um exemplo desses desafios foi o "Baleia azul", no qual os administradores determinavam tarefas aos participantes, algumas das quais envolviam automutilação. Caso não cumprissem, os jogadores eram ameaçados.

Para os adolescentes, esses desafios podem ter um caráter iniciático. Os rituais de passagem e os ordálios (provas extremas que testemunham o "juízo de Deus" ou do destino) sempre tiveram o corpo como palco e sempre trouxeram elementos que incidem ou provêm do corpo: dor, sangue e marca física. Comunidades antigas e alguns rituais contemporâneos ainda prescrevem uma marca no corpo (cabeça/sobrancelha raspada na aprovação do vestibular, uma aliança no dedo no casamento). Hoje não temos mais ritos de passagem tão definitivos quanto antigamente, por meio dos quais se passava de criança a adulto. Mas, ainda assim, os jovens inventaram modos de sentir que estão "passando de fase", como num jogo de videogame. O primeiro porre ou uso de drogas pela primeira vez, beijar alguém ou perder a virgindade, aprender a dirigir, matar aula, sair escondido dos pais, ver o primeiro nascer do sol. Todos esses são rituais usados para se situarem enquanto "não mais crianças".

Automutilação e suicídio: fator de risco ou de proteção?

Quando os casos de automutilação chegam aos consultórios ou serviços de saúde, não é incomum a correlação imediata entre os cortes e as tentativas de suicídio. Estar se machucando é visto como um fator de risco para tentativas de suicídio. Um prelúdio do que virá adiante. Isso costuma alarmar os profissionais, o que pode gerar intervenções precipitadas – como encaminhamentos para internação ou para a psiquiatria, no intuito de iniciar tratamento medicamentoso.

A relação entre automutilação e suicídio continua sendo fruto de discussões na literatura atual, visto que não existe consenso. Alguns autores consideram os dois atos como distintos e não relacionados, enquanto outros entendem que ambos estão diretamente ligados. Talvez se trate de mais de um daqueles casos em que não se consegue situar, exatamente, a fronteira entre senso-comum e pesquisa científica.

Le Breton (2010) se dedica ao estudo da automutilação em seu texto *Escarificações na adolescência: uma abordagem antropológica*, no qual pontua que as escarificações são técnicas de sobrevivência para os jovens em sofrimento. O autor traz formulações sobre a relação entre pele e identidade, assim como reflete sobre algumas "funções" da pele para o sujeito – como a função de contenção, de mediação, de fronteira. A pele é uma instância de manutenção do psiquismo, de enraizamento do sentimento de si. A automutilação seria uma forma de buscar ancoragem na pele, no próprio corpo, quando o sujeito não consegue lidar com um sofrimento. Para Le Breton, mais do que um fator de risco, a automutilação funcionaria para alguns sujeitos como um fator de proteção, ao preservar a vida.

A primeira publicação relevante sobre a automutilação foi feita por Karl Menninger, psicanalista e psiquiatra. Menninger foi presidente da Associação

Psicanalítica Americana e foi o primeiro autor a tratar a automutilação como uma questão específica, não associada necessariamente a transtornos mentais. Em 1938, escreveu o livro "Man against himself" (traduzido para o português como "Eros e Tânatos: o homem contra si próprio" e publicado no Brasil em 1970). Nessa obra, escreveu especificamente sobre automutilação e argumentou contra a ideia corrente na época de que os cortes na pele fossem simplesmente uma tentativa de suicídio.

Para Menninger (1938/1966), enquanto pode ser considerada uma forma de suicídio atenuada ou parcial, a automutilação é um tipo de acordo para evitar a total aniquilação da pessoa, ou seja, o suicídio. O grande paradoxo é que, enquanto a automutilação é autopunitiva e autodestrutiva, ela também é uma tentativa de se autocurar. É perceptível, na experiência clínica, que algumas pessoas que se cortam estão tentando viver, tentando se autorregular. A questão que preocupa é que, eventualmente, pode-se pagar um preço excessivo por isso, como, por exemplo, ultrapassar-se os limites e perder a própria vida de maneira acidental. Ou acabar "se viciando" numa prática que poderia ter sido tratada no início para que não atingisse uma frequência tão alta. A palavra "excesso" deve permanecer no nosso horizonte pois não estamos a tratar, simplesmente, de um *prazer em se cortar*, mas de um gozo, de algo que sempre busca um a mais, um *excesso*.

Existe também outro paradoxo que pode ser verificado na fala de muitas pessoas que se mutilam. Elas relatam que a automutilação é tanto um estimulante quanto um tranquilizante. Assim, alguns se cortam quando estão se sentindo dormentes, ausentes, com o objetivo de se sentirem vivos, enquanto outros se machucam quando estão ansiosos ou frustrados, com o objetivo de parar de sentir, de ficar dormente. Às vezes, essas duas falas, essas duas "funções" podem ser encontradas numa mesma pessoa que se mutila, em momentos diferentes (Falcão, 2021). Em muitos casos, a automutilação está à serviço da vida, e não da morte. O sujeito se corta para se aliviar e assim conseguir continuar vivendo, seguindo em frente. O desejo é acabar com o sofrimento e não com a própria vida. Se no senso comum e nas tatuagens está cristalizada a expressão *No pain, no gain* (sem dor não há ganho), as neurociências, a endocrinologia e os educadores físicos têm-nos ensinado acerca da função da dor na produção de determinados hormônios.

Na psiquiatria, o movimento nosográfico tem diferenciado a automutilação e a elevado a uma categoria específica. Houve mudanças significativas no modo de categorizar a automutilação após a 5ª edição do Manual Diagnóstico e Estatístico dos Transtornos Mentais (DSM-5). Na 4ª e 5ª edições do DSM, a automutilação está presente como um sintoma no Transtorno da Personalidade *Borderline* – 301.83 (F60.3). Ao recebermos pacientes encaminhados por psiquiatras, ou que passaram por alguma consulta psiquiátrica, alguns destes chegam com um diagnóstico – muitas vezes precipitado – de transtorno da personalidade *borderline*. Percebe-se que, em alguns casos, não havia outros sintomas que justificassem tal diagnóstico, de modo que a automutilação parece ter sido o suficiente para fechar o diagnóstico.

No DSM-5 (2014), a automutilação é citada, ainda, em Amnésia Dissociativa – 300.12 (F44.0) e em Transtorno Dissociativo de Identidade – 300.14 (F44.81). Entendemos que o fato de a automutilação ser sintoma de transtornos que têm relação com dissociação relaciona-se com o que Le Breton (2010) formula sobre os cortes promoverem uma espécie de ancoragem no corpo. Já que a dissociação promove uma sensação de desligamento de si mesmo, a interferência concreta na pele pode trazer um senso de apropriação do corpo e de enraizamento.

Enquanto no DSM-4 a automutilação aparecia apenas nos critérios diagnósticos de alguns transtornos mentais, no DSM-5, ela começou a aparecer de formas mais específicas, como o termo "autolesão não suicida". Com base nesse termo, vemos que a automutilação está referida como algo específico, mas não está classificada como um transtorno. As características diagnósticas apresentadas acerca da Autolesão Não Suicida são minuciosas e levam em consideração a complexidade desses atos, assim como as características culturais envolvidas.

Consideramos importante que um manual diagnóstico, por mais que precise ser objetivo em seus critérios, tenha feito essa separação e situado a automutilação como algo dissociado dos transtornos mentais e, mais ainda, dos transtornos da personalidade. Sabemos que os transtornos da personalidade são caracterizados como de "caráter persistente e inflexível", "estável e de longa duração" e "que se desvia acentuadamente das expectativas da cultura do indivíduo". Sendo assim, pode ser extremamente doloroso e problemático para um adolescente, ainda em fase de mudanças e desenvolvimento, receber um diagnóstico que acabe engessando suas possibilidades e seus modos de estar no mundo.

Corso e Corso (2018) chamam a atenção para a necessidade de encararmos a complexidade humana e nos distanciarmos de interpretações precipitadas.

> É difícil entender como um ferimento pode significar alívio, mas precisamos abrir o pensamento para a complexidade dos comportamentos humanos, nos quais o que é agradável, desagradável, bom e ruim assume tons bem peculiares. Em vez de entrar em pânico, quem se corta se reencontra com sua pele, seu sangue, a dor, que funcionam como uma sangria da angústia. É uma providência, a possível para alguém, em geral muito jovem, que se sente desaparecendo ou incapaz de ocupar um lugar no mundo ou na vida de alguém importante (Corso; Corso, 2018, p. 47).

Considerações finais – escuta do corpo e construção de diagnósticos

Tivemos como hipótese de trabalho para a escrita deste texto o pressuposto de que, para estudarmos a cultura local, devemos prestar atenção ao que acontece nos países mais avançados no projeto moderno e Ocidental. Países como o Brasil, que têm identidades culturais que foram afetadas ou prejudicadas, são mais atingidos pela globalização e difusão dos valores norte americanos e neoliberais. Na clínica psicanalítica, tomamos os sujeitos adolescentes como exemplares para entendermos essas mudanças. Por estarem constantemente conectados às redes virtuais e, por estarem em uma fase suscetível às identificações e influências externas, os jovens costumam ser os primeiros a "inventar moda", no dizer dos adultos.

Essa expressão é comumente escutada na clínica quando acolhemos pais que trazem seus filhos para um tratamento, mas que, muitas vezes, ainda estão em dúvida se eles estão de fato sofrendo ou se estão "inventando moda", por estarem se cortando, ou fazendo dietas extremas, ou apresentando-se como pertencentes a outro gênero. Percebe-se que, quando se trata de sintomas mais chamativos, que assustam, a tendência é de irmos de um extremo a outro: de um lado, interpreta-se como "bobagem", "moda", "frescura" e, no outro extremo, toma-se como transtorno mental, "loucura", com necessidade de tratamento com remédios.

Os extremos nunca nos ajudaram a interpretar a complexidade humana. Se fixamos nossa escuta em apenas um ponto do espectro, perdemos todas as nuances que estão nos meios, nas frestas e nas entrelinhas. Freud já nos alertava para isso em uma de suas primeiras obras mais importantes. Nos "Três ensaios sobre a teoria da sexualidade" (1996/1905), é possível perceber que palavras como "extremo", "exclusivo", "único", "fixado" e "condicionado" aparecem com frequência no texto. Essas condições, para ele, seriam determinantes para a diferenciação do que seria uma variação da pulsão num nível normal, ou num nível patológico.

A clínica com adolescentes nos convoca a estarmos atentos aos conflitos entre gerações, à busca por autonomia, ao contexto familiar, escolar, aos efeitos das redes sociais, às primeiras experiências amorosas e sexuais, à experimentação com álcool, drogas, com o próprio corpo. Ao recebermos um adolescente para tratamento clínico, é fundamental uma escuta minuciosa acerca desses pontos antes de fechar um diagnóstico. O contato com a família – e, eventualmente, com o ambiente escolar – ajuda-nos a ter uma visão mais ampla sobre como o adolescente está situado em seus diversos contextos de vida. Isso nos remete a escutar para além dos sintomas (ou comportamentos) listados nos manuais diagnósticos.

A referência ao DSM-5 não é fortuita, na medida em que ela serve de baliza (explícita ou implícita) ao diagnóstico psi – do qual a psicanálise, na maioria das vezes, se exclui. Bíblia de transtornos mentais para psicólogos e psiquiatras, a primeira edição oficial do DSM é de 1952 e foi influenciada por sistemas prévios estabelecidos pelo Exército Americano e pela administração de veteranos para auxiliar na compreensão dos problemas de saúde mental dos soldados da Segunda Guerra Mundial.

A primeira edição do DSM foi publicada em 1952 pela Associação Psiquiátrica Americana (APA) e continha 106 condições mentais e comportamentais listadas. Essas condições incluíam transtornos mentais e comportamentais como esquizofrenia, transtorno afetivo, transtorno de ansiedade, transtorno de personalidade, transtorno sexual, transtorno de uso de substâncias, transtorno de aprendizagem, entre outros.

É importante mencionar que a listagem de transtornos mentais e comportamentais presentes na primeira edição da DSM foi baseada principalmente na observação clínica dos pacientes e na descrição dos sintomas, sem uma base científica robusta para apoiá-los. A partir daí, as edições sucessivas do DSM foram atualizadas e revisadas para incluir novos conhecimentos e para ajustar algumas definições e critérios de diagnóstico.

A quinta edição, em 2013, contém cerca de 300 categorias de transtornos mentais e comportamentais, incluindo os de ansiedade, humor, estresse pós-traumático, alimentares, sono, personalidade, uso de substâncias, aprendizagem, desenvolvimento, entre outros. Aumentaram os transtornos ou criaram-se critérios de classificação?

De acordo com os critérios da quinta edição (DSM-5), para um comportamento de automutilação ser considerado como um diagnóstico (no caso, de Autolesão Não Suicida), deve preencher os seguintes critérios:

1. O indivíduo tem um comportamento intencional e não suicida de causar dano físico a si mesmo, como cortar-se, queimar-se, bater-se ou se ferir de outra maneira.
2. O comportamento tem sido repetido, e pode ser episódico ou crônico.
3. O comportamento não é realizado como parte de um ritual religioso ou cultural etc.

No entanto, para a clínica psicanalítica, importa mais o exame atento das manifestações do inconsciente no discurso. Por exemplo, o modo de alguém tentar se fazer parecer como alguém que se fere – quando de fato é alguém que não se fere, mas quer fazer parecer que sim – pode ser uma busca de reconhecimento grupal, de fascinar ou chocar os outros (especialmente pais, professores ou amores preteridos). Os sintomas, que comumente são vistos como condutas ou comportamentos, ocultam modos de endereçamento ao outro ou de relação consigo mesmo, o que chamamos de estrutura. Para o psicanalista, importa mais a estrutura do que as condutas ou os comportamentos, que estão à base dos diagnósticos psis.

Embora estejamos vivendo em um tempo cada vez mais virtualizado, não escapamos dos sintomas que se manifestam no corpo. Na clínica, temos percebido um aumento considerável na medicalização dos adolescentes, na tentativa de aplacar sintomas que são incômodos e, por vezes, assustadores para aqueles com quem convivem, como as anorexias, bulimias e automutilações. Entendemos que os atos no corpo também podem ser pensados como uma espécie de retorno à concretude do corpo, em um tempo virtualizado.

O adolescente é este que está no "entre". É ele quem está começando a transitar entre o que era o limite da casa e da família, para se inserir em um campo muito mais amplo. Por isso, a travessia adolescente é repleta de estranhamentos e de mal-estar. Quando o adolescente ou jovem adulto começa a perceber que algo falta no Outro (os representantes paterno ou materno, a cultura, ou tudo o que veio antes dele) é que é possível criar novos modos de existir, inscrever um estilo singular e encontrar seu próprio modo de enunciação.

Como nos ensinam Derrida e Roudinesco (2004), trata-se de escolher sua herança, segundo seus próprios termos: nem aceitar tudo, nem fazer tábula-rasa. Para eles, "A melhor maneira de ser fiel a uma herança é ser-lhe infiel, isto é, não recebê-la à letra, como uma totalidade, mas antes surpreender suas falhas" (p. 11). É nesse entremeio família-campo social que o adolescente vai precisar criar sua própria identidade.

REFERÊNCIAS

APA – AMERICAN PSYCHIATRIC ASSOCIATION. *DSM-5 – Manual Diagnóstico e Estatístico de Transtornos Mentais*. Porto Alegre: Artmed, 2014.

CALLIGARIS, C. *Crônicas do individualismo cotidiano*. São Paulo: Ática, 1996.

CORSO, M.; CORSO, D. *Adolescência em cartaz*: filmes e psicanálise para entendê-la. Porto Alegre: Artmed, 2018.

DERRIDA, J.; ROUDINESCO, E. *De que amanhã*: diálogo. Telles, A. (trad.). Santos, A.C (revisão técnica). Rio de Janeiro: Jorge Zahar, 2004.

FALCÃO, J. *Cortes & cartas*: estudos sobre automutilação. Curitiba: Appris, 2021.

FAVAZZA, A. *Bodies under siege*: self-mutilation and body modification in culture and psychiatry. Baltimore, Maryland: The Johns Hopkins University Press, 1996.

FREUD, S. *Três ensaios sobre a teoria da sexualidade*. Edição Standard Brasileira das obras completas, v. VII. Rio de Janeiro: Imago, 1996. (Obra original publicada em 1905).

FREUD, Sigmund. O mal-estar na cultura. Porto Alegre: L&PM, 2010. (Obra original publicada em 1930).

JUCÁ, V.; VORCARO, A. Adolescência em atos e adolescentes em ato na clínica psicanalítica. *Psicologia USP*, v. 29. n. 2. 246-252, 2018.

LACAN, J. *O seminário, livro 10*. A angústia. Rio de Janeiro: Jorge Zahar, 2005. (Trabalho original publicado em 1962-1963).

LE BRETON, D. Escarificações na adolescência: uma abordagem antropológica. *Horizontes Antropológicos*. (D. Leitão & M. Maciel, trad.). Porto Alegre, ano 16, n. 33, p. 25-40, 2010.

LE BRETON, D. *Adeus ao corpo*: antropologia e sociedade. Tradução de M. Appenzeller. 6. ed. Campinas: Papirus, 2013.

MENNINGER, K. *Man against himself*. New York, NY: Harcourt Brace Jovanovich Publishers, 1966. (Obra original publicada em 1938).

STRONG, M. *A bright red scream*: self-mutilation and the language of pain. London: Penguin Books, 1998.

TURNER, V. *Secret scars*: uncovering and understanding the addiction of self-injury. Minnesota: Hazelden, 2002.

YEARS and years. DAVIES, R. (criador). JONES, S. (diretor). BBC One. Reino Unido, 2019.

SOBRE OS AUTORES

Juliana Falcão

Psicóloga e psicanalista, membro do Studio de Psicanálise. Doutora em Psicologia Clínica e Cultura (UnB). Mestra em Psicologia (UFAL). Autora de artigos sobre a clínica psicanalítica e do livro "Cortes & cartas: estudos sobre automutilação".

Charles Lang

Psicanalista. Analista membro da Associação Psicanalítica de Porto Alegre. Doutor em Psicologia Clínica. Professor titular no Instituto de Psicologia da Universidade Federal de Alagoas.

Parte 5

Adolescência

1

O DESMENTIDO E O SOFRIMENTO PSÍQUICO DA JUVENTUDE SEXO-GÊNERO-DIVERSA: O NECESSÁRIO APRIMORAMENTO DO MANEJO CLÍNICO

Felipe de Baére

A cena não é incomum. Novamente, durante a saída da escola, Alex foi abordado por um grupo de colegas. Contudo, dessa vez, o agrupamento não se restringiu aos típicos constrangimentos verbais. Encorajados por um colega que ultrapassou o limite dos xingamentos e o lançou ao chão, enquanto parte deles lhe agredia fisicamente, a outra abria a sua mochila e atirava para longe todos os seus pertences. Entre a dor pungente e o medo palpitante, Alex se esforçou para correr até a sua casa, mas algo lhe paralisou assim que chegou ao portão. Como explicaria a violência impressa em seu corpo, a perda dos materiais escolares, o uniforme rasgado e manchado de sangue? Por se enxergar diferente dos outros meninos, previa a reação de sua irmã mais velha, de sua mãe e, principalmente, de seu pai. Caso soubessem que apanhara por ser afeminado, bem provável que não encontraria espaço de consolo e de reconhecimento da violência experienciada entre os seus familiares. Ao contrário: diante do acontecimento, essa seria mais uma oportunidade para o seu pai lhe ensinar a como não levar uma surra na escola, pois "homem de verdade" precisa aprender a se defender. Infelizmente, a percepção do jovem estava correta. A surra que levou de seu pai foi testemunhada pela mãe e pela irmã. Esse acontecimento nunca foi debatido entre eles.

Idealmente, o núcleo familiar seria o espaço de acolhimento para Alex após a agressão sofrida. Contudo, por não corresponder aos ideais normativos de gênero, a possibilidade de revelar em casa os motivos que o levaram a ser alvo de agressões se tornou uma nova ameaça. O próprio castigo físico infligido por seu pai ao descobrir que o filho apanhara por ser trejeitado se apresentou como uma pedagogia de gênero, uma vez que, na cultura patriarcal, a resistência contra agressões físicas é um atestado de virilidade (Bola, 2020; Welzer-Lang, 2001). A penosa vivência de Alex, realidade tão presente na biografia de jovens dissidências sexuais e de gênero, suscita algumas indagações: quão devastadores são os traumas e demais impactos psíquicos em sujeitos que se encontram em permanente desamparo? Em culturas que se estruturam a partir de intransigentes padrões de gênero e de sexualidade, quais seriam as melhores formas de acolher esses grupos, cujas vivências de violências se iniciam na infância e na adolescência, muitas vezes dentro de casa, e são invisibilizadas socialmente? Considerando que em serviços psis se operam violências LGBTQIAPN+-fóbicas a partir de intervenções repletas de moralismos e de estereotipias (CFP, 2018), como é possível construir uma formação e uma práxis que não estejam a serviço do normativo paradigma naturalista sexo-gênero-desejo?

Os tempos do trauma e o desmentido

Os efeitos psíquicos oriundos de vivências traumáticas são conteúdos que tiveram grande influência na criação da psicanálise. E ainda que Freud tenha se dedicado a esse tema em sua vasta bibliografia, destacou-se neste campo o seu contemporâneo, o psicanalista húngaro Sándor Ferenczi, que se debruçou com maior afinco sobre a traumatogênese (Ferenczi, 1929/2011; 1931/2011; 1933/2011). No acompanhamento de casos que abrangiam a vivência de traumas, comumente o enfoque do tratamento encontrava-se no evento traumático e em seus efeitos sobre o psiquismo do sujeito. Freud se voltava, sobretudo, para a realidade psíquica, ou seja, para a forma como seus pacientes representavam as suas vivências traumáticas. Contudo, Ferenczi direcionou a sua atenção para um tempo posterior ao evento traumatizante.

De acordo com o psicanalista húngaro, o traumático não estaria restrito à ocorrência do evento, mas, sobretudo, à impossibilidade de esse acontecimento desalentador ser escutado e validado por uma segunda pessoa, uma situação que nomeou de desmentido. Na concepção de Ferenczi (1931), em relação à traumatogênese, "o pior é a negação, a afirmação de que não aconteceu nada, de que não houve sofrimento" (p. 91). Inicialmente, o impacto traumático do desmentido foi identificado em contextos de abusos infantis, quando a criança abusada, ainda despossuída de ferramentas simbólicas para elaborar psiquicamente essa vivência, busca um adulto de confiança para nomear e dar contorno a essa experiência. Contudo, no momento em que essa tentativa de suporte é negada, o que se estabelece é uma espécie de reedição e intensificação das reações emocionais ensejadas pelo acontecimento.

Ao discorrer sobre as tentativas de simbolização de um evento traumático a partir da teoria ferencziana, Kupermann (2019) descreveu três tempos para a vivência do trauma. Inicialmente, há o *tempo do indizível*, que envolve o momento de ocorrência da violação da criança por parte do agressor, suscitando a angústia, a dor intraduzível; posteriormente, quando a criança se dirige a um adulto em quem confia em busca da simbolização, de uma tradução para o que lhe ocorrera, manifesta-se o *tempo do testemunho*; o terceiro tempo do trauma, por sua vez, é estabelecido quando esse adulto procurado pela criança é incapaz de dar o seu testemunho, impossibilitando o reconhecimento da dor sentida. Quando essa criança não encontra um destinatário que consiga atestar a sua experiência dolorosa, dá-se o *tempo do desmentido*. Esse seria o momento em que se fecharia o ciclo da traumatogênese (Kupermann, 2019).

A manifestação do desmentido a partir de situações de abuso infantil foi um dos campos de investigação de Ferenczi. Ainda assim, o trauma sofrido por crianças não era o seu exclusivo tema de interesse clínico. Antes mesmo de se tornar psicanalista, os sujeitos oprimidos em geral, que se encontravam socialmente vulnerabilizados, recebiam a sua atenciosa escuta. Ao longo de sua primeira formação, como médico, Ferenczi já se posicionava contra atitudes de colegas que considerava elitistas e negligentes e, nessa perspectiva, buscava atender as demandas de prostitutas, de homossexuais, de pessoas carentes, ou seja, daqueles que estavam à margem da sociedade. Em 1906, por exemplo, tornou-se representante do Comitê Humanitário Internacional para Defesa dos Homossexuais após assumir apoio a essa população em um artigo apresentado à Associação Médica de Budapeste (GBESF, n.d.).

A preocupação de Ferenczi em relação aos sujeitos minorizados socialmente, de certo modo, envolve uma postura divergente da que se observa no desmentido. De acordo com a psicanalista Jô Gondar (2017), se no desmentido ocorre a invalidação perceptiva e afetiva da pessoa que experienciou o trauma, "o que se desmente não é o evento, mas o sujeito" (p. 211). Na verdade, o próprio modelo de compreensão do desmentido envolve "relações de poder, de dependência, de desvalorização, de desrespeito; em suma, relações políticas" (Gondar, 2017, p. 2011). A partir desse entendimento, Gondar se indagou sobre a possibilidade de a noção de desmentido também abranger contextos coletivos, não se restringindo apenas às dinâmicas intrafamiliares. Ao trazer a perspectiva de pesquisas acadêmicas relacionadas ao que se denominou de trauma social, a psicanalista apresentou situações nas quais poderia haver a experiência compartilhada do desmentido.

Um exemplo trazido por Gondar (2017) foi a pesquisa do sociólogo Kai Erikson, que elaborou a noção de trauma coletivo ao estudar o impacto social em ambientes atravessados por desastres ecológicos ou por violências, de modo a observar a resposta das comunidades frente a situações trágicas (Erikson, 1995). O sociólogo vislumbrou que as reações traumáticas em uma coletividade se perpetuavam de maneira intensificada pelo não reconhecimento do sofrimento vivido por parte dos responsáveis pela tragédia e/ou por aqueles que deveriam ofertar suporte às pessoas afetadas. A não responsabilização, nesses casos, poderia se manifestar de maneiras diversas, como por meio das ausências de cuidado e de acompanhamento da comunidade impactada, pois haveria maior preocupação em avaliar outros prejuízos em detrimento dos abalos emocionais e afetivos ocasionados pelo evento. Dentre os efeitos que reverberam coletivamente, Erikson observou o estado permanente de vigília e a descrença na boa vontade das pessoas, uma atitude que traz amplos prejuízos para a manutenção dos laços sociais.

No momento em que o desmentido, é trazido para uma dimensão social, torna-se possível refletir sobre a sua ocorrência entre grupos subalternizados, cujas vivências, pessoais e coletivas, são marcadas pelo não reconhecimento de eventos traumáticos compartilhados. Na sociedade brasileira, a população sexo-gênero-diversa ainda se encontra entre os grupos mais vulnerabilizados e violentados por uma LGBTQIAPN+-fobia difusa e enraizada na cultura. Portanto, como forma de compreensão do impacto do desmentido entre a população sexo-gênero-diversa, foram apresentadas situações nas quais a invalidação de experiências traumáticas pode gerar ainda maior sofrimento psíquico e sentimentos de desamparo e de injustiça.

O desmentido nas vivências da juventude sexo-gênero-diversa

A cena trazida na abertura deste texto reflete o sofrimento de muitos jovens que enfrentam as difusas hostilidades cotidianas decorrentes da não correspondência aos padrões normativos de um sistema sexo-gênero-desejo. Se a teoria ferencziana sobre o desmentido envolve o não reconhecimento, por parte de adultos, de abusos e/ou de outras situações de violência vividas por crianças, a imposição nas normas de gênero e de sexualidade a partir do descrédito familiar pode ser interpretada como uma desautorização do trauma vivido. O silenciamento da mãe e da irmã diante do castigo do pai, que pune o filho por ser afeminado, reforça a sensação de desamparo no jovem e pode ter como desdobramento a percepção de que inexistem espaços de refúgio e de proteção. Tal contexto, recorrente em narrativas de pessoas LGBTQIAPN+, acarreta uma fragilização psíquica, que costuma ter início ainda na infância.

Se o núcleo familiar recorrentemente se apresenta como um espaço de reparação e de controle dos desvios das normas de gênero e de sexualidade, o ambiente escolar é o local em que tais regulações são ainda mais fomentadas (Baére, 2020). Não apenas nos conteúdos compartilhados nos materiais pedagógicos como também nos momentos de interação, lá estarão presentes as representações cis-heteronormativas. Nesse cenário, cada colega se torna um fiscal de comportamentos e, os grupos, os meios por meio dos quais determinados sujeitos serão situados como aceitos ou indesejáveis. O não pertencimento e a marginalização são experiências compartilhadas desde cedo por crianças que não se enquadram na normatividade.

O *bullying* LGBTQIAPN+-fóbico sofrido na escola, muitas vezes ocorrências diárias, pode se tornar ainda mais penoso quando essas violências são desvalidadas e acobertadas pela equipe docente e técnica-administrativa

(Couto Junior; Pocahy; Oswald, 2018). Se os adultos responsáveis, por exemplo, tomam essas agressões por meras brincadeiras inadequadas, as respostas tendem a se limitar à repreensão dos atos, negligenciando o importante debate sobre os motivos que ensejam essas dinâmicas relacionais cruéis e preconceituosas no colégio. Cabe ressaltar que, para os adeptos do desonesto conceito de "ideologia de gênero", quaisquer comportamentos ou menções à diversidade sexual e de gênero, bem como ao respeito às diferenças, são vistos como incentivos para adesões inapropriadas, que corrompem a infância e a juventude (Junqueira, 2017). No momento em que a escola se posiciona neutra frente a casos de LGBTQIAPN+-fobia, sem reconhecê-los como tais, é possível que esses apagamentos na tipificação dos ocorridos também sejam entendidos como desmentidos vividos por crianças/infâncias vistas como dissidentes.

Quando episódios de desmentido no ambiente escolar se somam aos ocorridos na família, jovens LGBTQIAPN+ se veem isolados em suas dores, subjetivamente tolhidos por não encontrarem espaço para ser quem são. Esse confinamento existencial pode ter desdobramentos funestos. Em uma pesquisa que observou a manifestação do comportamento suicida em dissidências sexuais, os relatos trazidos sinalizam que o desespero e a desesperança suscitados pela sensação ininterrupta de ameaça nos diversos ambientes de socialização, incluindo a família, fez com que o desejo de desistir da vida se enunciasse desde a infância (Baére; Zanello, 2020). Nota-se, portanto, quão prematuros e atrozes são os impactos das violências LGBTQIAPN+-fóbicas no psiquismo dessas pessoas. Além disso, ao se pensar nas dinâmicas relacionais que se dão nas redes sociais, preconceitos e ações discriminatórias não se encerram nos ambientes presenciais. Ter a intimidade exposta publicamente; ser objeto de vídeos e de áudios difamadores, veículos de discursos de ódio; o banimento e o silenciamento de espaços de interação social; todos esses eventos virtuais podem ser devastadores para quem se torna alvo dessas formas de opressão (Wendt; Lisboa, 2013).

Além das escolas, tem sido nas instituições religiosas, sobretudo nas cristãs, os principais espaços agenciadores de opressões contra a população LGBTQIAPN+. Em muitos desses locais, crianças e adolescentes entendidos como desviantes dos padrões normativos de gênero e de sexualidade são submetidos, sob o aval da família, a práticas cruéis e desumanas de tentativas de cura e reorientação sexual (CFP, 2019). No Brasil, as comunidades terapêuticas têm sido os âmbitos nos quais o discurso religioso se intersecciona com o discurso psiquiátrico, justamente por muitas dessas comunidades serem propriedades de igrejas, templos e pastores. A violação de direitos da população sexo-gênero-diversa nessas instituições já foi relatada em relatório produzido pelo Ministério Público Federal em parceria com o Conselho Federal de Psicologia (2018).

A partir desse panorama, faz-se urgente a compreensão de que o sofrimento psíquico manifestado pela população sexo-gênero-diversa, por vezes lido sob a ótica da patologização, em sua maioria, é resultado de uma biografia permeada de abusos e de adversidades, ao contrário das narrativas que interpretam os quadros de transtornos mentais como condições intrínsecas aos sujeitos transviados. Ainda hoje, a "egodistonia", abreviadamente descrita como comportamentos e pensamentos que não correspondem à autoimagem que o sujeito constrói para si, pode ser considerada como um resíduo patologizante, pois é empregada com frequência na argumentação daqueles que se colocam favoráveis à cura e à reorientação de sexualidades e identidade de gênero dissidentes (Gonçalves, 2019). Logo, a cada vez que a LGBTQIAPN+-fobia internalizada é lida como egodistonia, o que se exime é a responsabilidade de todos os ambientes que produzem e gerenciam o sofrimento psíquico por meio dos preconceitos e das discriminações.

Por meio dessa perspectiva moralizadora, que considera o sofrimento psíquico de pessoas sexo-gênero-diversas como uma consequência do próprio desvio (passível de cura), observam-se dois desdobramentos retóricos: o primeiro, que afirma ser direito do sujeito LGBTQIAPN+ em sofrimento, pela sua auto rejeição, buscar ajuda profissional para se curar de sua condição; o segundo, que psis têm o dever de atender as demandas das pessoas que almejam a cura e a reorientação sexual, como se fossem procedimentos viáveis e éticos. Contudo, toda e qualquer mobilização social alinhada a esses entendimentos são catalizadores da LGBTQIAPN+fobia, pois se valem do sofrimento psíquico de dissidências sexuais e de gênero para propagar narrativas patologizantes, além de desqualificar e contestar a autonomia dos conselhos profissionais na elaboração de suas normativas éticas (Bicalho, 2020). São formas de silenciamento coordenadas, que incitam o não reconhecimento dos trágicos efeitos da cultura cis-heteronormativa na constituição subjetiva de pessoas LGBTQIAPN+.

Nos locais de atendimento psis, ainda se observa a replicação das posturas normalizadoras e normativas. A história das construções epistêmicas sobre as dimensões psíquicas e suas afecções estão atravessadas por entendimentos que buscaram patologizar a população sexo-gênero-diversa. Na atualidade, embora existam regulamentações nacionais que ratificam a despatologização, tais como as resoluções 01/99, 01/18 e 08/22 do Conselho Federal de Psicologia, persistem as figuras psis que, embasadas por uma lógica conservadora e reacionária, ou simplesmente por despreparo e desconhecimento, acabam por vulnerabilizar e, por que não dizer, traumatizar, pacientes LGBTQIAPN+ (CFP, 2019).

É possível que um dos reflexos de posicionamentos preconceituosos na clínica psi seja a própria formação, que ainda se encontra omissa no amplo fornecimento de subsídios para que psis saibam ofertar tratamentos qualificados à população LGBTIQAPN+. Por qualificado, entende-se que o sujeito psi, por maior que seja o seu repertório conceitual acerca das distinções presentes nos campos de diversidade sexual e de gênero, apenas será capaz de compreender as demandas e as informações de quem lhe procura a partir daquilo que lhe será apresentado durante os atendimentos. Além disso, a presunção de que a busca de serviços psis por pessoas sexo-gênero-diversas esteja unicamente relacionada à sua orientação sexual e/ou sua identidade de gênero é uma falácia que tende a comprometer a escuta e o acolhimento durante as sessões.

No rol das posturas reprováveis presentes na clínica, é preciso se atentar para o fato de que, ao longo de um tratamento, não é incomum que psis também possam ser agenciadores do desmentido com seus pacientes. O psicanalista Sándor Ferenczi não apenas considerou a manifestação do desmentido nas relações familiares, mas também entre analistas e pacientes, justamente por se tratar de um espaço propício para reedições de vivências arcaicas (Ferenczi, 1932/1990). Tendo em vista que o espaço clínico por vezes se apresenta como um ambiente no qual se expressam relações de poder (Preciado, 2022), é possível que o analista (ampliando aqui para outros campos psis) se coloque neste lugar de desautorização, de invalidação de experiências traumáticas de pacientes. Quando ao analista é demandado o testemunho de um trauma, cabe ressaltar que não se trata de uma comprovação do evento, como se fosse uma autoridade que avalia um litígio. Essa demanda busca, acima de tudo, o reconhecimento do sujeito por meio da disponibilidade para compreender o significado que o evento traumático tem para ele (Gondar; Antonello, 2016).

No que se refere ao atendimento de sujeitos LGBTQIAPN+, é sabido que essa população, até mesmo por ser compreendida ao longo da história como pessoas mentalmente adoecidas, encontram-se suscetíveis às relações de poder nos serviços psis, o que inclui a realização do desmentido. Dentre as diferentes experiências de subjugação experienciadas pelas dissidências sexuais e de gênero nesses espaços, é possível assinalar que as identidades trans são aquelas que mais padecem pelo preconceito pela discriminação. Ayouch (2016) aponta que, no que concerne à psicanálise, as violências agenciadas contra essa população se estendem por três campos: o clínico, por meio da imposição da restauração de uma conformidade binária de gênero; o teórico, haja vista toda a literatura, que ainda enxerga as transidentidades como uma "epidemia"; o ético, quando psicanalistas persistem em agenciar a normatividade, não questionando a sua contratransferência.

No rol das diferentes vias de manifestação do desmentido na situação clínica está a fala do psi que sugere ao paciente serenidade ao lidar com casos de LGBTQIAPN+fobia, devido ao fato de o sujeito violador ainda não estar preparado para assimilar e conviver com a diversidade sexual e de gênero. Trata-se de uma condescendência com a violência, que está mais a serviço de salvaguardar o agente da agressão do que a pessoa agredida. Em um país no qual o número de mortes violentas de LGBTQIAPN+, o que inclui casos de assassinato e suicídio, a prescrição de uma compreensão pela limitação alheia pode não apenas ser cruel, mas também traumática. Por exemplos como esse, é relevante se indagar se psis estão a par dessas informações e, caso estejam, por que não levam em consideração essa realidade em seus atendimentos?

No paradoxal cenário brasileiro, no qual o intenso mercado voltado para a população LGBTQIAPN+ e as conhecidas paradas da diversidade coexistem com os alarmantes dados de assassinatos da população sexo-gênero-diversa, o papel da mídia é imprescindível para alertar e conscientizar a sociedade acerca das violências às quais esses grupos estão submetidos. Contudo, nem todas as agressões contra pessoas LGBTQIAPN+ são noticiadas, pois, conforme foi apontado no início do texto, essas práticas ainda são vistas por parte da sociedade como vias de contenção do que é considerado imoral e pecaminoso. Esses posicionamentos são identificados em declarações como: "É porque estava provocando as pessoas ao redor" ou "Tenho nada contra, mas não precisa impor a sua 'opção' por aí". Esses argumentos que simulam neutralidade costumam ser proferidos por aqueles que fazem vista grossa para os efeitos das violências vividas pela população sexo-gênero-diversa.

Cabe ressaltar que, em relação às violências e aos traumas experienciados por pessoas LGBTQIAPN+, existe uma assimetria entre os alvos dessas agressões. Em culturas estruturalmente racistas, misóginas e elitistas como a brasileira, aqueles que se encontram mais próximos aos padrões hegemônicos de classe, raça, gênero e sexualidade têm o privilégio de não estarem entre os principais focos das violências. Nesse sentido, é preciso ter em conta que muitos corpos são mais vulnerabilizados em comparação a outros e que, dentre os impactos dessa diferenciação, está a forma como determinadas vidas serão noticiadas e lamentadas quando violadas e perdidas (Butler, 2015). No Brasil, a indiferença, por vezes complacente, em relação aos assassinatos brutais de corpos transviados se assemelha à incipiente mobilização social em torno do trágico extermínio da juventude negra. Essa realidade também se manifesta no parco investimento em políticas públicas voltadas para sanar esses cenários de massacres a determinados grupos, o que denota que a necropolítica, ou seja, a política de morte operada pelo Estado, também se perfaz por meio de omissões sistemáticas (Baére, 2020; Medeiros, 2019; Mbembe, 2018).

As atitudes de negligência do Estado e o silenciamento midiático têm sido confrontados por meio das denúncias de violações de direitos compartilhadas pela comunidade sexo-gênero-diversa. E ainda que essa estratégia de sensibilização social seja recorrente, por meio da divulgação de provas materiais e de levantamento de dados (GGB, 2018; Benevides; Nogueira, 2021), nota-se que a manifestação da sociedade, de maneira mais ampliada, tende a se restringir a datas específicas, sobretudo no Dia Internacional de Combate à LGBT-fobia, 17 de maio, e no Dia Internacional do Orgulho LGBTQIAPN+, 28 de junho.

Sobre a indiferença social frente a violências contra populações vulnerabilizadas e a sua relação com a experiência do desmentido, Kupermann (2019) assinala que há aspectos de situações traumáticas que são obliteradas por quem as recebe, como uma forma de defesa, para não entrar em contato com reações emocionais indesejáveis. Desse modo, "a expressão do trauma esbarra não apenas em seu núcleo irrepresentável e indizível (…), mas, também, naquilo que porta de *inaudível*, e que tende a tornar o outro insensível à voz daquele que deseja testemunhar a sua dor" (Kupermann, 2019, p. 67).

O desmentido, portanto, também pode ser visto como uma resposta de defesa daquele a quem é demandado o testemunho do trauma, mas que se distancia para não se deparar com algo que lhe é incômodo e conflituoso. Narrativas de sofrimento e de perdas da população sexo-gênero-diversa, de algum modo, convoca a sociedade para refletir sobre a responsabilidade de cada pessoa na manutenção desse panorama, uma autocrítica que, por ser muito penosa de se pôr em prática, pode resultar em posturas de evitação. Desse modo, no caso da mobilização social em relação aos impactos da LGBTQIAPN+fobia, é estratégico que a divulgação de ocorrências traumáticas vividas por dissidências sexuais e de gênero compartilhe espaço com outras formas de conscientização coletiva. Isso não significa que os sujeitos violados e oprimidos não devam ter as suas experiências tornadas públicas como forma de denúncia, se assim o desejarem. Justamente por reconhecer que a invisibilização de uma vivência traumática pode ser ainda mais dolorosa, também se revela substancial e permanente o incentivo à abertura de novos espaços de escuta e de autenticação dos eventos que demandam essa validação empática.

Considerações finais

O presente trabalho buscou apresentar o conceito de desmentido, elaborado pelo psicanalista húngaro Sándor Ferenczi, e associá-lo às experiências recorrentes na biografia da população sexo-gênero-diversa. O desmentido é entendido como a acentuação dos efeitos de um trauma diante do descrédito, da invalidação por parte de um terceiro a que é demandado o testemunho dessa ocorrência traumática. Logo, mais impactante do que o evento que desencadeou o trauma é o sujeito traumatizado não encontrar alguém que possa atestar essa vivência ou, quando acredita ter encontrado, deparar-se com a negação, com a desautorização do trauma por essa pessoa que não legitima o sujeito em sua necessidade de ser reconhecido por meio do testemunho solicitado.

Ao longo do texto, foi mostrado que, desde a infância, pessoas que não correspondem às normas de gênero e de sexualidade se encontram submetidas às mais diversas situações de desmentido. Seja nas relações interpessoais, seja na forma como a sociedade se omite diante das violências agenciadas contra esses grupos, buscou-se apontar o quanto essa atitude que enseja a intensificação do trauma é recorrente na trajetória da juventude sexo-gênero-diversa.

Se a reiteração de vivências de desmentido suscita a fragilização psíquica de quem padece da permanente ausência de validação de seu sofrimento, seria esperado que espaços de atendimento psicológico fossem ambientes nos quais situações traumatizantes pudessem ser acolhidas, e não reprisadas. Contudo, tendo em vista que as formações no campo psi ainda carecem de maior aprofundamento em temáticas da diversidade sexual e de gênero, não é incomum que profissionais psis se tornem agenciadores do desmentido em seus trabalhos com a população sexo-gênero-diversa. Por isso, o intuito de identificar o desmentido nas experiências de sofrimento desses grupos é relevante para que, a partir desse reconhecimento, dissidências sexuais e de gênero sejam capazes de não persistirem em relações nas quais as suas dores sejam desvalidadas continuamente. Além disso, os exemplos aqui compartilhados buscam o aprimoramento da escuta clínica de profissionais interessados em trabalhar com esse público de maneira acolhedora e empática.

Por fim, faz-se mister compartilhar algumas provocações apresentadas pelo filósofo Paul B. Preciado, que mobilizou a comunidade psicanalítica, bem como demais campos psis, em uma palestra promovida na Jornada Internacional da Escola da Causa Freudiana em Paris, em 2019. De acordo com o pensador trans, é preciso que haja uma insubmissão epistemológica a todas as produções e atuações que persistem nas normatizações dos corpos e dos desejos. Preciado afirma a necessidade de uma transição da clínica, a fim de que os corpos sejam politizados e não mais naturalizados e monstrificados.

Para isso, é necessário despatriarcalizar, deseterosexualizar e descolonizar os discursos, narrativas, instituições e práticas clínicas. Cabe questionarmos se o seu apelo foi devidamente escutado ou desmentido.

REFERÊNCIAS

AYOUCH, T. Quem tem medo dos saberes T.? Psicanálise, estudos transgêneros, saberes situados. *Revista Periódicus*, v. 1, n. 5, p. 3-6, 2016.

BAÉRE, F. de. A Mortífera Normatividade: O silenciamento das dissidências sexuais e de gênero suicidadas. *Revista Brasileira de Estudos da Homocultura*, v. 2, n. 1, 2020.

BAÉRE, F. de; ZANELLO, V. Suicídio e masculinidades: uma análise por meio do gênero e das sexualidades. *Psicologia em Estudo*, v. 25, 2020.

BENEVIDES, B.; NOGUEIRA, S. N. B. *Dossiê assassinatos e violências contra travestis e transexuais brasileiras em 2020*. São Paulo: Expressão Popular, ANTRA, IBTE, 2021.

BICALHO, P. P. A regulamentação da psicologia e as disputas em torno das Resoluções CFP 01/1999 e CFP 01/2018. *In*: FACCHINI, R. F.; FRANÇA, I. L. (org.). *Direitos em disputa*: LGBTI+ poder e diferença no Brasil contemporâneo. São Paulo: Editora Unicamp, p. 511-526.

BOLA, J. J. *Seja homem*: a masculinidade desmascarada. Porto Alegre: Dublinense.

BUTLER, J. *Problemas de gênero*: feminismo e subversão da identidade. 8. ed. Rio de Janeiro: Civilização Brasileira, 2015.

BUTLER, J. *Quadros de guerra*: quando a vida é passível de luto?. Rio de Janeiro: Civilização Brasileira, 2015.

CFP – CONSELHO FEDERAL DE PSICOLOGIA. *Relatório da inspeção nacional em comunidades terapêuticas-2017*. Brasília: Conselho Federal de Psicologia; Mecanismo Nacional de Prevenção e Combate à Tortura; Procuradoria Federal dos Direitos do Cidadão/Ministério Público Federal, 2018.

CFP – CONSELHO FEDERAL DE PSICOLOGIA. *Tentativas de aniquilamento de subjetividades LGBTIs*. Brasília: Conselho Federal de Psicologia, 2019.

COUTO JUNIOR, D. R.; POCAHY, F.; OSWALD, M. L. M. B. Crianças e infâncias (im) possíveis na escola: dissidências em debate. *Revista Periódicus*, v. 1, n. 9, p. 55-74, 2018.

DAL MOLIN, E. C. *O terceiro tempo do trauma*: Freud, Ferenczi e o desenho de um conceito. São Paulo, SP: Perspectiva, 2016.

ERIKSON, K. (1995). *A new species of trouble*: the human experience of modern disasters. WW Norton & Company.

FERENCZI, S. A criança mal acolhida e a sua pulsão de morte (1929). *In*: FERENCZI, S. *Obras completas, Psicanálise IV*. 2. ed. São Paulo: WWF Martins Fontes, 2011. p. 55-60.

FERENCZI, S. Análises de crianças com adultos (1931). *In*: FERENCZI, S. *Obras completas, Psicanálise IV*. 2. ed. São Paulo: WWF Martins Fontes, 2011. p. 79-96.

FERENCZI, S. *Diário clínico* (Trabalho original publicado em 1932). São Paulo: Martins Fontes, 1990.

FERENCZI, S. Confusão de línguas entre adultos e as crianças (1933). *In*: FERENCZI, S.. *Obras completas, Psicanálise IV*. 2. ed. São Paulo: WWF Martins Fontes, 2011. p. 11-135.

GGB – GRUPO GAY DA BAHIA. *População LGBT morta no Brasil*: relatório GGB 2018. Disponível em: https://homofobiamata.wordpress.com/homicidios-de-lgbt-no-brasil-em-2018/. Acesso em: 20 jun. 2021.

GONÇALVES, A. O. Religião, política e direitos sexuais: controvérsias públicas em torno da "cura gay". *Religião & Sociedade*, v. 39, n. 2, p. 175-199, 2019.

GONDAR, J. Ferenczi como pensador político. *In*: REIS, E. S.; GONDAR, J. (org.). *Com Ferenczi*: clínica, subjetivação, política. Rio de Janeiro: 7 Letras, 2017. p. 209-226.

GONDAR, J.; ANTONELLO, D. F. O analista como testemunha. *Psicologia USP*, v. 27, p. 16-23, 2016.

GRUPO BRASILEIRO DE ESTUDOS EM SÁNDOR FERENCZI. *Vida*. Disponível em: http://ferenczibrasil.com.br/sandor-ferenczi/obra/. Acesso em: 20 maio 2021.

JUNQUEIRA, R. D. "Ideologia de gênero": a gênese de uma categoria política reacionária – ou: a promoção dos direitos humanos se tornou uma "ameaça à família natural"? *In*: P. R. C. RIBEIRO; J. C. MAGALHÃES (org.). *Debates contemporâneos sobre educação para a sexualidade*. Rio Grande: Ed. da FURG, 2017. p. 25-52.

KUPERMANN, D. *Por que Ferenczi?*. São Paulo: Zagodoni, 2019.

MBEMBE, A. *Necropolítica*. São Paulo: n-1 edições, 2018.

MEDEIROS, E. S. Necropolítica tropical em tempos pró-Bolsonaro: Desafios contemporâneos de combate aos crimes de ódio LGBTfóbicos. *Revista Eletrônica de Comunicação, Informação e Inovação em Saúde*, v. 13, n. 2, 2019.

PRECIADO, P. B. *Eu sou o monstro que vos fala*: relatório para uma academia de psicanalistas. Rio de Janeiro: Zahar, 2022.

WELZER-LANG, D. A construção do masculino: dominação das mulheres e homofobia. *Revista Estudos Feministas*, v. 9, p. 460-482, 2001.

WENDT, G. W.; LISBOA, C. S. de M. Agressão entre pares no espaço virtual: definições, impactos e desafios do cyberbullying. *Psicologia Clínica*, v. 25, p. 73-87, 2013.

SOBRE O AUTOR

Felipe de Baére

Psicólogo clínico e percurso na psicanálise. Doutor e mestre pelo Programa de Pós-Graduação em Psicologia Clínica e Cultura (UnB). Especialista em Teoria Psicanalítica (UniCEUB). Pesquisador no Grupo de Estudos Saúde Mental e Gênero (UnB). Vice-coordenador da Comissão Especial de Diversidade Sexual e de Gênero do Conselho Regional de Psicologia do Distrito Federal. Experiência em Saúde Mental, com foco de atuação nos campos da Suicidologia, Gênero, Sexualidades e Direitos Humanos.

2

CONTEXTOS DE GRUPO COMO ESPAÇOS DE DESENVOLVIMENTO HUMANO NA ADOLESCÊNCIA

Jéssica Vaz Malaquias

A experiência que este texto apresenta aborda uma série de transformações na escuta clínica de adolescentes, vivenciadas após o exigente contexto da pandemia do COVID-19. Em que tudo isso nos mobilizou e o que nos fez descobrir sobre o cuidado com o desenvolvimento emocional e com a saúde mental de adolescentes? Naqueles idos, a escuta clínica exigida do campo psicanalítico com adolescentes nos suscitou inquietações quanto à presença do corpo adolescente no enquadre, à construção de vínculos de confiança no ambiente terapêutico, à distância física entre analisantes e seus analistas e à entrada, por um outro lado, da própria análise no contexto domiciliar dos envolvidos. Além disso, pensávamos bastante a respeito das perdas constantes e das experiências de medo que isso provocava em todos. Outros contextos institucionais da vida adolescente também se modificavam para se ajustar às demandas da pandemia, tais como as escolas, o trabalho dos pais, as famílias e os espaços público-comunitários.

Adolescência e cuidado ficam sempre frente a frente, em uma cena cheia de enigmas como esses. Tais questões nos colocaram frente a frente com o enigma que tenta decifrar adolescência e cuidado postos na mesma cena. Aquele ou aquela na posição de escuta da adolescência se ocupa das singulares demandas de cuidado da adolescência. Os recursos de que dispomos enquanto analistas e as estratégias que a adolescência utiliza para sinalizar o cuidado de que necessita mudaram ao longo da pandemia.

O que sabemos é que a adolescência indica os cuidados de que ela mesma necessita a partir dos dilemas que vive (Corso, 1997). A puberdade, os reinvestimentos narcísicos, a eleição de novos objetos libidinais associada a uma nova posição do sujeito em seus vínculos são algumas das encruzilhadas enfrentadas nesse período do ciclo de vida. O cordão umbilical que ainda, porventura, mantenha o adolescente ligado ao quarto dos pais, lhe transmite vários conteúdos inconscientes. Cuidados parentais e práticas educativas vão esbarrando nesses conteúdos, sem que consigam ser nomeados, seja pelos adultos ou pelos adolescentes.

Em meio aos idos da pandemia, observou-se, pela escuta de adolescentes, uma constante: um rearranjo de espaços domésticos cotidianos que redefiniam também as relações com os familiares e os membros de sua rede social. Nas residências das famílias, ora o adolescente era empurrado para o espaço privado de seu quarto, ora a sua privacidade mal podia ser usufruída. Por vezes, o adolescente aparecia empurrado para fora do quarto para cumprir deveres para com o ambiente doméstico, o que para alguns era uma verdadeira novidade. Outros adolescentes viveram o quarto como o ambiente da escola, do jogo, das conversas com os amigos, e como parte do *setting da psicoterap*ia também.

Tamanha proximidade entre os adolescentes e suas famílias produziu um efeito interessante na forma como os adultos viam seus filhos adolescentes e como os próprios adolescentes podiam ver a si e aos seus pares. Os silêncios passaram a incomodar mais. Como compreender o que tanto comunicam nos telefones celulares e que não pode ser colocado no diálogo com os adultos também? O que falar também sobre os conflitos de ideias no campo da política brasileira naquele período? Os adolescentes acompanharam ativamente os desdobramentos relacionados à gerência e a contenção da pandemia do COVID-19 no Brasil. As instabilidades e as cisões no campo da política brasileira passaram a estar muito presentes nos contextos psicoterapêuticos e não foi diferente no desenrolar do trabalho clínico com os mais jovens. Foi nesse momento que adolescentes puderam estar ainda mais expostos às visões de mundo de seus pais, e ainda, discordar veementemente delas dado o contexto em que vivíamos na crise pandêmica.

Diante das transformações globais ocorridas nos últimos três anos, nossas certezas sobre vida e morte, segurança e insegurança, trabalho e estudo, ruíram diante das ameaças à sociedade ora provocadas pelo vírus, ora incitadas pelas nossas próprias dificuldades em lidar com tantas situações de risco. No exercício cotidiano do atendimento psicanalítico a adolescentes, experimentamos também a urgência de repensar nossos dispositivos de escuta e os aspectos ético-clínicos sobre os quais se apoiava o trabalho com adolescentes. Cerca de cinco meses antes do início das restrições de contato social por conta da pandemia em 2020, havíamos dado início a um grupo de atendimento analítico a adolescentes de 12 a 17 anos. As sessões aconteciam semanalmente e possuíam duração de 1 hora e 30 minutos. O dispositivo do grupo analítico havia sido proposto para aquele momento tendo em vista alguns pressupostos sobre o lugar do grupo e do coletivo na adolescência, temáticas sobre as quais nos aprofundávamos enquanto equipe de psicoterapeutas.

A clínica psicanalítica grupal da adolescência: pontos de partida teóricos sobre adolescência

A adolescência é uma fase marcada por profundas transformações, identificações e lutos. Podemos compreendê-la a partir já do que começa a ser forjado na própria infância do sujeito. Com Diana Corso, entendemos que a adolescência já começa na infância. Pensando nos momentos iniciais da constituição do sujeito, retomamos a fase do espelho, em que a criança se apropria do olhar e da voz da mãe, que satisfaz todas as suas necessidades e lhe oferece o primeiro significante de sua identidade e de seu lugar no mundo.

Na adolescência, esse lugar é reinterrogado e novas identificações que diferem do Outro original acontecem. Novos objetos identificatórios relacionados aos signos da cultura e a inserção desses adolescentes em diversos coletivos se fazem presentes para o adolescente. Ali, em meio a esses novos elementos com os quais se pode identificar, surgem as tentativas de encontrar um lugar e de construir uma identidade fora do grupo de origem familiar.

Se pensarmos o grupo terapêutico como uma pequena reprodução da sociedade, entenderemos a importância desse trabalho clínico no sentido de proporcionar a formação de uma identidade e o sentimento de pertencimento que surge a partir da convivência em grupo. Assim, salientamos um dos grandes paradoxos da adolescência, e que se testemunhou no grupo terapêutico em andamento, qual seja *o conflito entre diferenciar-se e desejar pertencer*.

Esse eixo nos pareceu, ao longo do trabalho, como algo central nos processos de adolescer dos participantes e do próprio trabalho de que o grupo se ocupou enquanto questão que os mobilizava. Nesse sentido, a complexidade do contexto grupal junto à multiplicidade dos vínculos favorece que esse paradoxo experimentado pelos adolescentes encontre ressonâncias. Em um mundo assustadoramente tomado pelo isolamento social e por uma reconfiguração dos vínculos sociais à época, o grupo de adolescentes foi um mediador salutar para que diversas questões sobre *estar só* e *estar junto com* na adolescência.

O trabalho com grupos pela psicanálise demanda exatamente a análise dos entrelaçamentos entre a construção da subjetividade e as dinâmicas socioculturais em curso ao longo das gerações. Vimos algumas famílias se reconfigurarem em torno de um mundo do trabalho cada vez mais exigente para os pais, fazendo que esses precisassem se ausentar por mais tempo do ambiente doméstico. Nesse movimento, muitos cuidados com os menores de idade foram terceirizados (Birman, 2006). Isso não significa que os mais jovens de fato estivessem bem cuidados e acolhidos em suas demandas. As atividades escolares e extraescolares não dariam conta de fazer reais investimentos que supram os jovens. Além da precariedade dos laços vividos nos ambientes domésticos, há também laços bem frágeis no uso do território, da cartografia de suas cidades.

Eles passam a transitar muito pouco no território e nos equipamentos da cidade sem poderem usufruir as dificuldades presentes no uso do espaço público, compartilhado com diferentes recortes do coletivo. Isso também faz com que o jovem tenha outro senso de pertencimento. Em que espaços posso circular? Onde encontro meus pares? O que é a cidade e o que ela me oferece? A pandemia, nessa esteira, fez recortes ainda mais incisivos nas restrições que os adolescentes experimentavam, criando aproximações e distanciamentos circunscritos ao ambiente familiar e não aos espaços coletivos.

O adolescente, por meio de seus contextos coletivos de pertencimento, procura novas validações em um discurso outro que não o das figuras parentais. O discurso sociocultural também antecipará o lugar a ser ocupado pelo sujeito, da mesma forma que o discurso parental o faz (Rosa, 2002). O coletivo a que o jovem pertença fará o papel de pré-investir esse lugar a que ele será remetido, ao lugar que ocupará. Há um delicado processo de construir novas identificações com o discurso social, sem se desprender totalmente do que está marcado no discurso da cena familiar. Os sentidos presentes no discurso do meio conferem uma origem e uma dimensão histórica para a existência do adolescente, para além da ancoragem no desejo do Outro parental (Rosa, 2002). A sociedade atual, o próprio isolamento social que vivemos na pandemia de 2020 e os seus desdobramentos revelam dinâmicas cada vez mais narcisistas, em que não há tanta disposição nos investimentos a serem feitos ao outro. Não podendo ser investido pelo outro no laço social, encontramos contornos muito novos para a autoconstituição do sujeito.

O para quê da clínica grupal da adolescência e o surgimento do grupo Rolê de Quinta

No contexto de um ambulatório de atendimento a crianças e adolescentes de instituição de saúde mental localizada no Distrito Federal, as equipes de atendimento a grupos e aos mais jovens assumiram a criação de um novo tipo de escuta clínica no ano de 2019. A criação de um grupo de adolescentes tomou corpo quando uma adolescente de 16 anos, até então acolhida em hospital-dia para adultos, começou a demonstrar dificuldades em endereçar suas questões junto aos dispositivos próprios a adultos em sofrimento psíquico grave. Naquele contexto, a jovem referia não se adequar à dinâmica interpessoal presente nos grupos terapêuticos que frequentava com os adultos.

Diante das ponderações da equipe e da viabilidade da criação de um novo grupo analítico, apenas para adolescentes, essa jovem aderiu à proposta institucional, e aceitou figurar como a primeira adolescente do grupo que estava surgindo ali. Seu papel e seu lugar no mito fundador do grupo se tornaram logo claros e alimentaram a equipe a realizar encaminhamentos de adolescentes para que a escuta em grupo começasse. A fundação desse grupo era justificada pela necessidade de um novo espaço intermediário, em que os mais jovens pudessem de fato se localizar em suas próprias referências e não na posição de quase-adultos, quase-prontos para as atividades clínicas dos grupos de adultos da instituição. O grupo surgiu justamente no limbo adolescente, em que, no discurso do outro, ele não encontrava ressonâncias. Víamos a criação do grupo de adolescentes como um recurso para a elaboração sobre as diferentes formas de pertencimento à coletividade nos tempos atuais e sobres os perenes desafios das relações familiares.

O grupo teve início com encontros semanais, de 1 hora e meia, presencialmente na instituição. Antes da pandemia, o grupo se reunia em uma sala ampla, com cadeiras dispostas em círculo, almofadas e estantes com livros de vários gêneros literários. As sessões aconteciam às quintas-feiras e o próprio nome do grupo (o Rolê de Quinta) foi resultado de uma escolha feita pelos quatro adolescentes que logo foram encaminhados para o atendimento em grupo. Para aprofundar o tópico central que queremos discutir neste capítulo, trazemos uma vinheta clínica que aponta para a experiência do coletivo que os adolescentes puderam viver no grupo Rolê de Quinta, e como esse espaço foi vital para o curso de seu desenvolvimento em meio à crise pandêmica.

Vinheta Clínica: uma sessão em janeiro de 2020 e outra em fevereiro de 2021

Estiveram presentes naquela quinta-feira os adolescentes Rúbia[7] (17 anos), Cristopher (15 anos), Lilian (16 anos) e Douglas (14 anos). Lilian, que agora está usando óculos, diz que está se sentindo mais velha. Ela participa

---

7   Os nomes explicitados aqui são fictícios para proteger a privacidade dos adolescentes enquanto menores de idade e pacientes da instituição.

de sua segunda sessão no grupo. Em sua primeira sessão, ela se apresentou dizendo a sua idade, descrevendo-a como "uma década e seis meses de vida". Apresenta ao grupo sua questão relacionada à sua preferência por coisas de criança, como laços de fita, desenhos e animes. Diz que pinta e desenha. Em outro momento, conta ao grupo o quanto lhe fez bem ter comprado material de desenho "profissional".

Após ter falado de seus óculos, as coordenadoras do grupo convidam-na a se apresentar para Cristopher, que ainda não havia conhecido em sessões anteriores. Quando ele diz sua idade, ela se assusta e afirma ter pensado que ele fosse mais velho. Em uma rodada, todos eles falam sua idade, e a cada fala acompanha-se uma reação afetiva, seja pela via da surpresa, do gozo pelos 18 anos próximos de Rúbia, ou pelo estranhamento ao que os 14 anos significam – geralmente não muita coisa segundo os adolescentes, não sendo tão marcantes assim, como Douglas vê.

O tema passa a ser os ganhos dos 18 anos, e Rúbia expressa seu incômodo com essa aproximação e as proibições que ainda recaem sobre ela; trazendo também que já ingere álcool e entra em festas sem classificação para sua idade, acompanhada pela família em algumas circunstâncias. O grupo complementa afirmando que há um grande dilema em ser quase-criança e quase-adulto, estando ele no meio, sendo considerado nada por isso. Douglas enfatiza essa ideia. Em seguida, eles descrevem as exigências que os adultos fazem considerando-os já crescidinhos, e como que paradoxalmente ainda, os adultos impõem restrições porque não os consideram crescidos.

Ser considerado crescido aparece relacionado à circulação do adolescente: andar de ônibus, preocupação dos pais ou mesmo preocupação deles consigo mesmos. Entram na temática sobre proteger-se e as adolescentes revelam sentir medo de estranhos. Cristopher pontua que os homens também sentem medo. Douglas pontua que não parte do princípio de que as pessoas são ruins, dizendo que anda pela rua cantando e falando sozinho. Dialogamos sobre o que pode ser considerado bom / mau. No final, entende-se que as pessoas são tão boas quanto ruins e que isso não pode ser dissociado. Surge assim a ideia da síntese.

A adolescência também não precisaria ser a antítese entre os construtos da infância ou da adultez, mas propriamente uma síntese, que se afirma e que consegue se delinear considerando a construção de seus próprios contornos. A isso, se segue o tema das expectativas familiares, da missão que cada um recebe a começar pelo nome. Surge uma analogia com os 12 trabalhos de Hércules. A afirmação de si perpassa a amarração à posição familiar do adolescente, abordando-se também a relação com os irmãos e outros adultos da família.

Essa sessão foi realizada presencialmente, antes da pandemia, quando o grupo contava com três meses de existência. Quando a pandemia avançou e medidas de isolamento social foram necessárias, as sessões grupanalíticas foram transpostas para uma interface *online, em uma sala* de reunião virtual, com uso de câmeras, microfones e alguns aplicativos de celular para mediar interações nas sessões. As limitações no uso das câmeras de vídeo por parte dos adolescentes ficaram logo caracterizadas. Realizar as sessões com as câmeras abertas, para que todos pudessem se ver, exigiu certo tempo e uma escuta atenta das analistas. Aqueles jovens que antes já haviam sido reconhecidos em seu corpo – mais jovens, mais maduros, próximos à maioridade, mais altos do que a idade permitiria, enfim – tinham dificuldade de confiar-se ao olhar uns dos outros e ao olhar das analistas.

Algumas sessões foram realizadas nesse período com quase todos os adolescentes com as câmeras fechadas. Após certo percurso das sessões *online*, se tornou mais possível para eles que as câmeras ficassem abertas. Logo pudemos entender que além do próprio rosto, a câmera fechada escondia seus quartos, seus cabelos, a barba a crescer, a estação de jogo *online* atrás da cadeira gamer, a dificuldade do adolescente de organizar o horário da sessão em meio à rotina da casa. Por vezes, o microfone sempre fechado ocultava os ruídos de suas famílias logo nos cômodos ao lado. De tão perto e de forma misteriosa, também de tão longe, tangenciávamos a dimensão cotidiana e familiar dos adolescentes.

Um ano depois, com as sessões ainda transcorrendo na modalidade *online*, *Rúbia comple*ta seus dezoito anos. Com isso, opta por deixar o grupo e intenta demarcar o começo de uma nova vida, inclusive com uma mudança de país com a família. Rúbia anuncia em sessão que vai deixar o grupo de adolescentes. Tendo-a presente com o grupo nesse dia, podemos trabalhar com os outros integrantes o impacto dessa saída para a história do grupo. Lilian se angustia demais com o anúncio da saída de Rúbia e se vê como a adolescente mais velha do grupo, atribuindo-se a responsabilidade de servir como modelo para os mais novos. Vê-se diante de maiores atribuições com os estudos, com posicionamentos políticos e com um posicionamento sobre a escolha profissional que seus pais lhe faziam.

Se retomamos aquela primeira sessão de Lilian nesse grupo, vemos que ela traz à tona justamente a dificuldade de sintetizar em si o que lhe é próprio de criança e o fascínio que vê nos integrantes mais altos, e na própria Rúbia, que já beirava a maioridade. O dilema que caracterizou o mito fundador desse grupo retorna novamente, e com a saída de Rúbia. Ela que sai de grupos terapêuticos com adultos por ser adolescente, agora deixa um grupo de adolescentes por se enxergar mais adulta. Face a face com a exigência de sair do limbo quase-criança, quase-adulto, Lilian revela não estar pronta para ser a pessoa adulta que ocuparia, no grupo, o lugar de Rúbia dada a sua proximidade aos dezoito anos também. É a própria Rúbia e o grupo que manejam a angústia trazida por Lilian.

No discurso do grupo que se seguiu, os integrantes do grupo liberaram Lilian da posição de irmã mais velha em que ela estava a se colocar. Ali, não funcionariam como uma família e não exigiriam dela esse tipo de experiência. Rúbia também indica que ela havia decidido sair do grupo de adolescentes não porque teria se sentido fora da faixa etária do grupo, mas sim porque seus processos emocionais a levavam para um estado de vida diferente. A saída de Rúbia ainda foi material de elaboração do grupo de adolescentes por um tempo. A dinâmica interpessoal se renovou quando uma adolescente de doze anos passou a integrar o Rolê de Quinta.

A título de algumas sínteses

O trabalho de grupo com adolescentes experimentou outros momentos que não foram abordados nessa breve reflexão. As duas cenas retratadas puderam tangenciar de maneira clara o dilema presente nas encruzilhadas da adolescência, qual seja o de sair da cena familiar e passar à cena social (Rosa, 2002). Para o adolescente, é extremamente desafiante a passagem da lógica de identificação com o discurso parental para o discurso social, preenchido pelo futuro no âmbito da sua atuação na sociedade pela profissão, pela escolha de como o corpo será apresentado e pela conexão com coletivo e seus ideais.

Fundado sobre a história de uma adolescente que já não cabia nos espaços dos adultos, o Rolê de Quinta se constitui como uma possibilidade de fornecer novas sínteses aos adolescentes, fugindo das antíteses. O coletivo é onde a diversidade de discursos e papeis se apresenta, muito mais do que no âmbito familiar. O grupo surge porque adolescentes requerem espaços diversificados de escuta que deem conta da multiplicidade de seus conflitos e é interessante que possam fazê-lo entre os pares, para garantir-lhes pertencimento e um novo discurso repleto de investimentos. Destacamos como o grupo se torna uma apresentação do coletivo, quando consegue colocar o adolescente em contato com os sentidos que circulam nesse âmbito. Ali no grupo, víamos o que estava intersubjetivamente sendo costurado por esses sentidos impregnados no coletivo sobre adolescências e adolescer.

Destacamos ainda o papel dos adultos nesse contexto. Também eles participam, uma vez inseridos no coletivo, da construção de sentidos sobre o adolescer. E, em muitas vezes, os adultos pouco compreendem o jogo de novas identificações e invadem as tentativas que os jovens fazem de circular em meio a novos modelos identificatórios dispostos no discurso social. As psicoterapeutas do grupo de adolescentes, nesse sentido, precisavam cuidar muito de sua posição no grupo ao conduzir o trabalho clínico. Era preciso garantir um espaço confortável para que os jovens visitassem suas primeiras identificações e, com coragem, olhassem para o que se encontrava diante deles enquanto novos adultos.

O que sabemos é que o desenvolvimento na adolescência precisa ser visto como uma grande espiral, que permite avanços e retrocessos, contradições e repetições. Essa imagem de um curso desenvolvimental espiralado converge para a ideia das sínteses que abordamos aqui. É possível oscilar entre tantos elementos subjetivos e intersubjetivos, sem deixar de ser sujeito. Na verdade, é nesse processo sintético que é possível contemplar o desenvolvimento adolescente. Sim, quase-criança. E sim, quase-adulto. Sim, tão perdido em seus processos. Sim, tão aberto às possibilidades do coletivo.

REFERÊNCIAS

BIRMAN, J. Tatuando o desamparo: a juventude na atualidade. *Adolescentes*, p. 25-43, 2006.

CORSO, M.; CORSO, D. *Game over*: o adolescente enquanto unheimlich para os pais. APPOA, Adolescência: entre o Passado e o Futuro. Porto Alegre: Artes e Ofícios, 1997.

FOULKES, S. H.; ANTHONY, E. J. (1965). *Group psychotherapy*: the psychoanalytic approach. Harmondsworth: Penguin, Reprinted London: Karnac, 1984.

ROSA, M. D. Adolescência: da cena familiar à cena social. *Psicologia USP*, v. 13, p. 227-241, 2002.

SOBRE A AUTORA

Jéssica Vaz Malaquias

Psicóloga graduada pela Universidade de Brasília (2011). Pós-Doutoranda pela Escola de Serviço Social da Universidade Federal do Rio de Janeiro. Mestrado em Psicologia Clínica e Cultura – UnB (2013), com temática relacionada à violência sexual contra criança/adolescente e às intervenções psicossociais em rede. Doutorado em Processos do Desenvolvimento Humano e Saúde – UnB (2017), direcionado à análise de práticas profissionais de trabalhadores sociais que atendem a situações de violação de direitos da infância e da adolescência. Tem experiência com a escuta clínica de crianças e adolescentes no âmbito da Saúde Mental. Em seu percurso docente, tem como foco as disciplinas de Psicologia do Desenvolvimento, Teorias Psicanalíticas, Psicopatologia e Terapia Familiar. Atualmente, é Analista de Promotoria do Ministério Público do Estado de São Paulo.

3

SOBRE A EXPERIÊNCIA DE UM GRUPO DE ADOLESCENTES EM CONTEXTO DE HOSPITAL-DIA

Elisa Araujo Coelho

Silene P. Lozzi

Introdução

Este texto foi desenvolvido num primeiro momento como uma comunicação oral em um ciclo de debates e palestras sobre a experiência de adolescentes num serviço de hospital-dia de uma instituição de saúde mental particular do Distrito Federal. O convite veio a partir de uma demanda desta instituição sobre o manejo clínico com adolescentes num contexto de internação parcial. Tal demanda se deu no contexto da pandemia de COVID-19, momento em que a busca pelo serviço de hospital-dia por parte do público adolescente desta clínica cresceu consideravelmente. Dessa forma, buscamos expor uma realidade nova vivida nessa clínica pela equipe e pelos jovens usuários do serviço – os pacientes adolescentes.

A criação dos hospitais-dia no contexto da reforma psiquiátrica no Brasil foi um marco importante na transformação do modelo de assistência em saúde mental. Essas instituições surgiram como uma alternativa ao modelo asilar predominante, que priorizava a internação prolongada em hospitais psiquiátricos. Os hospitais-dia foram concebidos como espaços intermediários, nos quais os pacientes recebem atendimento intensivo durante o dia e retornam às suas casas à noite, promovendo sua desinstitucionalização e reinserção na sociedade. Os hospitais-dia são uma das estratégias da reforma psiquiátrica e contribuem para a humanização do cuidado, a valorização da autonomia dos pacientes e o caráter inclusivo da saúde mental com serviços integrados à comunidade. Os desafios a partir daí não cessaram, desde a necessidade de engajamento da população e de profissionais de saúde para a implementação desse e de outros dispositivos a partir da promulgação da Lei da Reforma até os dias atuais, quando é flagrante a necessidade de investimentos em infraestrutura e recursos humanos.

O serviço de hospital-dia, ou centro de convivência, oferecido por essa instituição de saúde mental particular situada em Brasília, existe há mais de 30 anos. Ao longo dos anos, passou por algumas mudanças – como sua localização, tamanho do espaço físico, equipe, pacientes, propostas terapêuticas, grupos e atividades. A proposta principal se manteve: ser um espaço de cuidado intensivo, com uma equipe multidisciplinar – composta por psicólogos, psicanalistas, psiquiatras, nutricionista, equipe de enfermagem, "oficineiros", estagiários –, e com um público diversificado em relação a questões socioculturais, faixa-etária, e quanto aos distúrbios psíquicos graves.

O objetivo central desse serviço é prestar atendimento psiquiátrico e psicoterápico (por meio de uma abordagem psicanalítica) a pacientes que necessitem de cuidados intensivos e contínuos. Por esse motivo, a indicação costuma ser integral – de segunda a sexta –, o paciente chega de manhã e sai no final da tarde. A ideia por trás dessa proposta terapêutica para pacientes graves é justamente possibilitar que o sujeito permaneça em seu meio sociofamiliar, evitando rupturas e isolamentos que levem a uma piora do quadro psíquico e possível cronificação dos distúrbios. Além disso, busca-se promover um resgate da participação dos sujeitos na vida social, afetiva e laborativa – a depender do caso. Outro aspecto fundamental que se busca desde o início é a participação dos familiares no processo, não só nas consultas do paciente com médicos e com psicólogos, mas também é oferecido um espaço de cuidado só para os familiares dos pacientes, o qual é denominado *grupo de familiares*.

É comum usarmos os termos hospital-dia e centro de convivência como sinônimos, pois o tratamento acontece num contexto de convivência. Quando os pacientes não estão participando de grupos terapêuticos ou de atividades, ficam nos espaços de convivência. As atividades são predominantemente em grupo, com exceção das consultas médicas e reuniões com familiares. A rotina do centro de convivência é composta por dois períodos – manhã e tarde. Em cada período, uma série de atividades terapêuticas acontecem. Há aquelas atividades compartilhadas por todos e que estão relacionadas à rotina diária (espaço de convivência, atividades terapêuticas, almoço, lanche). Há também uma série de outras atividades como os grupos terapêuticos e de medicação, e as consultas individuais (com médicos e/ou psicólogos). Esse segundo grupo de atividades varia de acordo com a indicação e a demanda momentânea de cada indivíduo.

Tendo apresentado um pouco da rotina desse Centro de Convivência de Brasília, falaremos sobre os desafios por trás deste serviço que busca oferecer uma ampla gama de atividades e espaços de socialização para um público tão diverso. De forma predominante, os pacientes deste serviço costumam ser adultos e idosos. Antes da pandemia, era comum termos um ou outro adolescente como público. Por serem casos isolados, a sensação de deslocamento que os adolescentes relatavam sentir era comum. Após a irrupção da pandemia, a busca pelo serviço de hospital-dia nesta clínica aumentou por parte do público adolescente.

A pandemia de COVID-19 e suas repercussões serviram como um fator estressor/de risco para muitos adolescentes nos quesitos isolamento, privação de contato social com seus pares e aprendizagem prejudicada pelo formato virtual das salas de aula. Para os que tinham como maior estressor o próprio convívio familiar, o nível de sofrimento psíquico aumentou. Assim, ao mesmo tempo em que houve uma diminuição na busca do serviço pelo grupo de risco devido ao contexto, houve um aumento na busca pelo serviço desse hospital-dia por parte do público adolescente. Importante destacar que esta instituição desenvolveu dispositivos terapêuticos de forma remota, passando a funcionar hibridamente (tanto com serviços presenciais como remotos), mantendo assim o serviço para os que não podiam ir presencialmente, mas que seguiam necessitando desta assistência de forma intensiva.

Nesse novo contexto, a equipe do hospital-dia se viu enfrentando novos desafios no dia a dia e no manejo clínico com esse grupo de jovens pacientes. Esse serviço costuma comportar uma média de 100 pacientes por mês, com diferentes indicações clínicas quanto à frequência. Diariamente, uma média de 40 pacientes frequentam o espaço. Se antes da pandemia trabalhávamos com um ou dois adolescentes na convivência, passamos a ter grupos de 5 a 10 adolescentes num mesmo período de tratamento (entre 2020 e 2022). Nessa nova configuração, a equipe passou a vivenciar e relatar dificuldades quanto ao manejo clínico, quanto à forma de acessar estes pacientes e de estabelecer um vínculo.

No manejo clínico, a forma de intervir por parte da equipe de terapeutas passou a ser questionada em supervisões. Em geral, a equipe costumava tratar os adolescentes muitas vezes da maneira que estava acostumada a tratar os pacientes adultos. Com o tempo, fomos percebendo que a forma de falar com os adolescentes, de estar com eles no espaço de convivência, de interpretar algumas atuações (como aparente desinteresse nas atividades), não poderia ser a mesma com a que estávamos habituados. Com o passar do tempo, ficava claro que a forma da equipe se aproximar, se comunicar, intervir, de esperar que esses jovens pacientes apresentassem uma demanda de cuidado, de escuta, tudo isso precisaria ser revisto dentro das especificidades deste grupo.

No contexto deste centro de convivência, os dispositivos terapêuticos ficam disponíveis para que os pacientes façam uso de forma voluntária. A equipe convida os pacientes a participarem das atividades e frequentarem os grupos, porém, a participação não é obrigatória. Na maior parte das vezes, os pacientes costumam eleger as atividades que sentem maior afinidade, se sentem melhor, e não frequentam aquelas com que não se identificam. Pode acontecer também do paciente não ter vontade de participar por outras questões do momento. Cabe à equipe entender esses movimentos individuais, respeitar ou questionar diretamente, dependendo do caso.

O espaço de convivência é um dispositivo terapêutico em si próprio. Para alguns mais do que para outros. Para os adolescentes, o fenômeno do grupo, de poder estar entre seus pares, a identificação com outros que também vivenciam sofrimentos agudos, a sensação de pertencimento, o convívio dentro e fora da clínica, tudo isso é vivido como parte essencial do tratamento. O que era constatado, de forma geral, era que para uma boa parte destes jovens pacientes, a convivência parecia ser o principal dispositivo terapêutico. Eram poucas as atividades que atraíam os adolescentes, e muitas vezes compareciam resistências quanto à participação nos grupos terapêuticos.

Nesse cenário, muitas vezes a equipe se queixava de uma sensação de impotência, de não saber como acessar nem ajudar esses pacientes graves. Era comum a sensação, por parte da equipe, de estar incomodando os adolescentes quando, ao se aproximar de uma roda de conversa, o grupo se silenciava, por exemplo. Essa experiência é bastante diferente de quando alguém da equipe se aproxima de um grupo com pacientes adultos, os quais costumam apreciar essa aproximação e até convidar para participar da conversa, algo compartilhado pela maioria da equipe.

Para aqueles que trabalhavam com adolescentes num contexto de atendimento individual sem a experiência de grandes resistências, toda essa diferença quanto à abertura nesta outra configuração causava um estranhamento. Em um contexto de análise, não há terceiros no *setting*, facilitando a conexão. O adolescente quando estabelece uma *transferência positiva* com o analista, de confiança, costuma conseguir falar livremente sobre suas questões, dores e conflitos. Como todo processo, isso acontece de forma individual e subjetiva em cada caso. Porém, quando o vínculo se dá, é possível vivenciar a relação com o terapeuta como uma relação de cuidado, em que se pode demandar deste.

Era justamente essa falta de demanda por cuidado destes adolescentes graves que chamava atenção da equipe. Na maior parte das vezes, permaneciam na área externa da clínica, no jardim, conversando entre eles. Esses vínculos muitas vezes eram levados para fora da clínica, onde a equipe não tem como, nem deve intervir. Amizades, inimizades, apaixonamentos, namoros e rompimentos aconteciam. Por vezes, era necessário realizar reuniões com pais/familiares que se queixavam, por exemplo, por seu filho ter desenvolvido o hábito de fumar cigarro após iniciar o tratamento. Como equipe, nos víamos às voltas com essas questões. Qual seria nosso papel? Educar, dar limites? Respeitar o movimento de experimentação característico desta fase?

Importante lembrar que o hospital-dia é um espaço aberto. Os pacientes vêm e vão de forma livre. Há o horário de início e término do tratamento durante o dia. Apesar de a recomendação ser de cumprir os horários para ter o máximo de benefício do tratamento, cada um chega e sai no seu horário. Por isso, ter algum desejo de estar ali é condição para o tratamento. Não temos como desempenhar um papel de controle e fiscalização, nem é essa a proposta. Dependendo do caso, alguns acordos podem ser realizados, como quem trás e busca, se pode circular livremente ou não. Ainda assim, deixamos claro que são acordos realizados entre o paciente, os pais/familiares responsáveis e os terapeutas, acordo este que contém limites quanto ao cumprimento: todos devem colaborar de forma conjunta.

Como parte do funcionamento interno desse hospital-dia, a equipe se encontra semanalmente para *reuniões clínicas* semanais e supervisões de equipe. As supervisões costumam acontecer semanalmente, geralmente para se discutir/elaborar questões sobre uma atividade, um período específico (ex.: supervisão da equipe de segunda-feira), ou uma parceria terapêutica. Recorrentemente nas supervisões de equipe, era colocada em pauta as dificuldades gerais referentes ao manejo clínico com os adolescentes. A clínica com adolescentes muitas vezes demanda que os profissionais empréstem o desejo de cuidar e ser cuidado. Porém, no meio de uma rotina com tantas demandas e atribulações para serem atendidas, alguns terapeutas conseguiam reconhecer uma indisponibilidade interna para desejar pelo outro.

Outro tema recorrente nas supervisões de equipe dizia de uma confusão em relação às questões muito presentes na contemporaneidade, envolvendo sexualidade e identidade de gênero por parte desses adolescentes. Percebíamos como essas questões se faziam presentes com maior frequência nesse público. Até aqueles da equipe que já haviam se debruçado na temática pela via acadêmica se percebiam confusos ao se deparar, por exemplo, com um adolescente do sexo feminino que se identificava como *não binário*, se vestia como uma *mulher cisgênero* se veste na nossa cultura e tinha como parceiros sexuais homens mais velhos. Nesse caso específico, surgiam questões como "O que significaria para essa pessoa ser/não ser mulher?". Seria uma questão de não identificação ou uma forma de contestar aspectos culturais atribuídos ao feminino?

Após uma série de supervisões e reuniões em que compareciam essas questões, incômodos, confusões, indisponibilidades, reflexões sobre o manejo, a direção clínica da instituição compreendeu a necessidade de se promover um espaço para se compreender a adolescência na atualidade, numa interlocução com a saúde mental. Uma série de especialistas da área foram convidados para conduzirem estes debates por meio de palestras. Esses encontros aconteceram ao longo de um semestre. Os temas tratados abarcavam questões como o adolescente no contexto atual pandêmico, em situação socioeducativa, questões de gênero e sexualidade, automutilação, entre outros. O último encontro cujo tema foi "Adolescentes no contexto de internação no hospital-dia", resultou neste trabalho.

Para realizar este trabalho, foi pensado que mais importante do que descrever a percepção da equipe sobre os adolescentes que frequentavam este hospital-dia, seria dar voz a estes pacientes com tantas especificidades e fazer com que eles falassem sobre sua experiência de forma direta. Foram entrevistados cinco adolescentes de 16 a 20 anos, que estavam em tratamento nesse hospital-dia por períodos de tempo variado. A entrevista, semiestruturada, foi realizada com nove perguntas às quais os entrevistados responderam livremente. Os entrevistados participaram de forma voluntária, com a garantia de que suas identidades seriam preservadas. As respostas foram transcritas e submetidas à análise de conteúdo, um método de pesquisa e análise de resultados que envolve a exploração de diversos tipos de conteúdo, inclusive textos obtidos como resultados de entrevistas.

Laurence Bardin (2011) discute em seu livro etapas de codificação dos dados, categorização e interpretação dos mesmos. Essa análise pode ser feita de modo qualitativo, quantitativo ou misto em que são combinados os elementos dessas abordagens, o que foi a opção para este trabalho. Foi feita uma análise textual detalhada das respostas dos adolescentes, sendo cuidadosamente examinadas, codificadas e categorizadas para identificação de padrões de resposta. Vale ressaltar que em cada resposta à pergunta o entrevistado pôde fornecer mais de um "item de resposta", que são partes específicas das respostas diretamente relacionadas às perguntas. A título de exemplo, um adolescente pode citar em sua resposta à pergunta de *o que o levou ao tratamento*, ansiedade, sensação de isolamento, depressão e nesse caso teríamos três itens de resposta para a mesma pergunta. Esses itens, com informações críticas, são codificados e categorizados, sendo sua frequência estabelecida em relação às respostas de todos os participantes.

Dentre os entrevistados, dois pacientes de 18 e 20 anos participaram, pois neste trabalho entendemos o fenômeno da adolescência como uma dimensão fenomenológica, não de ordem estrutural (Alberti, 2010). Trata-se de um processo psíquico que envolve a separação das figuras parentais, e não uma cronologia de idade. Tendo em vista que as questões que levaram esses jovens à internação diziam respeito justamente a esse processo de separação das figuras parentais, fez sentido que participassem das entrevistas. As entrevistas foram gravadas e depois transcritas. Recortes das respostas foram apresentadas no debate para o grupo de profissionais da instituição. Para este trabalho, optamos pela realização de uma análise de conteúdo e temática como forma de melhor apresentar os dados coletados e discussão.

Resultado das entrevistas

Para a realização deste trabalho, foram priorizadas questões sobre o tratamento na modalidade de hospital-dia. As primeiras questões tiveram um caráter mais pessoal, como *o que levou cada um ao tratamento, como tem sido o tratamento até aquele momento, quais atividades gostam/desgostam e seus motivos*. Já as questões seguintes foram mais impessoais, sobre *sugestões de como melhorar o serviço (daquela instituição) para os adolescentes*, finalizando com uma questão sobre a *percepção do que tem causado sofrimento psíquico nos adolescentes atualmente*. Importante destacar que, conforme mencionado anteriormente, foi realizado uma análise de conteúdo mista, em que itens de resposta, que chamaremos apenas de respostas a partir daqui, foram categorizados e sua frequência foi estabelecida, o que nos permite verificar sobre a representatividade de cada resposta no âmbito geral delas. A seguir, apresentaremos os resultados encontrados referentes a cada pergunta junto com alguns trechos das entrevistas como forma de ilustrar alguns dados considerados mais relevantes.

Questão 1: *O que te trouxe aqui?*

A primeira pergunta feita aos cinco adolescentes entrevistados foi: "O que te trouxe aqui?". De um total de 27 respostas (itens de resposta), o maior percentual foi o de *ideação e tentativa de autoextermínio* (18,5% cada) – respostas dadas por todos os respondentes. Dos cinco participantes, quatro chegaram a realizar tentativa de autoextermínio ao menos uma vez, e um relatou pensamentos e ideação suicida.

"(...) eu fiquei carregando muito peso no sentido de pensamentos ruins e coisas que as pessoas diziam que acabou que desabei, e tentei me matar. (...) Algumas coisas que meu pai falou pra mim, algumas preocupações que ele ficava me trazendo que ficaram me forçando a ficar preocupado. De certo modo acabou sendo demais pra mim na época. (...) E como opção para não ir parar numa clínica totalmente fechada, me deram a opção de vir pra cá." (Hugo, 20 anos)

"O que me trouxe aqui na clínica, no hospital-dia, foi uma tentativa, quer dizer, pensamentos suicidas na realidade. Eu tinha muita ansiedade social, me preocupava muito com o que os outros pensavam de mim, e basicamente foi isso." (Daniel, 18 anos)

Em seguida, foi citada a busca desse tratamento como alternativa à internação que, por sua vez, foi seguida de fatores como ansiedade, depressão e encaminhamento pelo psiquiatra. Também foram citados motivos como encaminhamento pós-internação, *bullying*, pandemia de COVID-19 e autolesões. Um dos participantes citou a perda de pessoa próxima como fator de adoecimento.

"Com 12 anos, eu comecei a me mutilar e tive a perda do meu bisavô, que era uma pessoa, que ainda é, uma pessoa muito importante para mim.

Comecei a sentir uma tristeza muito grande, enfim. Depois tive algumas tentativas de suicídio. (...) Aí eu fiquei internado um tempo numa clínica e vim pra cá." (Ariel, 16 anos)

Questão 2: A indicação fez sentido pra você?

A segunda questão é uma continuação da primeira, em relação ao momento inicial do encaminhamento. A análise das respostas à pergunta *se a indicação do tratamento oferecido por aquela instituição fez sentido para eles*, 80% das respostas foram que sim, fez sentido. Somente um participante disse que, de início, a indicação não fez sentido e que sentiu certa resistência ao tratamento oferecido. A seguir, trechos de entrevistas de duas adolescentes com posicionamentos contrários.

"Fez, porque eu estava muito mal, eu estava pensando todo dia em suicídio. Eu me automutilava e *tava* muito mal mesmo, então a gente precisava de alguma coisa que fosse mais intensiva." (Iara, 18 anos)

"Foi meio complicado vir pra cá, na verdade, porque eu não queria ficar aqui. Não sei por quê. Teve umas semanas que eu ficava 'Não quero ir pra lá, eu odeio esse lugar'. E nem era só o pessoal da clínica, era o mundo em si." (Bárbara, 16 anos)

Questão 3: Como tem sido o tratamento até agora?

Foram agrupados os resultados de difícil, bom e momentos variados para as respostas sobre o tratamento. Em um total de 18 respostas consideradas, o maior percentual (38,9%) foi dos que responderam que a percepção em relação ao tratamento variou ao longo do tempo, o que foi categorizado como *momentos variados*. Os cinco participantes da pesquisa apresentaram essa resposta, identificando como motivos dessa variação seu envolvimento variado em relação às atividades, tanto cronologicamente no tratamento quanto pela falta de afinidade com algumas atividades propostas, variações de percepção de evolução do tratamento e do vínculo com o mesmo.

"No começo foi muito bom. Eu ia em todas as terapias, eu fazia tudo à risca. Fazia tudo direitinho, as terapias, fazia terapias em grupo, terapia individuais, fazia tudo direitinho. Só que pro meio eu comecei a ficar mais cansada. Tipo, 'Ah... isso aqui eu já não gosto mais, já não faz tanto efeito pra mim'. Então eu fui selecionando o que eu gostava mais no meio. Mas agora já pro final, eu só venho pra terapia de grupo, que é o que eu acho que realmente mais me ajuda, que é a terapia que mais me ajuda – que é a de falar." (Iara, 18 anos)

"Ah! Eu acho que tem fases, eu estar mais envolvido no tratamento. Tem fases que eu realmente estou muito mal e não consigo me envolver tanto. Mas tem me ajudado bastante. Fiquei um bom tempo sem me cortar." (Ariel, 16 anos)

Aqueles que, dentro dos momentos variados, consideraram difícil o tratamento (três adolescentes) somaram 27,8% das respostas, e apontaram dificuldade de persistência, sentimento de deslocamento e resistência inicial como fatores de percepção.

"Vou ser sincero, tem sido um caminho difícil. Cheio de altos e baixos. Pensei em desistir várias vezes. Por vários motivos, (...) me senti muito deslocado pela idade assim, sabe? Tinham poucas pessoas da minha idade." (Daniel, 18 anos)

Os que também consideraram o tratamento "bom" foram três dos cinco adolescentes. Ter achado bom o tratamento correspondeu ao maior percentual dos itens de resposta à pergunta, 33% do total. Ao detalharem os motivos porque consideraram bom o tratamento, disseram que houve diminuição de sintomas (autolesão), tiveram um bom vínculo com a equipe e com pacientes e citaram a diversidade de atividades oferecidas.

"Foi bom. Eu gostei, achei interessante e... não gosto de todas as atividades, de todos os grupos, mas os que eu gosto, eu faço parte. Acho muito interessante a ideia de todos os grupos, só que alguns eu não me encaixo. É algo que eu entendo que tá tudo bem. Não dá pra gostar de tudo." (Hugo, 20 anos)

Questão 4: *De quais espaços e atividades você mais gosta/ se identifica?*

Das 14 respostas dadas, o maior percentual foi o do *ateliê de artes* como atividade preferida, resposta dada pelos cinco entrevistados. Em segundo lugar, a *roda de leitura* foi a atividade mais mencionada (21,4%), incluindo três dos participantes, seguida pela atividade *jardins de dentro*, com 14,4% das respostas. Três dos participantes também mencionaram atividades como *palco aberto*, atendimento terapêutico individual e a convivência como atividades preferidas, ressaltando que cada participante poderia dar mais de uma resposta. A peculiaridade desses dispositivos escolhidos é por serem atividades que estimulam a criatividade, ou a expressão via arte, como pelo desenho, pintura, literatura, música.

"Eu gosto muito do *ateliê* e da *roda de leitura*, porque pra mim é muito importante você se expressar... Estou vivo até hoje porque me expressei. É basicamente isso." (Daniel, 18 anos)

"Eu me identifico muito com o *ateliê*, porque eu sempre fui muito ligado à arte, e é um momento que eu me sinto em casa. É um momento que eu me sinto bem, e eu não me sinto mal. Eu me sinto num lugar que eu me sinto realmente muito confortável em pintar, desenhar... é uma coisa incrível e eu sempre amei muito isso. Desde criança." (Ariel, 16 anos)

"Me identifico bastante com o *ateliê*. Gosto muito da ideia de desenhar, se expressar... Sempre fui muito próximo disso, e... já tive isso algumas vezes em alguns lugares. E sempre gostei muito de me expressar e desenhar. Outra coisa que eu gostei bastante foi o *Palco Aberto*. Eu gosto da ideia de me expressar através da música, o que é algo que eu sempre faço. E também eu gosto da *roda de leitura*, gosto bastante. Tento falar algumas letras minhas. Também gosto *do grupo de projetos – Jardim de dentro*. Gosto bastante desse projeto." (Hugo, 20 anos)

Questão 5: *De quais espaços você não gostou/ se identificou?*

Além de falarem sobre as atividades e espaços que gostavam, foi realizada uma questão sobre os espaços, como dispositivos de tratamento, com os quais menos gostavam de participar. Dos cinco, 3 apontaram o *grupo institucional*, 37,5% das respostas. Entre as pontuações sobre os motivos que os faziam desgostar da atividade *grupo institucional*, compareceu um incômodo com o tom de reclamação, de discussão. Os participantes também mencionaram de forma individual outras atividades, como a oficina culinária, a meditação, a oficina do corpo e o grupo terapêutico como espaços com que menos se identificaram (12,5% cada). Dois participantes não especificaram nenhuma atividade, e deram como resposta: *não gostar de participar dos grupos de terapia*, e outra adolescente respondeu *não se interessar por nada*.

"Não gosto do grupo de...? Eu sei que é importante, pra falar de questões da clínica. (*Entrevistadora: grupo institucional?*). Isso. Acho que fica muito bate-boca, pelo menos das vezes que eu participei. Mas entendo a importância dele, de que realmente é algo que tem que estar aqui. De culinária... eu entendo também a importância dele, mas não vejo tanto sentido." (Daniel, 18 anos)

"Tem três que eu não gostava. A corporal; a de falar 'O que você faz no final de semana'; e a de reclamar. (*Entrevistadora: o grupo institucional?*) Isso! (*Entrevistadora: Por algum motivo?*). Não, só não achava tão necessário assim. A de reclamação era boa, assim 'A gente tem que colocar alguns pingos nos is do que a gente não tá gostando'. Mas eu achava as discussões muito superficiais. Então achava meio 'Ah... não estou a fim de ir'." (Iara, 18 anos)

Questão 6: *Sobre a experiência nos grupos terapêuticos*

No que diz respeito à experiência que os entrevistados tiveram nos grupos terapêuticos, eles se dividiram quanto ao percentual de respostas, sendo consideradas metade das respostas como *boa* ou *ótima essa experiência* quando falaram de sua participação nos grupos em geral ou em grupos específicos citados (grupo de terapia e grupo de medicação).

"Tem sido ótimo! Sempre gostei de escutar os outros, de tentar ajudar no máximo que eu puder, até por isso quero ser psicólogo, então pra mim tem sido incrível, eu gosto e me identifico às vezes com o que alguém fala, e tento ajudar do meu jeito." (Daniel, 18 anos)

"Eu gosto bastante do grupo de medicação. Ajuda a gente a falar sobre remédio e dos efeitos deles sobre a gente, e às vezes as pessoas em volta têm os mesmos efeitos, coisas parecidas que ajudam a gente a entender o que está acontecendo com a gente. E o de psicoterapia, tô gostando bastante." (Hugo, 20 anos)

A outra metade dos participantes apresentou insatisfação com algum aspecto de funcionamento do grupo ou questões com algum grupo específico. Entre os fatores que causaram insatisfação na participação em grupos terapêuticos foi apontada a diferença de idade, dificuldade com algum grupo específico, dificuldade de se expor em grupo e também a dificuldade de escutar a fala dos colegas.

"É porque eu sempre tive acompanhamento individual. Então para mim é uma coisa nova. E também eu nunca fui muito de expor meus sentimentos com várias pessoas ao meu redor. Mas eu estou trabalhando isso e está melhorando bastante." (Ariel, 16 anos)

"É... é bom. Apesar de que eu nunca entendi muito bem um grupo de medicação. Eu acho que de certa forma ele é mais para você pedir receita, então só fico escutando e tal. E o grupo de terapia não tenho nada contra. Ahh... não sei... eu falo e *tals*, ouço as outras pessoas lógico, mas não sei...

acho que eu não estou dentro realmente. (...) não tenho interesse assim nem de falar, nem de escutar. E daí quando estou aqui, falo até pouca coisa assim, o mínimo possível. Mas não é porque eu tenha algo contra ou algo do tipo, é o meu jeito mesmo." (Bárbara, 16 anos)

Outra questão abordada de forma específica foi sobre a diversidade dos integrantes do grupo, como por exemplo em relação à faixa etária. Dois participantes responderam que viam a questão da diversidade dos integrantes do grupo como algo positivo, que enriquecia a experiência. Duas participantes falaram que sentiam que esse aspecto atrapalhava sua espontaneidade de fala. Uma se colocou de forma indiferente.

"Sim, é interessante você ver que mesmo você na sua idade vai ter outras pessoas em outras idades que vão estar com dificuldades parecidas, totalmente diferentes que às vezes complementam no sentido de você entender melhor um ao outro." (Hugo, 20 anos)

"Eu vou ser sincera: no começo eu me senti muito estranha em estar falando minhas coisas de 17 anos para pessoas de, sei lá, 40 pra cima. Então, assim, pra mim foi um pouco estranho, foi um pouco constrangedor, mas ter um grupo só de adolescente também não dá, porque seria uma sala de aula, basicamente. Então acho que assim pode ter adultos com adolescentes, mas não gente tão mais velha, sabe? Porque eu me sentia constrangida." (Iara, 18 anos)

Questão 7: Quais são suas sugestões para melhorar o tratamento para o público adolescente?

Das sugestões levantadas entre os participantes para promover melhorias em seu tratamento, *maior percentual de respostas* (33,3%) foi de uma abordagem terapêutica diferenciada para adolescentes, sendo citada a forma de abordagem, maior sensibilidade dos profissionais nessa abordagem e maior orientação na realização de atividades.

"Acho que.... as atividades em si são boas, o lugar em si é bom. Acho que talvez a *forma como abordar essas pessoas*, tipo, às vezes o adolescente tem uma certa dificuldade de entender o jeito como as coisas são... talvez mudar a forma de abordar a pessoa, de trazer aquilo que você quer mostrar pra pessoa de um jeito diferente, talvez ajude a pessoa entender melhor" (Hugo, 20 anos).

"Eu acho que a abordagem. (...) A gente é muito mais sensível, os adolescentes. Pois a gente não tem total controle das nossas emoções, não tem total controle de muita coisa relacionado a gente. Então eu acho que as pessoas têm que ter mais sensibilidade. Alguns têm, outros não, mas ter mais sensibilidade com os adolescentes. E tendo em mente a forma de abordar. (...) A abordagem para um adulto e para um adolescente não é a mesma coisa, sabe...às vezes a pessoa está chorando e nem sabe por quê! Porque é um misto de sentimentos, de emoções. É uma bagunça na nossa cabeça. Eu não cheguei na fase adulta ainda para falar como que os adultos se sentem. Então, tipo, acho que a abordagem é um fator principal." (Iara, 18 anos)

Em segundo lugar foi citada a necessidade de adequação de espaço para adolescentes, com 26,7% das respostas. Entre as respostas sobre espaço físico, foram dadas sugestões em relação a ambientação, ter um espaço mais reservado e acolhedor para passarem o tempo, e sugestão de jogos para adolescentes. Um participante sugeriu uma instituição para tratar somente de adolescentes e outro disse que deveria haver maior proporção de adolescentes em tratamento.

"Na minha opinião, tem que dividir; pode ter almoço junto, algo assim, mas o tratamento tem que ser diferente pois são questões diferentes. (...) Eu acho que se fosse diferente, teria vivido melhor, sendo bem honesto. Acho que se, por exemplo, tivesse um espaço só para os adolescentes, seria muito melhor. (...) Muitas vezes é isso, eu me sentia muito deslocado, então... Eu digo... um centro de convivência só para adolescentes. (...) ajudaria muito a trazer também mais adolescentes." (Daniel, 18 anos)

Também houve sugestões quanto às atividades, como a de ter mais trabalhos manuais e nas atividades serem atribuídas mais funções para os adolescentes.

Questão 8: *Como melhorar o nosso acesso/intervenção dos profissionais da equipe como um todo?*

Essa questão foi pensada como forma de explorar melhor a resposta que mais apareceu na questão anterior, referente à forma de se abordar os adolescentes – uma questão de tato terapêutico. Nessa questão, solicitamos que sugerissem como melhorar o acesso e intervenções dos profissionais e equipe terapêutica como um todo. Todos os participantes que responderam essa questão de forma direta, alegaram que são importantes aspectos como maior investimento na relação de confiança com os adolescentes, maior paciência na aproximação com eles, maior proximidade e disponibilidade.

"*(sobre adolescentes em grupos na convivência)* Pro terapeuta entrar, ele precisa conquistar primeiro a confiança. Porque não dá para chegar já assim e falar 'Ah... o que está acontecendo aqui, qual é?'. Tem que ir com calma. Não dá, sabe? A gente vai se sentir coagido, pressionado e não é o que a gente quer, não é que a gente precisa no momento. (...) Então eu acho que vocês podem conquistar primeiro a confiança, tipo chegar e falar 'Olha, estou aqui para o que você precisar, se estiver se sentindo confortável vamos conversar'. E com calma, porque não dá para chegar já de uma vez, como se fosse numa terapia individual que a gente já chega com tudo falando. Não dá, é diferente. A gente está num momento particular nosso. É criar confiança, sabe... chegar com calma e ir conquistando aos poucos. Porque é muito complicado isso de querer chegar assim, já sabendo de tudo, já querendo conversar sobre tudo. Eu sei que a intenção é ajudar, obviamente, mas é difícil para a gente entender isso, sabe?" (Iara, 18 anos)

Outro aspecto relevante que compareceu foi sobre a forma de abordar, de falar/comunicar, o tom de voz, o tato referente ao momento do adolescente.

"Eu lembro quando eu era mais novo, o que batia diferente em mim era como as pessoas falavam comigo. Então, às vezes, o jeitinho que a pessoa falava que mudava, já me defendia, travava com a pessoa. (...) Eu tenho isso mesmo por causa do meu pai. (...) Demorei muito tempo pra começar a me abrir pras pessoas. Então antigamente eu era muito fechado e às vezes a pessoa nem queria me deixar com raiva, ou algo assim, mas se eu achasse que estava falando com um jeito estranho comigo, eu travava e ficava grosso com a pessoa." (Hugo, 20 anos)

Um deles falou que gostaria de que a equipe tivesse disponibilidade para atendimento individual e outro mencionou novamente a necessidade de uma abordagem terapêutica com maior sensibilidade e de forma mais simétrica.

"Eu acho que às vezes perceber, sei lá... 'Aquela paciente não tá tão bem', tentar estar mais próximo. Mas não digo de forma como psicólogo, mas como amigo sabe? Isso dá muito certo com a gente. Pelo menos comigo. Tipo estar por perto e acolher bem." (Ariel, 16 anos)

"Quando eu cheguei aqui, eu tinha muita dificuldade de chamar alguém para conversar, entendeu? Então, na minha cabeça, era melhor eu ter um dia assim para a pessoa falar comigo. *(Entrevistadora: Como se fosse uma terapia?)* É, como se fosse uma terapia." (Bárbara, 16 anos)

Questão 9: *Em que você percebe que os adolescentes têm sofrido mais, a ponto de buscarem nosso serviço?*

Essa última pergunta realizada aos participantes foi pensada como forma de fechar o ciclo de entrevistas com uma questão que remetesse à primeira, porém dando a chance dos adolescentes se distanciarem um pouco da resposta numa posição de terceira pessoa. A questão sobre fatores de sofrimento que levam os adolescentes a buscarem tratamento intensivo foi feita aos cinco participantes. Três deles citaram a relação com a família como fator de sofrimento e dois deles citaram questões quanto ao corpo e outros dois a pressão em relação à profissão e ao vestibular. Também foram citadas escola, redes sociais, isolamento social, sentimento constante de raiva, depressão e ansiedade.

"Acho que uma coisa que afeta bastante as pessoas hoje em dia, além da COVID, que trouxe muito isolamento para as pessoas – algo muito importante para o adolescente é ter contato com outras pessoas pra poder desenvolver conversas, interações... Algo que afeta muito e trouxe muita gente pra fazer terapia é a família. Que é algo que complica muito, e que é algo que vocês fazem que é trazer a família pra terapia. Porque às vezes não importa o quanto você ajude o adolescente, a família desfaz o trabalho em casa." (Hugo, 20 anos)

"Mas o que vejo dos meus amigos é essa pressão por ser alguém, sabe? Você tem que ser alguém, você tem que fazer alguma coisa da vida. Essa pressão da sociedade inteira que não dá alívio. E o adolescente está numa fase de se aprender, descobrir quem é, e é uma pressão muito grande para alguém que está descobrindo ainda." (Daniel, 18 anos)

"Ansiedade e depressão são as que mais surgem. É o que eu vi muito na escola e que eu vejo muito com os meus amigos. Ansiedade por causa do PAS, do Enem... A gente se cobra muito, a escola cobra muito. Então a gente cria uma ansiedade assim, sem fim, de ter crise. Porque é uma demanda muito grande em cima da gente, de ter que passar por cima de tudo isso. E ainda tão jovem e já ter que decidir o que você quer para sua vida. E tem que ser rápido. E é bem cansativo isso, sabe? Dá uma ansiedade. E com ansiedade, querendo ou não, vem a depressão que você se cobra muito, você não se sente suficiente." (Iara, 18 anos)

"A maioria do pessoal, dos meus colegas, eu vejo que é mais a questão dos pais. Que o pai é muito ausente, não dá apoio. A maioria é isso mesmo. Ou até mesmo consigo mesmo. Problemas com autoestima. (...) Porque você já não gosta de como você é, e o seu pai não aprova... e aí vira um nó. Porque comigo, eu acho que foi por conta da minha relação tóxica com o pai." (Bárbara, 16 anos)

Chama atenção um adolescente quando relaciona a pressão social, familiar e pressão sofrida na escola quanto às questões de corpo.

"Acho que problema com a família; raiva constante; e às vezes um sofrimento muito grande. Acho que às vezes a gente pensa demais. (...) É uma coisa que acaba gerando muita dor e também muitos adolescentes tem questão com o corpo e distorção de imagem. Eu tenho às vezes, sei lá, estou com peso e me vejo com 30.000 quilos a mais. E tem também a questão da sociedade também do tipo 'Ah... ele é muito magrinho' ou 'Ele é muito gordo', porque isso pode, em vários adolescentes, machucar bastante. Comentários até da família. Às vezes são pessoas da escola, e isso fere bastante." (Ariel, 16 anos)

Embora a pergunta tenha sido aberta para análise de quais fatores levariam adolescentes em geral a buscarem esse tipo de tratamento em hospital-dia, percebeu-se que os respondentes se autorreferenciaram ao apontar os fatores de sofrimento.

Algumas reflexões sobre tudo isso...

Após a realização dessas entrevistas, motivadas por questionamentos da equipe terapêutica dessa instituição num contexto de pandemia, algumas considerações podem ser feitas. É importante destacarmos que o que foi compartilhado aqui diz da experiência de uma instituição de saúde mental privada de Brasília. Será que outras instituições do DF, de outros estados, de outros países também registraram um aumento nas buscas por tratamento intensivo por parte da população de adolescentes durante a pandemia? Em caso afirmativo, como as equipes vivenciaram a mudança da faixa-etária dos pacientes em tratamento? Encontraram novos desafios quanto ao manejo clínico? Quais?

Outro aspecto importante para se apontar é que essa pesquisa se deu com uma amostra de cinco pacientes. Na instituição em questão, essa amostra representava a maioria dos adolescentes em tratamento no período da entrevista (outubro de 2022). Portanto, não tivemos como objetivo apresentar conclusões sólidas ao desenvolver este trabalho, e sim o retrato de uma experiência, reflexões e quem sabe indagações para outros estudos. Dessa forma, não podemos realizar generalizações. Para isso, teríamos que realizar uma pesquisa maior, com instituições públicas e privadas, e com uma amostra maior de participantes.

Tendo dito isso, podemos refletir sobre o que compareceu na experiência vivida tanto pela equipe quanto por esses adolescentes que generosamente responderam às perguntas que foram colocadas. Foi possível perceber como as dificuldades colocadas pela equipe de terapeutas corresponderam aos principais aspectos apontados pelos adolescentes do que se deve melhorar no tratamento do hospital-dia, em relação à forma de se abordar. A equipe se queixava de uma aparente inacessibilidade por parte destes pacientes, especialmente quando em contexto de grupo. A sensação de um não saber como intervir de forma terapêutica. E a principal resposta destes adolescentes quanto a esse desencontro foi de se ter paciência com o tempo de cada um, se colocar de forma disponível e não invasiva, estabelecer uma relação de confiança, estabelecer um vínculo mais simétrico, cuidar do tom de voz ao falar.

Tudo isso colocado por estes adolescentes como cuidados necessários nos remete ao conceito de *tato psicológico* desenvolvido por Sandor Ferenczi (1928) em seu texto "Elasticidade da técnica psicanalítica". Nesse texto, Ferenczi ao falar sobre a técnica psicanalítica, aponta que antes de tudo há uma questão que ele chamou de *tato* psicológico – "de saber quando e como se comunica alguma coisa ao analisando, quando se pode declarar que o material fornecido é suficiente para extrair dele certas conclusões; em que forma a comunicação deve ser, em cada caso, apresentada; como se pode reagir a uma reação inesperada ou desconcertante do paciente; quando se deve calar e aguardar outras associações; em que momento o silêncio é uma tortura inútil para o paciente etc.". O tato, seria então a faculdade de *"sentir com"* o paciente.

Outro aspecto por vezes apontado em supervisões e reuniões clínicas remete ao espaço de convivência como um dos dispositivos terapêuticos mais eficazes para este grupo de pacientes com questões e necessidades tão essenciais quanto a socialização. Como colocado por *Daniel,* quanto maior o grupo de adolescentes em tratamento, melhor. Nesse aspecto, podemos pensar sobre o fenômeno do grupo nessa faixa etária, a busca por pares com quem possam se identificar. Nesse contexto, estamos pensando em sujeitos num contexto de extremo sofrimento, de crise. Muitas vezes, o sentimento de deslocamento comparece não só no contexto familiar mas em outros espaços, como na escola. Em um espaço como um Centro de Convivência, esses jovens podem se encontrar e por mais que o sentimento de deslocamento persista, naquele pequeno grupo podem se sentir mais incluídos, pertencentes, e se identificar com outros que passam por desafios semelhantes e que também vivenciam sofrimentos agudos.

Pensando nesse aspecto das identificações que acontecem num grupo, a primeira questão apresentada para os participantes era sobre os motivos que os levaram ao tratamento. Todos os participantes falaram sobre ideação suicida com tentativa de autoextermínio (com exceção de um que buscou ajuda antes). Por mais que cada um fale de questões pontuais que levaram a um ato extremo contra a própria vida, chama nossa atenção a questão de a ideação suicida ter sido vivenciada de forma geral por estes adolescentes. Ansiedade e depressão também foram mencionados como formas de sofrimento que levaram a esse estado mais drástico de desesperança. Todos os participantes, com exceção de um, chegaram a atentar contra a própria vida, todos vieram com encaminhamentos médicos, numa busca de um tratamento na modalidade de hospital-dia como uma alternativa a uma internação fechada. Talvez por este motivo, a maioria relatou ter visto sentido no encaminhamento, por mais que a percepção do tratamento tenha variado ao longo do tempo.

Sobre a experiência do tratamento, todos os participantes responderam que sua percepção quanto ao tratamento variou, tendo momentos bons, ruins, difíceis. Dessa forma, um mesmo participante pôde falar de momentos bons e ruins, e foram consideradas todas as respostas. Iara, por exemplo, relatou que iniciou o tratamento com maior disponibilidade em participar, achava tudo bom no geral. À medida que foi melhorando, seu interesse no tratamento foi diminuindo ao ponto que, no final, só participava do grupo de terapia. Podemos dizer que tal variação na percepção é esperada.

Outro aspecto que nos chamou atenção nas respostas foi a predileção ou rejeição de algumas atividades por parte dos entrevistados. Todos mencionaram gostar da atividade do Ateliê (arte terapia), destacando também a Roda de Leitura, o Palco Aberto e Jardins de Dentro – todas atividades em que se expressam por meio de artes plásticas, música, literatura e trabalhos manuais. Quanto às atividades de que menos gostavam de participar, citaram o Grupo Institucional, espaço para discussão de incômodos, sugestões, elogios, críticas ao tratamento. Isso reflete uma preferência pelos adolescentes por se expressarem de forma indireta em vez de se posicionarem diretamente em grupo, o que pode ser uma posição incômoda, até ameaçadora para alguns adolescentes.

Nesse ponto vale a pena lembrarmos que a adolescência se trata justamente de um processo de diferenciação destes pais, ou de quem ocupa esta função de cuidado, para iniciarem um longo trabalho de elaboração de suas escolhas. Sonia Alberti (2010) destaca que, por mais paradoxal que possa parecer, a presença dos pais é fundamental para que este possa desempenhar sua função de separação: "é porque os pais estão lá que o adolescente pode escolher lançar mão deles ou não; quer dizer, se os pais não estão presentes, ele não poderá sequer fazer essa escolha". Assim, nada mais complexo do que quando os pais, cansados com tantas reações adversas dos filhos em relação a eles, desistem de desempenhar sua função de pais. Dessa forma, a única solução encontrada pelo adolescente ao se ver abandonado é chamar a atenção deles a qualquer custo. Algumas vezes o custo pode ser alto, levando estes adolescentes a atos extremos. No geral, os adolescentes que chegam a um serviço de internação fechada ou em um centro de convivência estão nesse ponto. Mais uma vez, podemos nos remeter à fala do *Hugo* quanto ao impacto da dinâmica familiar no processo de adoecimento, e a importância de se "trazer a família para a terapia. Porque às vezes não importa o quanto você ajude o adolescente, a família desfaz o trabalho em casa".

A última questão foi sobre qual a percepção deles sobre os motivos que têm levado os adolescentes a necessitarem de serviços como o hospital--dia. Foi possível perceber que as respostas apresentadas pelos participantes tinham conexão direta com os motivos que levaram cada um à vivência de crise. Das respostas dadas, três participantes falaram de forma clara que a relação com a família e a relação com o pai é o maior motivo de sofrimento. Dois falaram sobre a pressão da sociedade e da família em ser alguém, em escolher uma carreira. Também se falou sobre vivência de cobrança e autocobrança. Podemos pensar que essas respostas estão no campo do *ideal do eu*, que funciona como uma bússola interna no processo de realização de escolhas. Como colocado anteriormente, o adolescente se encontra num momento importante, numa busca identitária. A necessidade por uma separação da família, ao mesmo tempo a importância em se ter essa família próxima, oferecendo um continente para que este possa vivenciar este processo; paralelo a isso uma busca por pares como forma de se identificar, se encontrar. Não se pode menosprezar a demanda sentida pelos adolescentes quanto às decisões na escolha de curso superior e carreira e as angústias na tentativa de conciliação de seu desejo com expectativas familiares e sociais. Mais do que escolher, trata-se da necessidade de se lidar com os efeitos e consequências das escolhas, o que torna único este momento. Acreditamos que essa crise pode ser compreendida como uma oportunidade, por parte dos adolescentes e seus familiares, de realizar a travessia desta fase para a vida adulta de forma mais autêntica e verdadeira, realizando e sustentando escolhas que se aproximem um pouco mais do seu desejo, vivo, mutante com o tempo.

Nos chamou atenção o fato de que nas respostas dadas pelos participantes ao longo das entrevistas não compareceram questões relacionadas à sexualidade e identidade de gênero. Compareceram questões com a autoimagem, com o corpo, e uma referência à dificuldade de alguns frequentadores do hospital-dia com os pronomes de gênero. O único que trouxe esses aspectos foi um paciente que se apresentava como não binário. Para ele, a questão da sua não identidade de gênero não compareceu como algo que lhe causava sofrimento, e sim a não compreensão e respeito por parte de alguns. Isso nos faz pensar que aspectos relacionados a gênero e orientação sexual podem dizer mais sobre questões e dúvidas da equipe do que dos pacientes adolescentes em si.

Para encerrarmos nossas reflexões, pensar nas transferências que são estabelecidas entre os pacientes adolescentes e a equipe de terapeutas pode nos ajudar inclusive a entender as resistências vividas e sentidas por parte da equipe. Eles estão no papel deles, de tentar se separar das figuras de cuidado por vezes autoritárias. É natural que muitas vezes isso recaia para a equipe, que numa postura assimétrica muitas vezes represente as figuras parentais. O que não pode acontecer é de quem trabalha com adolescentes graves, na correria de uma internação com diversos outros pacientes graves demandando, desista daqueles que muitas vezes, nos seus processos de individuação, precisam se colocar de uma forma distanciada, por vezes hostis.

Para que esse processo possa acontecer de forma saudável, os pais não podem se separar dos filhos, desistir – cabe a estes fazer essa separação. O mesmo pode ser dito para uma equipe de saúde mental que trabalha com adolescentes vivenciando sofrimento psíquico grave. Esta deve reconhecer a importância de se colocar de forma presente, disponível, ter paciência com o tempo de cada um para se abrir, confiar, em que os adolescentes possam se aproximar e se afastar, tudo isso com muito tato psicológico.

REFERÊNCIAS

ALBERTI, S. *O adolescente e o outro*. Rio de Janeiro: Zahar, 2010.

BARDIN, L. *Análise de conteúdo*. Lisboa: Edições 70, 1977.

FERENCZI, S. (1928). *Elasticidade da técnica psicanalítica*. São Paulo: Martins Fontes, 2020. (Obras completas Sándor Ferenczi, 4).

LAPLANCHE, J.; PONTALIS, J. B. *Vocabulário de psicanálise*. 4. ed. São Paulo: Martins Fontes, 2001.

LORENZI, C. G.; SANTOS, M. V.; BRUNINI, F. S.; ISHARA, S.; TOFOLI, S. M.; REAL, E. M. A construção de um programa de assistência familiar em um hospital-dia psiquiátrico: desafios e potencialidades. *Nova Perspectiva Sistêmica*, 21(43), 54-72, 2017. Recuperado de https://revistanps.emnuvens.com.br/nps/article/view/272. Acesso em: 25 maio 2025.

PACHECO, J. G. *Reforma psiquiátrica, uma realidade possível*: representações sociais da loucura e a história de uma experiência. Curitiba: Juruá, 2009.

ROUDINESCO, E; PLON, M. *Dicionário de psicanálise*. Rio de Janeiro: Jorge Zahar, 1998.

ZIMERMAN, D. A. O setting: a criação de um novo espaço. *In*: *Manual de técnica psicanalítica*, Cap. 5. Porto Alegre: Artmed, 2004.

SOBRE AS AUTORAS

Elisa Araujo Coelho

Mestre em Psicologia Clínica e Cultura (UnB), psicanalista (SPBsb) e especialista em Saúde Mental pela instituição Centro de Atenção à Saúde Mental – Anankê. Nessa instituição, coordenou o ambulatório de atendimento a crianças e adolescentes (2014-2017) e trabalhou como psicóloga clínica do hospital-dia (2017-2023) – coordenando atividades terapêuticas e grupos de terapia. Trabalha com saúde mental desde 2010, atendendo adolescentes e adultos em sua clínica particular.

Silene P. Lozzi

Psicanalista com formação no Centro de Atenção à Saúde Mental – Anankê. Capacitação na Clínica do Renascer, instituição de internação para tratamento de psicóticos, dependentes químicos e neuróticos graves. Realizou etapas de formação em várias instituições de psicanálise lacaniana, como Associação Lacaniana, Escola Lacaniana e Intersecção Psicanalítica do Brasil, todas em Brasília, além de ter frequentado a Antena do Campo Freudiano, em Lisboa. Bióloga de formação inicial, com mestrado em Ciências Morfológicas pela UFMG, doutorado em Biologia Molecular pela UnB e pós-doutorado na área de Avaliação do Ensino Superior na Universidade de Lisboa.